国家自然科学基金项目（72171046、72091213）

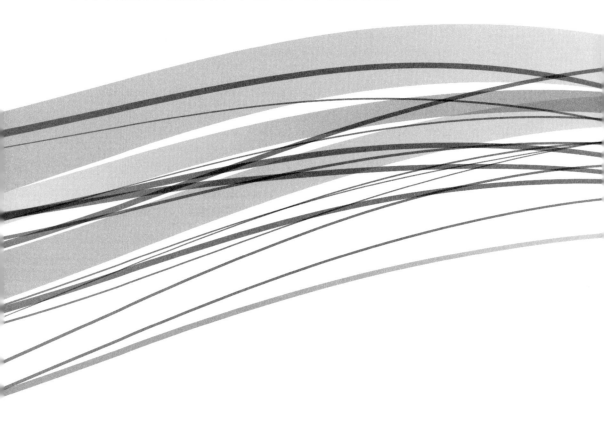

丁 溢◎著

低碳
供应链网络
设计优化研究

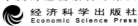

中国财经出版传媒集团

经济科学出版社
Economic Science Press

·北 京·

图书在版编目（CIP）数据

低碳供应链网络设计优化研究／丁溢著． -- 北京 ：
经济科学出版社，2024. 12. -- ISBN 978 - 7 - 5218 - 6520
- 2

Ⅰ. F252. 1

中国国家版本馆 CIP 数据核字第 2024DG3341 号

责任编辑：程辛宁
责任校对：徐　昕
责任印制：张佳裕

低碳供应链网络设计优化研究
DITAN GONGYINGLIAN WANGLUO SHEJI YOUHUA YANJIU
丁　溢　著
经济科学出版社出版、发行　新华书店经销
社址：北京市海淀区阜成路甲 28 号　邮编：100142
总编部电话：010 - 88191217　发行部电话：010 - 88191522
网址：www. esp. com. cn
电子邮箱：esp@ esp. com. cn
天猫网店：经济科学出版社旗舰店
网址：http：//jjkxcbs. tmall. com
北京季蜂印刷有限公司印装
710 × 1000　16 开　16. 25 印张　250000 字
2024 年 12 月第 1 版　2024 年 12 月第 1 次印刷
ISBN 978 - 7 - 5218 - 6520 - 2　定价：98. 00 元
（图书出现印装问题，本社负责调换。电话：010 - 88191545）
（版权所有　侵权必究　打击盗版　举报热线：010 - 88191661
QQ：2242791300　营销中心电话：010 - 88191537
电子邮箱：dbts@ esp. com. cn）

前　言

在全球气候变化的严峻挑战下，我国提出的"双碳"目标正引领着可持续发展的理念深入人心。如今，企业及其供应链的碳足迹不仅成为塑造企业公众形象的关键一环，更将成为影响市场需求的重要因素。因此，企业有必要将碳减排议题纳入决策范畴，并从全局角度出发，探索供应链上下游的联合减排策略。

在低碳供应链网络设计领域，现有研究已经进行了诸多探索并取得了一定成果。然而，随着碳管理政策的不断迭代、技术的飞速进步以及商业模式的快速演变，新的研究问题不断涌现。目前，该领域的研究相对较为分散，缺乏系统化的知识整合，亟须更加全面且深入的探索。

本书紧扣低碳经济和"双碳"目标的时代背景，以供应链管理的核心理论为基础，将碳税、碳配额、碳交易等政策和市场机制融入供应链网络设计的框架之中，旨在从战略决策层面确立供应链的碳减排目标。本书不仅重视物流要素，还将信息流和资金流纳入考量，从而提升决策的综合性和全面性。同时，本书系统地审视了与供应链网络设计密切相关的战术与运作层面因素，对路径优化、库存管理、设施选址、碳减排等关键问题进行了联合决策分析。

全书不仅提供了深入的理论剖析和严谨的模型构建，还涵盖了算法设计和数值实验，对于学术界、政策制定者以及企业管理者均具有重要的参考价值和实践指导意义。

目　录

第 1 章

绪 论

1.1 研究背景

自工业革命以来，经济的迅猛发展带来了人类社会的空前繁荣。然而，高速经济增长也对环境造成了不容忽视的破坏。根据 2023 年联合国气候变化专门委员会（Intergovernmental Panel on Climate Change，IPCC）的报告，2011～2020 年全球地表温度相较于 1850～1900 年的平均水平上升了 1.1°C（Mukherji，2023）。图 1-1 具体展示了过去一百多年间全球地表温度的变化趋势。长期的观测和研究表明，这种气候变暖主要是由人类活动产生的二氧化碳等温室气体在大气中的累积所致，如化石燃料的燃烧和工业废气的排放。随着全球气候变暖的加剧，环境问题变得日益严峻。美国《国家科学院学报》的文章指出，全球平均气温每上升 1°C，海平面可能上升超过 2 米，对沿海地区构成重大威胁（Steffen et al.，2018）。此外，气候变暖还导致各种极端天气事件的频率和强度增加，包括干旱、飓风、洪水和暴雨等。然而，全球气候变暖不仅是一个环境问题，更是一个发展问题。特别是对于发展中国家而言，它们在推动经济快速发展以提高人民生活水平的同时，也面临着气候变暖带来的环境压力。这要求各国政府在制定发展战略时，必须充分考虑气候变化的影响，并采取有效措施来应对这一全球性挑战。

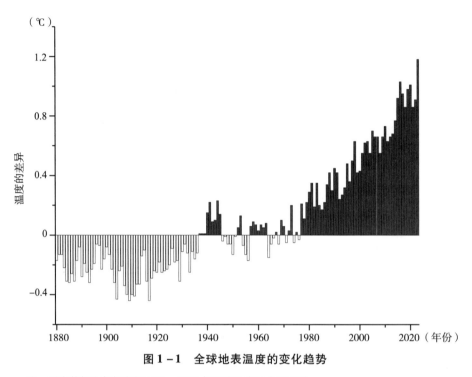

图 1 - 1　全球地表温度的变化趋势

注：图中数据为各年度与 1901～2000 年平均地表温度的差异。

资料来源：Rebecca Lindsey，LuAnn Dahlman. Climate Change：Global Temperature ［EB/OL］. ht-tps：//content-drupal. climate. gov/news-features/understanding-climate/climate-change-global-temperature。

　　当前，各国政府、非政府组织和国际机构正积极行动，共同制定并实施了一系列气候变化政策和行动方案。1992 年 5 月 9 日，联合国大会通过了具有里程碑意义的《联合国气候变化框架公约》，该公约获得了 150 多个国家的共同签署。公约的核心目标是将温室气体的浓度维持在一个安全的阈值内，以保护人类社会和自然生态系统免受气候变化带来的严重影响和破坏。

　　欧盟是全球低碳经济实践的领导者之一，致力于通过实施一系列政策和法规，实现碳中和目标。这些政策和法规包括欧洲碳排放交易体系、可再生能源目标和能源效率指令等，旨在推动欧洲向低碳模式转型，减少温室气体排放，保护环境，促进可持续发展。瑞典作为全球首个设立国家级碳税的国家，正努力在 2045 年前实现碳中和。瑞典不仅通过政府政策，还通过市场机制，积极推动可再生能源的发展，鼓励绿色技术的研发和应用。加拿大作为全球最大的能源出口国之一，制定了碳定价机制，结合碳税和碳排放配额交易，鼓励碳减排并推动清洁能源转型。印度尼西亚已经启动了燃煤发电站的碳排放交易体系，通过市场手段控制温室气体排放，推动清洁能源发展。

随着碳直接定价政策的不断推进，各国政府正在努力协调经济发展、社会福祉和环境保护之间的复杂关系，以实现可持续发展和有效应对气候变化的双重目标。世界银行在 2024 年 5 月 21 日发布的《碳定价发展现状与未来趋势》年度报告中，全面介绍了全球碳定价机制的最新动态。报告指出，碳排放交易体系和碳税的实施范围正在不断扩大，碳价也在持续上升。尽管全球经济和能源价格波动带来了挑战，但大多数国家政府依然坚定不移地支持并实施碳直接定价政策，这显示了国际社会对抗气候变化的决心和行动力。

作为负责任的大国，中国已经采取了一系列重要措施来应对气候变化。中国政府制定了应对气候变化中长期战略规划，设定了碳达峰碳中和目标，并明确了实现这些目标的时间节点。中国碳交易市场自 2011 年启动试点以来，逐步扩大并成熟。2021 年 7 月，全国碳排放权交易市场正式上线，以发电行业为首个纳入的行业，目前已覆盖超过 2000 家重点排放单位。这一市场已成为全球覆盖温室气体排放量规模最大的碳市场。在可再生能源领域，中国已成为全球新能源产业发展的核心推动力量，建立了全球最大、最完整和具有竞争力的清洁能源产业链供应链，并推动风电、光伏发电成本的进一步下降，为全球能源转型贡献了中国方案。

当前，减少碳排放已经成为企业和社会的共同使命。21 世纪以来随着全球化的不断深入，供应链的规模持续扩大，产生的碳排放量也逐渐增加，对环境产生了显著影响。供应链网络作为供应链管理的基石，对后续的管理活动有着深远的影响。因此，将碳排放纳入供应链网络设计的考量变得至关重要。供应链网络覆盖从原材料采购到产品交付的全过程，其中生产、消费、物流和信息流等环节均与碳排放密切相关。传统供应链网络设计常忽视碳排放问题，这可导致环境负担加重和资源浪费。在新的时代背景下，企业通过优化供应链设计减少碳排放，不仅能够满足监管要求，还能通过降低能源消耗和物流成本、提高资源利用率、增强消费者认可等方式获得直接经济效益。许多行业领导者已经开始采取行动。例如，京东物流推出了全球首款精细化物流运输碳管理平台（Supply Chain Emission Management Platform，SCEMP），并联合多家企业共同加入"供应链脱碳倡议"，推动行业、产业、供应链生态可持续发展；作为全球最大的零售商之一，沃尔玛设定了减少供应链碳排放的目标，通过优化物流网络和提高供应链效率来减少碳排放。

1.2　问题提出

据国际能源署（International Energy Agency，IEA）2022 年发布的《全球能源评论：2021 年二氧化碳排放》（*Global Energy Review：CO$_2$ Emissions in 2021*）与 2023 年发布的《全球能源评论：2022 年二氧化碳排放》（*Global Energy Review：CO$_2$ Emissions in 2022*）显示，2020～2022 年全球碳排放主要来源于能源发电与供热、工业、交通运输业、建筑业及其他行业，其中交通运输行业的年度碳排放增长量高达 501 吨、254 吨，仅次于能源发电与供热行业带来的碳排放增长量。[1][2] 交通运输作为物流与供应链领域的关键组成部分，已成为全球碳排放的主要来源。此外，供应链还涵盖众多的仓储和生产设施。因此，物流与供应链在推动低碳经济发展中扮演着举足轻重的角色。

供应链是一个由多方利益相关者构成的复杂系统，通常情况下，每个

---

[1]　IEA. Global Energy Review：CO$_2$ Emissions in 2021 [R]. Paris，France，2022.

[2]　IEA. Global Energy Review：CO$_2$ Emissions in 2022 [R]. Paris，France，2023.

参与者都致力于实现自身利益的最大化。供应链网络设计的目标是科学、合理地规划、设计和构建供应链中的物流、信息流和资金流的结构，这涉及节点布局、配送路径规划、容量配置等关键环节。在竞争激烈的商业环境中，供应链网络设计具有至关重要的战略意义。企业可以通过优化供应链网络设计来提升客户满意度、降低运营成本、增加灵活性以及提高市场竞争力。然而，由于供应链网络的复杂性，单一企业采取的减排措施对于减少产品整体碳足迹的影响有限。只有当供应链上下游企业相互协作时，才能以较低的成本有效减少产品碳足迹。

在此背景下，低碳供应链网络设计越来越受到学者和企业的关注。低碳供应链网络是指将低碳和环保理念融入物流和供应链的各个环节，从原材料采购、产品设计和制造，到最终的产品交付和生命周期支持，构建一个完整的绿色供应链体系（见图 1-2）。在进行低碳供应链网络设计时，需要考虑碳税、碳配额、碳交易等政策和市场机制，以探索减少供应链网络碳排放的最佳策略，并确保企业商业目标的实现。具体来说，碳税是指针对碳排放所征收的税，它将直接影响供应链上下游企业的成本与收益。碳配额则是指在碳排放总量控制下，政府对企业设定的碳排放上限，它催生了碳交易市场的发展。碳交易允许企业通过市场机制买卖碳排放权，买方通过交易市场支付一定金额给卖方以获得碳排放权。碳税、碳配额和碳交易虽然在制度设计上有所不同，但它们共同的目标是通过影响企业的生产和运营决策来减少碳排放。因此，企业在设计供应链网络时，需要对整个网络中的碳排放进行准确和全面的评估。

目前，国内学者对低碳经济的研究主要集中在"双碳"目标下的能源发展与安全、减排政策的影响以及低碳经济的评价指标体系等方面。在低碳供应链领域，研究涵盖了绩效评价、运营决策的博弈分析以及碳减排决策机制等。然而，针对战略、战术和运作层面的具体管理方案尚显不足。现有的研究多聚焦于单一企业或政府部门，侧重于现有供应链的碳减排运营，而对于在供应链网络设计阶段就融入碳减排机制的研究则相对较少。

随着可持续发展理念的深入人心和国家对低碳发展的重视，供应链的低碳转型已成为一个紧迫议题。

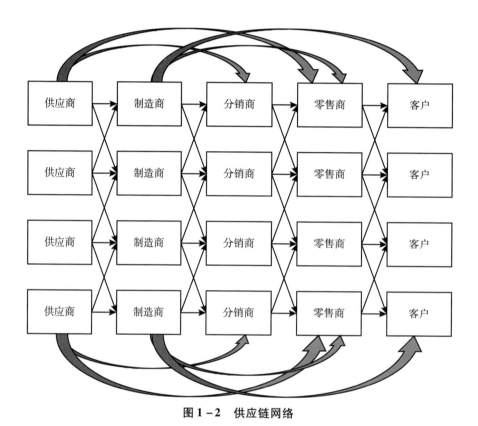

图 1－2　供应链网络

资料来源：苏尼尔·乔普拉. 供应链管理［M］. 杨依依，译. 北京：中国人民大学出版社，2021。

鉴于此，本书立足于低碳经济和"双碳"目标背景，基于供应链管理的核心理论，将碳税、碳配额、碳交易等政策和市场机制融入供应链网络设计中，旨在从供应链战略决策层面实现碳减排目标。本书不仅重点考虑物流要素，还将信息流和资金流纳入设计范畴，以全面提升决策的综合性。同时，研究还系统地考虑了供应链网络设计在战术与运作层面的相关因素，对路径优化、库存管理、设施选址和碳减排等方面进行联合决策分析，为供应链的低碳转型提供了理论支持和实践指导。

1.3 研究方法及创新点

1.3.1 研究方法

本书主要采用的研究方法包括文献资料分析法和数学建模与仿真等。

（1）文献资料分析法。本书通过广泛收集和深入研读国内外相关文献，对资料进行系统的梳理、归纳和分析，旨在全面把握低碳问题的起源与发展脉络，深入了解低碳供应链的实践案例，以及分析低碳供应链网络设计的各种研究。

（2）数学建模与仿真。本书针对一系列实际问题，将其抽象化为数学模型，并设计了相应的优化算法进行求解。同时，为了验证模型的科学性和实用性，基于不同问题开展了针对性的数值实验。

1.3.2 研究创新点

本书的创新之处主要体现在以下三个方面：

（1）问题创新。本书以低碳视角对供应链网络设计优化进行了全面系统的研究，深入剖析了低碳策略对供应链各环节的影响机理，并提炼出在不同情境下的管理洞见，在管理问题上有所创新。

（2）模型创新。本书不仅探讨了包括碳税、碳配额、碳交易等在内的多种碳管理政策与供应链网络设计的结合，还将信息流和资金流与低碳供应链网络设计相融合，实现了数学模型上的创新。

（3）方法创新。针对各章节中提出的不同问题，本书构建了多种非线性混合整数规划模型，需要在深入分析各模型数学特性的基础上，有针对性地设计有效的算法来求解这些复杂的供应链网络优化问题，在方法上有所创新。

1.4　主要内容和框架

第 1 章，绪论。本章从实践和理论两个维度探讨了低碳问题的起源。一方面，国际和国内相关条约及规制的制定与执行，对企业及其供应链运营产生了深远影响，推动供应链向低碳化转型。另一方面，低碳经济和可持续发展理念的广泛传播，也促使企业重视低碳供应链的构建与优化。基于此，本章明确了本书研究的核心问题、研究目的及意义，并详细介绍了研究方法、创新点和主要内容。

第 2 章，低碳供应链概述。本章在供应链运营参考模型（Supply Chain Operations Reference Model，SCOR 模型）的基础上，融入低能耗、低污染和可持续发展的低碳理念，构建了一个低碳供应链网络设计框架。从低碳计划、低碳采购、低碳生产、低碳配送和低碳回收五个维度，探讨了低碳供应链的实施路径和面临的挑战。通过案例分析，本章展示了国内外在供应链各环节低碳化发展的实践与应用。最后，强调了低碳供应链网络设计在可持续供应链管理中的关键作用，并对其未来发展趋势进行了展望。

第 3 章，文献综述。本章通过文献计量学方法，对供应链网络设计领域以及考虑碳排放的供应链网络设计领域的文献进行了全面的回顾。利用 Web of Science 数据库搜集相关文献，并借助 CiteSpace 软件工具，从文献的基础特征、知识主体、知识基础以及研究热点等四个维度进行深入分析。通过构建多种知识图谱，本章旨在掌握该领域的研究现状，并为后续研究提供指导和启示。

第 4 章，碳税政策下的供应链网络设计。在碳税政策的背景下，本章探讨了供应链网络中选址、运输和库存决策对碳排放成本的影响。通过应用列生成算法，本章展示了如何生成和优化解决方案，以实现供应链的碳减排目标。通过针对不同规模供应链网络的多次数值实验，本章发现通过优化选址规划、运输决策和库存管理，可以有效降低供应链的碳排放，为碳税政策下的供应链网络设计和运营管理提供了实践指导。

第 5 章，碳限额与交易政策下的供应链网络设计。在碳限额与交易机制的背景下，本章专注于单级库存供应链网络的设计问题，特别考虑了碳交易对选址和运输决策的影响。通过对不同规模供应链网络进行数值分析，本章验证了所提出的算法在中小规模案例中的良好性能，并在碳减排和供应链成本控制方面显示了较好的效果。此外，本章还对碳交易价格进行了敏感性分析，以评估其对供应链网络设计决策的潜在影响。

第 6 章，考虑信息流的低碳供应链网络设计。在考虑碳排放和碳税成本的基础上，本章进一步探讨了引入区块链技术对供应链运作的影响，并在此基础上进行供应链网络设计和区块链部署的优化决策。本章采用割平面方法对模型进行求解，并深入研究了各参数及区块链部署水平对供应链网络设计的具体影响，为实现供应链的低碳化和信息化提供了新的视角和解决方案。

第 7 章，考虑资金流的低碳供应链网络设计。本章以一家核心企业为研究对象，首先构建了考虑商业信用影响的经济订货批量模型，并量化分析了商业信用和低碳约束对资金流 – 库存成本的影响。随后，以最大化企业利润为目标，构建了非线性整数规划模型，并开发了相应的求解算法。最终，通过数值实验，分析了市场规模、商业信用和需求等因素对考虑市场选择的供应链网络的影响。

第 8 章，考虑路径 – 多级库存的低碳供应链网络设计。本章综合考虑了供应链网络中的战略、战术和运营决策。通过研究配送中心和零售商两级库存的补货策略，并将零售商的补货周期作为路径优化的输入参数，提出了一种集成路径和库存的低碳供应链网络设计优化模型，实现了供应链网络的集成化决策，并采用启发式算法进行求解。数值实验结果表明，将路径优化决策纳入低碳供应链网络设计中，可以降低补货频率，减少运输距离，从而合理控制碳排放。

第9章，总结。本章对本书的研究内容和主要研究结论进行了总结。通过全面回顾各章节的研究成果，本章提炼了本书研究的核心贡献，为未来低碳供应链网络设计领域的进一步研究提供了参考和启示。

第 2 章
低碳供应链概述

2.1 引　言

党的二十大报告指出，推动绿色发展，促进人与自然和谐共生，其中很重要的一点就是积极稳妥推进碳达峰碳中和，即"力争 2030 年前实现碳达峰，2060 年前实现碳中和"的应对气候变化的总体目标。

现阶段我国碳排放较高，如何在短短 40 年内实现"双碳"目标是世界各国瞩目的焦点。中国的碳中和路径将会直接影响未来全球的产业布局和投资方向，中国提出碳中和目标，不仅关乎环境保护、绿色发展领域，同时也牵动着一系列产业的转型升级。作为连接各大产业内部的网链以及不同产业之间相互联系的桥梁，供应链深度融入社会经济的各个环节，必将在碳中和的进程中发挥重要作用。2022 年 8 月，工业和信息化部、国家发展改革委、生态环境部联合印发的《工业领域碳达峰实施方案》提出"构建绿色低碳供应链，支持汽车、机械、电子、纺织、通信等行业龙头企业在供应链整合、创新低碳管理等关键领域发挥引领作用，将绿色低碳理念贯穿于产品设计、原料采购、生产、运输、储存、使用、回收处理的全过程，加快推进构建统一的绿色产品认证与标识体系，推动供应链全链条绿色低碳发展"。由此可见，若要实现"双碳"目标，社会各方就必须将供应链低碳减排提上议程并付诸实践，实现供应链整体的绿色低碳转型。

　　传统的供应链是指将供应商、制造商、分销商直至最终用户连成一个整体的功能网链结构。依据供应链运营参考模型（Supply Chain Operations Reference Model，SCOR 模型），供应链包含计划（plan）、采购（source）、制造（make）、配送（deliver）和回收（return）五大流程和 26 个基本流程，如图 2 − 1 所示。其中，计划环节可细分为供应链计划、采购计划、生产计划、配送计划、退货计划；采购环节可细分为采购库存生产产品、采购订单生产产品、采购订单定制产品；制造环节可细分为库存生产、订单生产、订单定制生产；配送环节包含配送库存产品、配送订单生产产品、配送订单定制产品、配送零售产品；回收环节包含缺陷、维修、多余原材料以及产品的回收。SCOR 模型通过标准化流程并创建一种可度量的方法来跟踪并帮助企业评估和完善供应链管理的可靠性、一致性和效率。通过使用 SCOR 模型，企业可以判断供应链流程的先进性或成熟度，以及它与企业目标的一致性水平。

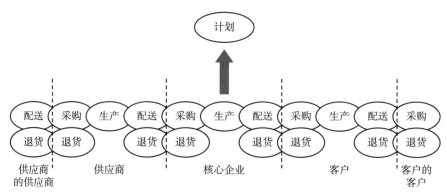

图 2 − 1　供应链 SCOR 模型

　　资料来源：The Association for Operations Management（APICS）. APICS Supply Chain Operations Reference Model［R］. 2017。

传统供应链管理的目标是让供应链运作达到效率最优，使得物流、资金流和信息流等均能高效协同运作，实现以最低的成本将合适的产品以合理的价格及时准确地送达消费者。然而，近年来随着全球气候变暖和低碳环保理念的宣传推广，低碳经济快速发展。因此，在供应链管理中同步实现碳减排，既是实现国家"双碳"目标的重要保障，也是顺应市场需求的必经之路。当代的供应链管理应将绿色低碳的环保理念融入供应链的各个环节和主体之中，形成涵盖计划、采购、制造、交付和回收全流程的低碳供应链管理体系。具体而言，低碳供应链是指在企业的正常生产运营中，在信息流、物流、资金流等环节的协同下，对产品加工、采购、生产、仓储、包装、配送、回收等全生命周期活动进行低碳化改造，实现企业资源效益、经济效益和环境效益的高度协调。

低碳供应链管理以低消耗、低排放、高效率为基本特征，符合高质量发展的经济增长模式。此外，低碳供应链在供应链绩效评价体系方面与传统供应链相比也有所差异。传统供应链绩效考核主要采用平衡计分卡（Balanced Scorecard，BSC）从以下四个角度展开：财务价值角度、内部流程角度、客户服务角度、创新与学习角度。然而，低碳供应链的目标不仅仅是单纯实现供应链整体经济效益的最大化，还包含通过管理效率的提升和绿色技术的应用，使整个供应链的资源消耗和环境副作用最小，以实现系统整体环境效益最优的目标。因此，其绩效考核体系在传统供应链的基础上还将供应链整体以及其中各个流程的环境指标纳入其中，如碳排放强度、碳排放增长率、单位产值能耗、环保投资增长率及循环资源增长率等。低碳供应链绩效评价体系如图 2 - 2 所示。

低碳供应链管理从原材料采购、制造、能源消耗、包装、仓储、运输、使用到最终处置的全流程建立起系统有效的低碳化体系，构建供应链服务流程低碳化策略，打造覆盖供应链全场景的绿色供应链体系，是一种先进的供应链管理理论，对该领域的研究和实践具有深远影响。然而，低碳供应链在取得减排成效的同时也存在一些问题，例如，在实践应用中由于不同主体的减排目标、减排能力存在较大的差异，加之不同国家和地区的低碳供应链发展水平不一，导致不同主体的减排政策导向和路径选择不尽相同。因此，低碳供应链各主体间若要实现互利共赢、上下协同的局面，仍面临着诸多挑战。

图 2-2 低碳供应链绩效评价体系

资料来源：刘秉镰，王鹏姬. 基于平衡计分卡的物流企业绩效层次分析 [J]. 中国流通经济，2003（7）：60-63；瞿群臻，王明新. 低碳供应链管理绩效评价模型的构建 [J]. 中国流通经济，2012，26（3）：39-44。

本章将供应链运营参考模型与低能耗、低污染和可持续发展的低碳理念相结合，分别从低碳计划、低碳采购、低碳生产、低碳配送和低碳回收五个方面介绍低碳供应链的实现途径和痛点、难点。通过案例分析呈现当今国内外在各个供应链环节中的低碳化发展和具体应用实践。最后，指出低碳供应链网络设计在低碳供应链发展中的重要性，并对低碳供应链网络设计的未来趋势进行展望。

2.2 低 碳 计 划

2.2.1 低碳计划概述

传统供应链的计划环节是指从事各项供应链活动的前期规划过程。具体而言，是指在供应链管理中，对相关输入进行分析和权衡，达到以卓越的效率、合理的库存、准确的时间来满足客户需求的管理过程。计划是所有供应链活动有序开展的前提保障，是企业供应链管理的核心职能。计划按照时间界限可分为长期计划、中期计划、短期计划，涉及物料、采购、生产、仓储、配送、销售、履约、库存等多个方面。计划一旦制定完成，企业的一切生产经营流程都要参照计划实施。好的计划要求按照最小消耗、最低成本、最优绩效的原则设计所有的供应链流程，通过对供应链各环节的执行过程进行规范化指导和周期性监控，以达到最佳的经济效益，保证有规可依，有章可循。低碳供应链计划框架如图 2 - 3 所示。

低碳供应链中的计划在传统供应链计划环节的基础上，充分考虑降低各类供应链活动引起的温室气体排放，并将低碳理念融入产品设计、包装、订单批量、规格、重量、交付方法、交付时间、配送网络设计、物料处理等所有流程的前置环节。随着温室气体的不断排放，气候变化带来的一系列问题越发凸显。因此，政府未来必会逐渐在碳排放相关指标上加以规制。企业的发展将不能以追求单纯的经济效益为首要目标，而应将环境效益也纳入最高战略规划中。计划环节是供应链的大脑中枢，对企业而言，制定符合可持续发展理念的低碳绿色计划，有助于实现供应链的低碳转型，积极主动承担社会责任，提升企业社会形象。

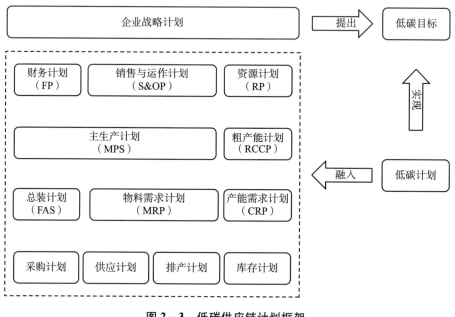

图 2-3　低碳供应链计划框架

2.2.2　低碳计划实施途径

2.2.2.1　制定低碳目标

低碳计划的首要工作在于明确所要实现的目标。"因企制宜"规划好符合自身的碳减排目标，既能实现在既定能力范围内为绿色发展作出一份贡献，又能避免因目标制定过高而导致的生产资料紧缺。企业要想制定合理的碳减排目标，需遵循以下流程：了解自身业务发展现状、设定边界、制定碳排放核查标准。

（1）了解自身业务发展现状。企业以此为制定一切决策和目标的基础，具体可通过建立专家评估组的方式，以企业内部人员为核心，同时邀请在碳减排领域有相关管理研究经验的外部人员共同成立专家组，分别从内外部管理视角评估企业发展现状。同时，还可设计调研问卷并下发给员工和合作伙伴，通过"望、闻、问、切"的方式了解客观情况，收集真实数据，更清晰透明地定位当前业务现状，为后续制定合理的碳减排目标作好铺垫。除此之外，其他常用方法还包含目标差异分析法、5W1H 分析法、SWOT 分析法等。

（2）设定边界。只有在同一组织的所有层级都遵循同一规则和评价体系的时候，碳减排数据的合并统计才会有意义。因此，企业需先按照分工模块等原则设定组织边界，而运营边界则需企业在最高层确认完毕后，在各运营层级进行统一划分。这样做有助于区分和跟踪直接碳排放、间接碳排放的所属组织和人员。一套完整的组织与运营边界架构，共同构成了企业的碳排放边界。

（3）制定碳排放核查标准。温室气体核算体系（GHG protocol）将碳排放根据来源划分为三个范围，为企业核查提供指导。范围 1（直接排放）：企业直接控制的燃料燃烧活动和物理化学生产过程产生的直接温室气体排放。范围 2（间接排放）：企业外购能源产生的温室气体排放，包括电力、热力、蒸汽和冷气等。范围 3（价值链上下游各项活动的间接排放）：覆盖上下游范围广泛的活动类型。其中，范围 3 是最具争议的碳排放范围，企业可自主决定所纳入的活动，是否涵盖范围 3 是企业的战略决策，也取决于上下游行业合作伙伴的合作意愿。对于大多数参考温室气体核算体系的披露系统而言，范围 1 和范围 2 是必选项，范围 3 是可选项。

碳减排目标主要分为绝对目标和强度目标。绝对目标通常以一段时间内减少的碳排放量表示，例如，2023 年的碳排放量比 2020 年低 25%。强度目标则以碳排放量与另一业务度量比值的减幅表示，例如，2018～2023年每吨燃料的碳排放量降低 20%。此外，企业也可实行柔性化和动态化的目标制定流程。通过分析各个业务部门可能面临的潜在风险与机遇而设定不同的标准，并且在制定和实施低碳战略的过程中，也可根据已取得的成效和距离既定目标的差距重新修订碳排放目标。

总的来说，一个好的低碳战略目标与企业的各项业务发展目标的设定息息相关，并且应当涵盖从定义到执行再到循环迭代的闭环全过程，最终实现推动企业的内部创新以及可持续发展的目标。

2.2.2.2　集成业务规划

低碳供应链认为低碳计划更多讨论的是企业管理者如何从生产源头把握主动权，优化资源配置和整体布局，减少浪费进而实现可持续发展。集成业务规划（integrated business planning）是指将期望的业务成果转换为运营资源需求的过程。在低碳计划中，期望的业务成果就是实现既定的碳减排目标，运用集成业务规划可以有效帮助企业管理者将碳减排的可持续目标转化为具体的供应链计划决策。

在制定低碳分销渠道计划的过程中，管理者通常倾向于扁平化渠道以减少冗余运输带来的非必要碳排放。随着大数据与人工智能的普及和运用，分销渠道引入可持续监控指标，运营者通过碳足迹的可视化监控实现企业碳数据的纠偏工作。此外，将是否具备双碳理念以及节能减排意识作为选择分销渠道上合作伙伴的指标之一，能够提升企业的绿色形象。

在制定低碳库存计划的过程中，集成业务计划能够借助人工智能、机器学习等先进技术处理来自企业内外的繁杂数据，提供高准确率的预测结果和分析报告，便于协同管理库存。此外，集成业务计划在生产端也能有效促进准时制生产方式（Just in Time，JIT）等敏捷型生产模式，改进库存计划，进而降低碳排放量。

在制定低碳供应计划的过程中，计划环节在集成业务规划的赋能下，发挥大脑中枢的作用。它帮助连接供应链上的各项流程活动，获取各环节产生的碳足迹，提升网络端到端的可见性和透明性。管理者可以在工厂维度对碳足迹进行可视化操作，并根据既定的低碳目标设置预警机制，将企业碳排放指标控制在相对安全的范围。此外，低碳计划的产出结果可作为企业内部相关部门的信息输入，为其作出可持续决策奠定数据基础。

2.2.3 低碳计划案例

2.2.3.1 百事正持计划①

2021 年，百事公司正式推出以可持续发展为核心的整体业务战略转型计划——"正持计划（pep＋）"，这是以可持续发展为核心的整体业务战略转型。"正持计划"的三大支柱及内容如下：

（1）正持农业：把再生农业实践扩展至约 700 万英亩的公司农业足迹，帮助恢复地球的生态系统。

（2）正持价值链：到 2040 年实现净零排放；实现正持用水；提高包装可持续性的新目标，包括减少 50％ 原生塑料的使用，以及百事可乐和乐事品牌所设立的大胆的新目标。

（3）正持产品：持续发展包括植物蛋白、坚果和种子以及全谷物的产品领域，更有益于地球和人类；扩大 SodaStream 业务，预计到 2030 年将减少使用超过 2000 亿个塑料瓶。

百事公司将在"正持计划"指导下规划新的经营路线，从更可持续的方式采购原料、制造和销售产品，到通过其标志性品牌激励消费者为人类和地球的可持续发展作出贡献，再到在整个供应链中支持社区并改善民生。百事公司将遵循地球生态系统开展运营，并为人类乃至地球带来积极的改变，从而实现价值创造和增长。

---

① 百事公司大中华区官网：www. pepsico. com. cn。

2.2.3.2 苹果公司碳中和计划[①]

苹果公司是最早关注应对气候变化及碳减排的企业之一。早在 2008 年，苹果公司便开始在其社会责任报告中披露碳排放信息。苹果公司已于 2020 年 4 月实现了公司运营排放的碳中和，所有场所设施均采购 100% 可再生清洁电力并实施能效措施，剩余排放将保证以碳补偿额度进行抵消。2024 年 4 月，苹果公司发布《2024 环境进展报告》，计划在 2030 年前将碳排放减少 75%，同时为剩余 25% 综合碳足迹开发创新性碳清除解决方案，并且承诺到 2030 年实现供应链和产品 100% 碳中和，该举措意味着届时售出的每一部苹果设备都不会造成任何气候影响。为此，苹果公司开启为期十年的"气候路线图"，通过低碳产品设计、提升能源效率、扩大再生能源、工艺和材料创新、碳清除等方式，降低产品以及产业链的碳排放。此外，为了保障碳减排计划的稳步推进，苹果公司基于长期计划与目标制定了一系列短期计划。例如，承诺在产品和包装中只使用循环材料和可再生材料，并提高材料回收率，制定了到 2025 年在包装中淘汰所有塑料的目标；在产品制造、服务使用和场所设施运营方面，减少对水资源的影响，并消除需要填埋的废弃物。

2.3 低 碳 采 购

2.3.1 低碳采购概述

低碳采购是指社会经济主体制定一系列的采购政策并加以实施，同时

---

① 苹果公司《2024 环境进展报告》。

考虑到采购过程产生的碳排放及对环境产生的影响，根据生产的需要，以合适的价格、质量、交期，购买节能、节水、节材等绿色环保的原材料、产品和服务的一项企业经营活动。采购的一般流程包含制定采购计划、供应商的选择与考核、询价比价议价、签订合同、交货验收、质检、财务结算等。低碳采购重点从供应商的选择与考核入手，传统的供应商考核一般从经营情况、供应能力、技术能力、产品品质等方面进行综合评价，而低碳采购还强调供应商的绿色属性，将供应商是否具备双碳意识以及所对应付出的努力作为考核指标之一，以此来选择认同低碳理念的供应链合作伙伴。低碳采购是低碳供应链中重要的组成部分，是连接低碳制造和低碳消费的桥梁。

2.3.1.1 低碳采购意义

采购作为社会经济活动和国家公共支出管理的一项重要内容，既影响着可持续消费的实施，也对推动可持续生产起着重要作用。将环境准则纳入采购，对采购进行低碳化升级，引导和推动消费和生产向更有利于资源环境的方向发展，是解决环境问题的重要途径，也是实现经济社会全面可持续发展的必然要求。

政府采购是国家宏观调控的重要手段之一，作为一个特殊的消费群体，政府机构成为低碳采购的优先选择者和引领者。政府的低碳采购行为不仅可以从源头上减少社会公共资源的能源消耗，还能够起到良好的带头示范作用，促进低碳环保的理念深入人心，扩大绿色产品的消费市场，带动绿色商家的生产积极性，进而推动全社会的低碳化发展。

企业作为实施低碳采购的主要群体，采购低碳产品不仅能够有效防止资源浪费和环境污染，同时还能激励上游供应商积极研发、生产和销售绿色产品，形成良性循环，促进经济的可持续发展。此外，选择符合国家绿色标准以及便于资源循环利用的产品和服务，将有助于企业产品和产业结构的升级转型，既可提升企业的核心竞争力和社会形象，又可加强企业员工的环境保护意识，形成良好的绿色低碳文化。

2.3.1.2 低碳采购制约因素

现阶段企业开展低碳采购的道路任重道远，依然面临着许多挑战。

首先，高层管理者对低碳采购的支持力度不够。以利益最大化为经营准则势必将忽视低碳采购的潜在长远价值，同时也将影响整个企业未来的战略方向。此外，即便考虑到低碳采购的意义及其重要性，对于低碳采购成本的顾虑也是阻碍企业可持续发展的一大难题。实施低碳采购需要评估供应商、技术投入、人员培训、设备购买等一系列流程，而一些中小企业由于缺乏足够的资金支持而选择放弃。

其次，低碳采购方面的相关法规存在缺失及监管不严。目前，我国关于企业低碳化转型的指导意见主要集中于末端（下游）控制，而关于供应链上游采购的规范则主要集中于政府层面。另外，当前我国尚缺少推进企业实施低碳采购的激励机制，例如，在补贴、税收和进出口方面给予优惠、商誉鼓励（颁发相关证书）等。在竞争激烈的市场环境下，很多企业开始降本增效，国家政策和创新激励机制将成为有效促进企业进行低碳化供应链管理的外部动力。

最后，缺少行业低碳采购实施及考核标准。我国各行业低碳采购实施和考核标准的缺失是制约企业开展绿色采购的重要因素之一。对此，各行业应当在政府相关部门、行业协会等组织牵头下建立起一套包含环境成本核算标准、绿色采购绩效评价标准等在内的完整且专业的考核标准体系。

2.3.2 低碳采购实施途径

2.3.2.1 制定低碳采购计划

低碳采购计划是企业在采购过程中制定的一系列规定和标准，包括采购的环保要求、评估方法、采购流程、供应商选择等内容。企业应该根据自身的特点和需求，制定符合环保标准的采购标准和制度，从源头上控制环境污染。制定低碳采购计划的过程中，企业可从以下三个方面着手考虑：公司的环保目标和战略、环保法规和标准、供应商的环保资质和能力。

2.3.2.2　选择低碳供应商

低碳供应商是指能够提供符合环保标准、能源节约、可持续发展的低碳产品、服务或材料的供应商。企业在选择低碳供应商时，需要从以下几方面对供应商展开评估：了解供应商的环保认证情况、了解供应商的环保政策和实践、了解供应商的环保技术和产品、评估供应商的环保能力。建立一套低碳供应商评价指标体系，以战略层面、体系建设、生产经营、环境排放与治理、企业社会责任等维度作为一级指标，通过专家意见及数据测算等方式确定评估规则、指标权重和分值，进而获得供应商低碳评价的综合得分。在低碳经济中，企业只有选择满足上述标准的供应商，才能建立长期稳定且符合可持续发展要求的合作关系。

2.3.2.3　推广低碳采购理念

企业实施低碳采购的过程中，需要通过定期开展员工培训、加强低碳采购理念宣传等方式，对内提高员工的环保意识，增强员工的环保责任感，形成良好的企业内部低碳文化，对外加强与供应链、客户、社会各界的多方合作，改善企业形象，提高品牌价值，共同推动全行业的可持续发展。

总之，企业实施低碳采购需要全员参与、全面推进，从制定标准到选择供应商、评估供应商、提高员工意识等方面入手，不断完善和改进，最终达到可持续发展的目标。

2.3.3　低碳采购案例

2.3.3.1　沃尔玛——从减少包装材料开始①

沃尔玛早在 2008 年就制定并执行了低碳采购计划，而低碳采购的第一个目标是减少5%的包装材料。表面看来，沃尔玛是将包装是否符合公司规定要求作为筛选供应商的考核指标。实际上，沃尔玛是将企业的环保社会责任主动纳入供应链上游的采购标准，而包装只是沃尔玛整个低碳采购计划中的一小环。为了能够更好地执行低碳采购计划，沃尔玛专门成立了全球道德与合规部与来自世界各地的供应商对接，该部门的一项重要任务是通过验厂程序来检验为沃尔玛提供产品的工厂是否符合沃尔玛的供应商标准。凭借着企业多年经营建立起的庞大销售网络体系，沃尔玛把关于企业社会责任的各种信息传递到与之合作的每一个供应商，并以终止订单等惩罚方式约束每一个供应商，向供应商表明执行企业道德标准的重要性。

沃尔玛凭借着自身在零售行业的巨头地位对供应链上游设置低碳壁垒，不仅能够打造自身在社会责任方面的品牌美誉度，更重要的是，其低碳采购计划成为了世界各地的供应商们对于产品本身进行低碳化改进的重要推力。越来越多有社会责任意识的供应商们以沃尔玛的产品标准严格要求自身，而那些被沃尔玛挡在门外的供应商们不得不面临品牌价值贬损的威胁。在零售商主导的供应链中，供应商或迫于零售商的压力，或自主寻求创新突破，构筑完善的低碳环保体系，这将是未来供应链可持续发展的重要方向。

2.3.3.2　联想集团——供应商管理②

作为国内行业领先的信息与通信技术（information and communications

---

① 沃尔玛全球《2023 年环境、社会和公司治理报告》。
② 联想集团《2022/23 财年环境、社会和公司治理（ESG）报告》。

technology，ICT）制造企业，联想集团的低碳采购主要体现为对供应商管理方面采取的一系列措施。

（1）加强供应商准入与退出机制管理。要求所有供应商必须遵守联想集团的供应商行为准则，鼓励遵守最新的责任商业联盟（responsible business alliance，RBA）行为准则。联想集团针对供应商制定了环境、社会和公司治理（environmental，social and governance，ESG）积分卡，通过温室气体减排目标、温室气体核查、可再生能源使用情况等 25 个关键量化指标，对占采购额 95% 的供应商的 ESG 表现进行管理并定期打分，将打分的表现和采购额度挂钩。联想集团希望通过该制度手段，推动供应链上下游共同减碳。

（2）持续加强供应商减碳能力建设。2019 年，联想集团发起 ICT 高质量发展和绿色发展联盟，目前占联想集团采购额 28% 的供应商已承诺加入全球科学碳目标倡议或设置科学碳目标。未来，联想集团计划推动占采购额 95% 的供应商参与科学碳减排活动，覆盖 100 家左右的主要供应商。对于一些数量众多但采购金额不大的中小供应商，联想集团计划做定期的低碳实践经验分享以及定制化培训，帮助其提升减碳能力。

2.4 低 碳 制 造

2.4.1 低碳制造概述

没有低碳制造，就没有低碳产品。低碳制造是相对于大量消耗煤炭、石油等化石能源，以高能耗、高碳排放、高污染为特点的"高碳制造"而言的。低碳制造是环境保护问题、资源优化利用问题和制造问题三个重要问题领域的交叉，其本质是用合理的方式开发能源，用先进的方法有效利用和使用资源。低碳制造是将低碳发展的理念和低碳商业模式整合到产品的生产过程中，对每个生产环节进行控制，是一种在保证产品的功能、质量和成本的前提下，综合考虑环境影响和资源效率的现代化制造模式。低碳制造的目的在于降低能源消耗、提高材料利用率、减少不可再生垃圾及有害气体排放，并在同等时间各项资源消耗相对不变的情况下实现产出效率的最大化。低碳制造通过开展技术创新与系统优化，可以提高能源利用效率和产品可再生率，减少环境污染，实现企业经济效益与社会效益的协调优化。

2.4.1.1　低碳制造特点

（1）过程低碳化。低碳制造要求其制造流程利用可再生能源和清洁技术设备生产低碳产品。从低碳产品设计，到低碳材料的选取，再到先进低碳工艺的作业实施，以及产成品的出厂保存，低碳制造在全过程建立产业共生关系，要求制造生产、运营衔接、物流运输等各环节均符合低碳环保的要求。

（2）产品生态化。低碳制造在现有先进工艺、设施基础上实现创新性集成，并重新构筑绿色的制造过程和系统控制。通过这些措施，低碳制造能够有效节能减排、提高资源的利用效率，同时在末端的回收环节使得大部分产品重新进入工业循环，健全产品全生命周期生态体系。

（3）行业循环化。低碳制造要求充分考虑产品全生命周期各个阶段的所属和处置。采用低碳制造生产出的低碳产品，经过销售使用之后，将废旧产品回收拆卸、维修再制造，形成产业链条的充分闭环，达到物料充分循环利用以及行业间的循环共生。

（4）产业智慧化。随着智能制造技术的不断创新与发展，传统制造焕发了新的活力，制造设备的自动化智能管控、作业流程的实时监控、产成品库存的动态管理、敏捷型生产模式等得到了广泛应用。制造业的智慧化赋能使得各企业的生产效率、能源利用率、环境治理率等各项指标得到了巨大的改善，成为制造业低碳化的关键推动力。

2.4.1.2 低碳制造发展趋势

（1）全球化。制造行业对环境产生的影响不会仅限于一个地区或一个国家，而是全球性的。随着各国之间贸易合作的深入发展，越来越多的跨国供应链应运而生，不同国家产业之间的交流繁复错杂，也注定了制造业低碳化必将要求全球各国的密切协作。

（2）制度化。低碳制造的研究与发展需要有一套低碳制造的社会支撑系统予以支持。首先，政府相关部门应出台相关政策法规加以管控，而现阶段的法规尚未能够对低碳制造形成有效的支持，且对高污染高排放的制造行为监管和处罚力度不够；其次，制定相关经济政策，用市场机制逐步引导制造行业的低碳发展。制度支撑系统的建立需要全社会各主体的共同努力和积极参与。

（3）系统化。低碳制造既涉及产品的全生命周期，更关系到企业生产经营的全过程，是一个复杂的系统问题。因此，若要有效实施低碳制造，必须站在系统集成的角度来思考处理问题，更加注重系统技术和集成技术的统一。建立一套集成化的低碳制造系统及体系框架，将成为今后低碳制造研究的热点和方向。

（4）智能化。低碳制造的决策目标体系以及低碳产品评估指标体系的实现，需要采集和分析大量多源异构数据。基于知识系统、模糊系统、大数据和神经网络等方法的人工智能技术将在低碳制造行业中发挥越来越重要的作用。

（5）产业化。现阶段，低碳制造推动了废弃物回收处理装备制造业和废弃物回收处理服务业的形成，带动了百万级别的人口就业。在未来，低碳产品制造业将持续蓬勃发展，必将催生出一系列新兴产业，如低碳制造软件产业等。世界各国将有越来越多的人才投入到低碳制造产业链中，共同促进低碳制造的可持续发展。

2.4.2 低碳制造实施途径

低碳制造从本质上讲是制造业的"绿色化",即使用更少的自然资源,减少污染和废弃物,回收和再利用材料,并在制造过程中降低排放或者实现零排放。低碳制造的主要实施途径主要包括:低碳设计、低碳工艺和低碳包装等。

(1) 低碳设计。低碳设计是低碳制造的重要组成部分,是低碳供应链成功的关键一步。传统的设计通常只考虑产品的功能、质量、寿命和成本,而低碳设计以设计为起点降低产品在制造、储运、流通、消费、回收等环节的物质和能源消耗,有效减少温室气体的排放,在要求产品满足安全性、舒适性、易用性等基本功能以外,还要符合碳中和要求。企业在进行产品设计的时候应当反复考虑以下系列问题:是否在产品设计之初便进行低碳设计?产品材料本身是否低碳?能否使用回收材料制作?产品的使用寿命是否可以通过技术手段进行延长,进而降低消费者迭代频率?产品的包装是否有环保升级的空间?常见的低碳设计包含节能设计、持久化设计、模块化设计等。节能设计以原材料的充分利用、再利用、再循环等方式为切入点,降低生产过程中不必要的浪费,提高资源利用率。持久化设计通过延长产品的生命周期,提高产品的耐久性,设计易于修理和维护的产品结构,有效减缓产品的衰退以及消费者更新产品的速率。模块化设计即对一定范围内不同性能、不同规格的产品进行功能分析的基础上,划分并设计出一系列功能模块,通过模块的选择和组合可以构成不同的产品,以满足市场的不同需求。

(2) 低碳工艺。利用各种先进技术以及管理方法来优化产品制造流程,以达到碳减排的目的。低碳工艺的使用一方面要求加强对原材料的再利用,提高原材料的利用率,另一方面要求优化原材料的加工流程,减少材料浪费和高污染工艺流程的投入使用。新兴的数字孪生技术和碳捕集技术对低碳工艺的实现和改进具有重大潜力。数字孪生技术是一种将实体物理系统与其数字化模型相结合的先进技术。它通过实时数据采集、传感器技术和大数据分析等手段,将实际设备、过程或产品的运行状态和性能信息与其数字化的虚拟模型相连接。这种虚拟模型是基于物理系统的准确几何和物理特性构建的,它能够模拟实体物理系统在不同条件下的行为和性能,进而减少碳排放。碳捕集技术是指将大型排放源所产生的二氧化碳收集起来,并用各种方法储存以避免其排放到大气中并且加以合理利用的一种技术,按技术流程可分为二氧化碳捕集、输送、利用与封存等环节。

(3)低碳包装。从碳中和的角度优化产品包装解决方案,使资源消耗和废弃物排放量最小化。低碳包装设计一般遵循 3R 原则,即减少包装(reduce)、重复再利用包装(reuse)、回收包装(recycle)。在满足保护、便捷、销售等包装功能的条件下,应采用量少优先的原则适度包装,且包装可以通过多次重复使用或回收再生产等措施达到可再利用的目的。对于不可循环使用的包装,要求能够被自然降解腐化,避免形成永久垃圾。

低碳制造是从传统制造模式向可持续发展模式的转变,即从高投入、高消耗、高污染的粗放发展模式升级到集约化发展模式,提高生产效率,最大化利用资源,并减少废物的产生。这一制造模式和高质量发展理念高度一致,追求以人为本,强调产品、环境、功能和经济的统一,既能保障制造业的可持续发展,也必将催生诸多新兴产业。

2.4.3　低碳制造案例

2.4.3.1　苹果公司——芯片设计和再生铝材料①

在芯片设计方面,苹果公司从源头上通过技术手段,引入在纳米电子学和数字技术领域全球领先的比利时微电子研究中心(Interuniversity Microelectronics Centre,IMEC)开展的可持续半导体技术和系统研究项目,致力

---

① 苹果公司《2023 环境进展报告》。

于降低半导体价值链的碳排放。该芯片在减少材料加工过程中产生的废料的同时，缩短了机械加工时间并相应地降低了能耗。

同时，苹果公司以材料选择作为缩减碳排放的另一个切入点。首先考虑一些碳排放占比很高的材料和部件，逐渐过渡到使用低碳冶炼和回收再造的材料，实现原材料的低碳化转型升级。目前，苹果公司的多数产品的机身外壳都采用了 100% 再生铝金属打造，与原铝生产比较，每吨再生铝可节约 3443 千克标准煤、节水 22 立方米、降低 20 吨固体废弃物排放。在产品的耐用性方面，苹果公司通过设计尽可能减少产品维修或更换，在防水、抗磨、抗跌落能力上不断改进，力求延长产品使用寿命，降低维修需求。这些设计让 iPhone 手机的折旧率在九大智能手机制造商中达到较低水平。数据显示，即便在 2022 年，2015 年推出的 iPhone 6S 在美国地区进行以旧换新时仍具有一定的货币价值。

2.4.3.2 蒙牛——低碳制造工艺①

为推动环境治理和节能减排项目，蒙牛工厂在生产加工环节针对燃煤锅炉、采暖机组等用能设施进行了低碳化改造，主要包含以下几点：

（1）采暖机组并联运行。根据与换热厂家沟通，采暖升级换热器满足地热与采暖合并运行，同时采暖回水温度与地热也可以兼容。改善后的采暖期节约电量约 4.6 万度，节约电费约 3.1 万元。

（2）锅炉鼓引风机自动改为手动操作。锅炉鼓引风机主要控制锅炉运行过程中炉膛的负压，若炉膛负压超出 −30 帕就会产生电浪费，将锅炉鼓引风机自动调至手动操作，可根据蒸汽流量大小随时调节负荷，改善后的手动操作用电量与同期对比每班节约近 200 度。

（3）鼓风机安装变频器。污水厂改造后好氧池实施间歇性曝气运行，工频运行启停鼓风机影响设备使用寿命，产生电能浪费。因此，改为变频

---

① 绿色工厂案例——蒙牛乳业（齐齐哈尔）有限公司［EB/OL］. 黑龙江省工业和信息化厅，https://gxthli.gov.cn/gxt/c107069/202307/coo_31653165.shtml，2023 − 07 − 26.

运行后，每小时可节约电量 12 度，月度可节约电量 8640 度。

（4）收奶广场气暖自动控制系统改善。因白天与晚间收奶广场使用频次不同，夜间温度达到 26 度左右，温度无法自动调节，造成蒸汽浪费。通过安装自动控制系统，可根据实际需要设定温度，保持室内温度恒定。

（5）杀菌机脱气罐水回收水处理的改善。将预处理无菌罐、杀菌机、升温、生产时使用的冷却水统一回收到罐内，做灌装机外部清洗用水，按满产计算，每天可回收 200 吨水。

（6）冬季包装间使用余热取暖。预处理车间高耗能设备散发热量，车间温度比较高，安装空调风道投入资金 20 万元，夏季使用风道给预处理车间降温，冬季利用空调风道将热量传输到包装间，用于冬季取暖，减少蒸汽供应，取暖期每月节约 120 吨蒸汽成本。

2.4.3.3 百事公司——无瓶标包装①

2022 年 4 月，百事公司在中国推出了首款"无瓶标"百事可乐，全新设计在去除了瓶体的塑料标签和瓶盖上的油墨印刷后，瓶身处商标以浮雕工艺呈现，产品名称与保质期等信息则采用激光技术打印。相比普通包装，"无瓶标"可有效减少能源过度使用增加的碳排放。百事通过"无瓶标"项目将"可持续发展"这一宏大使命落于实践，为饮料行业的可持续发展提供了可借鉴、可复制的模式，同时鼓励消费者共同建立起低碳环保的消费共识。

凭借"无瓶标、共环保"项目，百事（中国）有限公司斩获南方周末 2022 筑梦者公益大会"年度生态友好项目"的荣誉称号。作为首批在中国市场推出无瓶标饮料产品的企业之一，百事公司的可持续发展步伐还远不止于此。为了提高包装可回收率，在产品外层的多连包包装上，百事公司采用含有 24% 再生聚乙烯成分的材料，并添加"好好回收"标志倡导环保

① 百事公司大中华区官网：www.pepsico.com.cn。

行动，进一步践行减碳理念。

2.5　低碳配送

2.5.1　低碳配送概述

根据罗戈研究《2024 中国低碳供应链 & 物流创新发展报告》，交通运输部门在全球温室气体排放占比超 20%，是继工业和建筑之后的第三大温室气体排放源。2019 年国际交通论坛数据显示，按照目前的碳排放速度，在不进行干预的情况下，全球配送产生的碳排放量到 2050 年将翻一番，从 2015 年的 29 亿吨碳排放量增长至 2050 年的 62 亿吨。由此可见，运输领域的低碳化转型已成为全球尤其是我国未来工作中的重中之重。

低碳配送顺应低碳经济的时代要求，是应对社会能源消耗严重，全球气候变暖最有效的绿色发展方式之一。低碳配送是指通过能源技术创新、产业结构转型、新能源开发等多种手段，实现配送管理过程中的低碳化、低污染、低排放的目标，其本质在于通过配送规则与配送策略、配送合理化与标准化、配送信息化与低碳配送技术等方式，既能实现配送能力与社会经济发展增速相匹配，又能达到缓解能源供给紧张，降低碳排放的目的。

在实际操作过程中，低碳配送主要包括运输低碳化、仓储低碳化、流通加工低碳化、装卸搬运低碳化、包装低碳化等方面。低碳配送作为低碳供应链环节中与消费者直接接触的一环，将直接影响产品以及供应链主体企业在消费者心目中的绿色形象，而绿色环保的配送模式将对改进消费者购物体验、提升消费者需求、提高消费者黏性发挥越来越重要的作用。

低碳配送特点包括：第一，整体性。低碳配送是一个完整的产业链，包括很多商业运营步骤，只有关注整个链条的每一步，配送过程才能称为真正意义上的低碳配送。如今，不仅市场需求和发展态势等经济因素会影响低碳配送的发展，所有的环境因素也对其起着促进或者抑制的作用。第二，环保性。发展低碳配送对环境是百利而无一害的。利用新型的科学技术，先进的管理手段，降低碳排放量，具有明显的环保属性。第三，技术领先性。低碳配送利用节能减排技术、新能源开发技术、碳捕捉技术、碳足迹跟踪技术等前沿科技进行日常的输运与管理。不管是在公路运输还是水路运输、铁路运输、航空运输，国家和企业都投入了大量的人力、物力和财力研究新技术和新模式，因此，低碳配送也是当前科技创新最活跃的领域之一。第四，标准性。低碳配送的具体操作和核算过程需要量化。部分企业管理者可能面临过高的成本而不愿意进行低碳转型，通过"钻漏洞"和谎报、虚报碳排放量以达到减排的目的，这样的做法若不加以管制将鼓励越来越多的效仿者。因此，必须制定一个科学的量化标准，进行统一协调，提高低碳配送的管理效率和运作水平。第五，示范性。低碳配送作为低碳供应链中不可或缺的一部分，在整个行业领域起着模范标杆的作用。提醒人们关注碳足迹的同时，也给其他行业的管理者作了示范，可为其他行业的碳中和路径提供借鉴。

2.5.2 低碳配送实施途径

2.5.2.1 能源改革

（1）加大清洁、可再生能源在整个配送领域的普及率，推动供给侧能源变革。当前，我国配送行业新能源化趋势愈发明显。根据电车人整理数据，2023 年我国新能源重卡销量达 3.4 万辆，新能源轻卡销量近 5 万辆，新能源物流车销量达 27.7 万辆。[①] 新能源卡车正逐渐取代传统燃油货车，

---

① 2023 年中国重卡、中卡、轻卡、微卡、皮卡、客车销量大排名（含新能源）[EB/OL]. 电车，http：//diancheren. cn/newsinfo/7168018. html，2024 - 05 - 14.

市场份额不断增强，以更好地满足配送行业"降本增效"和"双碳"目标的发展要求。

（2）提升产品包装、运输、仓储、配送等各个环节的资源利用效率。如在包装环节选用可再生、可回收的材料，将可持续发展的环保理念融入配送全生命周期管理，减少非运输环节产生的碳排放以及可能的资源浪费。例如，顺丰研发的新型可循环使用的快递箱，可实现循环使用70次以上，整箱的制作材料96%可回收①，与以往的一次性纸箱相比，节约了大量的资源，实现了低碳减排。

2.5.2.2　新技术减排

传统配送模式具有粗放式、低专业化、高成本等缺点。据前瞻产业研究院数据，我国仓储物流行业物流费用支出占国内生产总值近20%，而美国、日本为10%左右。② 粗放和低效率的配送运作模式，不可避免地造成了能耗的增加和能源的浪费，也导致诸如空驶率高、重复运输、交错运输、无效运输等不合理运输现象普遍发生。同时，整个行业也面临着各种运输方式衔接不畅、库存积压过大、仓储利用率低、配送设施重复建设现象严重、配送信息化程度低等效率提升难题。要想解决上述问题，需要从管理技术层面入手，依托数字化智能手段，全面实现配送供应链系统的升级，用新技术赋能全链条各环节。大力发展大数据、人工智能、机器学习等前沿算法技术，并规范应用于行业的实际发展中。例如：利用大数据算法对库存、配送线路、配送网络进行优化设计，合理调度使用车辆资源，缩短实际配送路径里程，减少空驶率；用标准化的线上管理和数字化后台替代原先杂乱无章的运营方式，实现"绿色发展"。让配送真正实现"系统化、数字化、智能化"，从而使配送企业既可以找到长远的可持续发展着力点，

---

① 杭州顺丰新的可循环使用快递箱投入使用［N］. 中国邮政快递报，2021 – 12 – 07.
② 前瞻产业研究院. 2022 年美国、日本、中国仓储物流成本占 GDP 比重［EB/OL］. https：//x. qianzhan. com/xcharts/detail/9e763516d04c0577. html，2024 – 10 – 28.

又能在发展的过程中提升资源的利用效率，减少冗余环节，做到"低碳配送"同时也是"智慧配送"。

2.5.2.3 新型运输方式

（1）开展多式联运。常见的运输方式主要有公路运输、铁路运输、水路运输和航空运输。对于运输单位里程和单位重量的物品，航空运输所产生的碳排放量最高，其次是公路和铁路运输，水路运输是相对碳排放量最小的运输方式。凭借着路网极高的覆盖率以及本身较强的时效性和灵活性，碳排放量最高的公路运输成为了最常见的运输方式。在低碳配送的大背景下，企业应根据自身业务整合多种运输方式进行配送和管理，权衡配送时效与碳排放量之间的关系并作出合理的决策，以达到减少碳排放量的目的。

（2）发展先进运输方式。空载是道路运输资源浪费的常见现象，发展先进的运输方式可以有效减少空载情况进而提升资源利用率，减少碳排放。甩挂运输（在装卸作业点甩下并挂上指定挂车的方式）、滚装运输（滚装运输是指使用滚装船连车带货一起装运的一种水上运输方式）、集装箱运输（以集装箱为载体，将货物集合组装成集装单元的运输方式）都可以在降低物流成本的同时提高物流效率，并减少车辆空驶以及无效运输等情况。此外，以聚盟为代表的大票零担物流网络运营服务商近年来陆续崛起，其以自身灵活强大的平台聚合能力，进行线、网整合，能够提供端到端的"提、干、仓、配"一体化综合物流服务，通过系统化管理的方式整合运力资源，大大降低了车辆空驶率，提升了物流运输的效率。

2.5.3 低碳配送案例

2.5.3.1 顺丰——循环包装箱[①]

顺丰在人工智能、大数据、机器人、物联网、物流地图、智慧包装等

---

① 顺丰控股《2022 年度可持续发展报告》。

前沿科技领域进行前瞻性布局，结合新能源应用，将科技力量注入每个快件的全生命周期，助力"收转运派"全流程的提质增效和低碳减排。

在"最后一公里"方面，顺丰应用自研大、小型无人机，运用智能无人机技术，扩大业务投送范围，提供高效率、高经济性且低碳的物流服务；在中转方面，顺丰基于大数据优化配置仓储资源，引进全自动化分拣和场地管理系统，实现仓储和转运的效率提升，提高能源使用效率；在运输方面，顺丰应用智能地图、大数据分析和深度学习技术进行运输路线规划，结合快件时效、距离等因素，通过智能算法提供路径最优解，整合货运路线与运力资源，实现车辆与货物的精准匹配，提升陆地运输效率；在包装方面，顺丰自主研发并推出碳中和循环包装箱——丰多宝，丰多宝采用了更易回收的单一化材料 PP 蜂窝板材，并使用自锁底折叠结构和全箱体魔术粘贴合模式，免去使用胶带纸、拉链等易耗材料。

此外，顺丰还构建了标准的碳管理体系，并上线了数智碳管理平台——丰和可持续发展平台。通过整合集团碳排放与碳减排数据，覆盖包装、运输、中转、派送等多个环节，共计 60 余个典型场景，120 余项指标。平台纳入的数据源包括车辆用能、货机用能、铁路运输、场地用电、冷藏冷剂、员工通勤及各碳减排项目的排放数据，实现碳排放数据数字化管控，协助追踪碳目标完成进度。

2.5.3.2　京东物流——供应链碳管理平台[①]

京东物流作为国内首家完成设立科学碳目标倡议（Science Based Targets initiative，SBTi）的物流企业，着力推行战略级项目"青流计划"，从环境、人文社会和经济三个方面，协同行业和社会力量共同探索可持续发展道路。

包装方面，京东物流推出循环快递箱"青流箱"，该产品由可复用材料制成，正常情况下可以循环使用 50 次以上，破损后还可用于回收再生，配

---

① 2022 年京东物流 ESG 报告，www.jdl.com/carbonFootprint。

合循环包装管理系统可实现循环包装全流程动态监控；运输方面，京东物流在全国 7 个大区、50 多个城市总计布局使用新能源车约 2 万辆，并大量使用清洁能源充电基础设施，每年可减少约 40 万吨碳排放；仓储方面，京东物流在上海亚洲一号智能物流园区布局屋顶分布式光伏发电系统，2020年发电量为 253.8 万千瓦时，相当于减少碳排放量约 2000 吨。此外，在"2023 绿色供应链创新发展论坛"上，京东物流联合中华环保联合会绿色供应链专委会正式发布供应链碳管理平台（Supply Chain Emission Management Platform，SCEMP）。这是全球首款经核证的吸纳中国碳排放因子库数据，以最小颗粒度、真实轨迹管理物流运输碳足迹的平台。SCEMP 可实现移动排放源可视化，为供应链物流运输全景化搭建计算模型并定制行程地图，实现碳足迹可视化和风险评估的同时兼顾多维度的运输规划和优化，填补了当前领域内碳足迹精细化管理的空白。

2.6 低碳回收

2.6.1 低碳回收概述

广东史客郎环保科技有限公司的统计数据显示，我国人均每日可回收物产出高达 1.2 千克，而实际回收率却不足 60%。[①] 这一巨大差距昭示着回收产业蕴藏着极为广阔的增长空间，也意味着低碳回收理应成为企业构建低碳供应链战略的核心环节。及早布局，不仅能抢占政策红利，更能通过闭环资源管理降低原材料成本、提升品牌绿色形象，在未来市场竞争中赢得先机。

低碳回收具体是指产品报废后对产品和零部件以环境友好的方式进行

---

① 史客郎环保科技：低碳环保，从回收做起 ［EB/OL］. 史客郎智能垃圾回收，https://baijiahao. baidu. com/s？ id=1767192226963417680，2023－05－29.

回收处理，使产品或零部件得到循环使用或再生利用，以减少环境污染，提高资源利用率。一般来讲，回收处理的方案各有不同，采取不同方案的处理成本和回收剩余价值也不尽相同。低碳回收应在产品及零部件的回收处理成本低于回收价格的基础上，对各种方案进行分析评估，在保证利润的同时，确定环境效益最佳的回收处理方案。

低碳回收的意义包括：第一，促进资源的循环利用。废旧物品通过分类收集和加工处理之后，可以再次成为新的产品在市场流通，这能够有效减少资源的非必要浪费。通过资源的循环利用，不仅可以减少废弃物的垃圾场填埋和焚烧带来的环境污染，还可以降低原材料成本，提高产品的附加值。例如，废旧金属的回收处理可以减少开采新矿产、高耗能技术的使用以及二氧化碳等气体的排放，有助于推进绿色发展。第二，创造经济价值。从分类收集到加工再到生产，低碳回收产业不仅可以推进环保事业，还可不断挖掘废弃物的剩余价值，从而创造巨大的经济价值。国家发展改革委在《"十四五"循环经济发展规划》中提出，到2025年，我国资源循环利用产业产值将达5万亿元，废钢利用量将达3.2亿吨，再生有色金属产量将达2000万吨，具有极大的碳减排价值。未来低碳回收必将深入社会各个方面，塑造新的生活理念，影响人们的生活方式，推动商业模式的迭代创新。

2.6.2 低碳回收实施途径

2.6.2.1 分类收集

按照一定的原则将回收物分为若干种类并分别建立对应的后续处理流程和机制。回收物的收集过程按照回收主体所在范围可分为企业内回收和企业外回收。对供应商、生产商等企业在生产加工环节中出现的废次品、边角废料以及仓储运输环节中出现的货损，可通过企业内回收方式进行回收，并通过相关工艺流程使之再资源化。对终端客户和零售商的退货、批发零售商的包装材料、消费者群体产生的有价值的生活垃圾及废旧物，可通过企业外回收方式进行回收处理。对一些耐用型产品，则可通过"以旧换新"的绿色营销模式来实现企业外回收，如家用电器、电脑、手机、高压锅等消费品。同时企业可通过在各大城市甚至街道，建立兼具维修、回收双重功能的废旧物回收中心，方便废旧物资源收集的同时，也大大缓解废旧物对生态环境的污染。

2.6.2.2 逆向物流

逆向物流是指所有与资源循环、资源替代、资源回用和资源处置有关的物流活动。它能够充分利用现有资源，减少对原材料的需求，是建设循环型经济的重要举措，其目的是减少废弃物或二次资源出现在环境中的数量，同时增加二次资源重复利用的可能性。

逆向物流在实践中主要包括三种类型：回收利用型逆向物流、回收型逆向物流和退货型逆向物流。回收利用型逆向物流是将废弃产品进行再生，生产出新的商品。回收型逆向物流则是将废弃产品进行回收，如垃圾回收、废旧家电回收等。退货型逆向物流则是指将不符合标准、有缺陷或无法出售的产品进行退货处理。在可持续发展的大背景下，逆向物流同样应当以碳减排为发展方向。企业应当减少不恰当物流所带来的环境污染，减少因焚烧、填埋带来的资源浪费，同时降低企业处理废旧物品的成本，充分节约和利用资源与能源，改善企业和整个供应链的绩效，创造更高的社会效益和经济效益，最终实现可持续发展。实施低碳逆向物流是一项系统的工程，需要有完善的商品召回、废物回收以及危险废物处理处置等制度。

2.6.2.3 回收物处理

对回收物品的处理，总的原则是循环再利用，充分挖掘废旧物内涵的用途。对于一些只需要进行简单维修或者加工就能使用而不影响质量的产

品，通过简单处理就直接进入销售市场；对于存在经济价值的回收物，如
生产制造商产生的边角废料，批发零售商剩下的包装材料，用户群所产生
的有价值的生活垃圾等，均可通过生物降解法、合并处理法等处理方法使
之再资源化，同时尽量减少传统焚烧法带来的环境污染；对于没有经济价
值且对环境存在污染威胁的回收品，应当采取机械处理等环境友好方式进
行处理。

为了推动低碳供应链闭环，促进低碳经济循环发展，2018 年 11 月，
国家统计局发布《战略性新兴产业分类（2018）》，将再制造产业纳入其
中。所谓再制造，指的是将废弃的产品或部件重新加工、整修或升级，使
其重新焕发生命活力的过程。众所周知，制造新产品需要消耗大量能源和
资源，而通过再制造仅需要经过低成本的简单改造，就可以延长产品的寿
命，减少废弃物的产生，进而减少能源消耗和碳排放。此外，再制造商品
拥有较强的设计自主性，厂家可以根据消费者的喜好自由升级或改造产品
以符合消费者个性化需求，从而使得再制造品的市场需求不会因其固有的
劣势而受到很大的影响。因此，再制造不仅可以改善生态环境、节约资源，
还可帮助企业挖掘市场增量，谋求更多的利润空间。

2.6.3 低碳回收案例

2.6.3.1 菜鸟——绿色能量换礼品[1]

作为中国快递物流行业中最早发起绿色行动的企业之一，菜鸟发现，
在快递业的减碳占比中，快递包装回收的占比较高。在菜鸟驿站，每回收
一个快递箱就能减碳 37 克。基于此，菜鸟于 2017 年 11 月率先开启绿色
"回箱"计划，首次提出快递纸箱重复利用再寄件。通过铺设绿色回收箱

---

[1] 阿里巴巴集团《环境、社会和公司治理报告（2023）》。

和物联网（Internet of Things，IoT）扫码箱，引导消费者在线下寄取件时将快递包装投入绿色回收箱中回收再利用。在完成包装回收后消费者可通过 IoT 扫码箱识别快递包装上面的电子面单，通过线上渠道领取绿色能量，积攒的绿色能量可用于兑换鸡蛋、可降解的垃圾袋、帆布袋等带有环保性质的绿色礼品。现如今，菜鸟绿色回收计划已覆盖全国 315 个城市近 10 万个菜鸟驿站，预计每年可回收上亿个包装，形成了线上线下相互协同的绿色低碳物流阵地。

2021 年"双十一"期间，借助菜鸟推出的绿色全链路减碳方案，菜鸟联合商家仅使用绿色包装 9000 万个，减少使用胶带长度 8400 万米。包括使用电子面单、原箱发货、装箱算法、驿站绿色回收和寄件等减碳行为在内，基于菜鸟绿色物流全链路，菜鸟、商家和消费者合计产生 18 亿次绿色行为，为全社会减碳 5.3 万吨，3000 万人次查看了自己的绿色物流"个人减碳账单"，480 万人线上线下参与和分享了快递包装回收换鸡蛋活动。

2.6.3.2 余杭区——数智化"一键回收"①

杭州市余杭区开发"一键回收"数智化低碳应用场景，实现居民端一键下单呼叫回收、企业端一键点击上门回收、政府端一屏显示碳减排量，借助数字经济高地优势，推行"互联网 + 再生资源回收"模式，构建碳排放"一网监管"体系，助力"双碳"目标实现。

"一键回收"场景应用将商务、城管、环保、发改等多部门数据系统打通，在居民端、企业端、政府端之间构建"前端收集—循环利用—智慧监管"闭环体系，有效解决再生资源回收溯源数据精准问题。具体而言，居民端通过一键下单呼叫回收，用碳减排能量值兑换商品或折现；企业端以 1000 ~ 1500 户家庭为一个单位建立回收网点，实现一键点击上门回收，实时查看回收全过程碳减排值，进行碳交易；政府端通过一屏显示各镇街、

---

① 2022 年度浙江省绿色低碳转型典型案例评选。

各社区再生资源回收碳减排量。此外,"一键回收"场景应用还建立了一条完整的"收集—运输—分拣—利用"的再生资源循环利用体系。前端从居民收集的可回收物运输至行业企业分拣中心,精细分类 9 大类 40 余个小类,然后作为原料供给有资质的再生企业资源化利用,提升再生资源加工利用水平,促进再生资源产业集聚发展。目前已在余杭区建成超 160 个标准再生资源回收网点、总面积超 3 万平方米的分拣中心,日均回收居民生活垃圾再生资源 350 吨以上,回收垃圾的资源化利用率达到 97% 以上,无害化率达到 100%。

据测算,该系统每年可为余杭贡献碳减排约 6.06 万吨,约等于节约用电 1.16 亿度。截至目前,该应用已覆盖余杭区近 30 万户居民,2022 年累计实现碳减排 2 万余吨,日均减排量 90 余吨。

2.7 总 结

本章将低碳供应链通过 SCOR 模型细分为低碳计划、低碳采购、低碳制造、低碳配送和低碳回收等五大环节,并按照产品生命周期要求,对计划、采购、制造、配送、回收等业务流程进行低碳化重构。全过程涉及供应商、制造企业、物流服务提供商、销售商、终端用户以及回收、拆解等供应链上下游不同主体之间的相互协作。低碳供应链管理将"绿色、低碳"理念贯穿整个供应链生态系统,通过全网络资源整合、全流程绿色优化和全生态组织协同,将全生命周期管理、生产者责任延伸理念融入传统的供应链管理工作中。其依托上下游企业间的供需关系,以核心企业为支点,推动链上企业持续提升环境绩效,扩大低碳产品供给,助力消费升级,达到提质、增效、降本和绿色、低碳、可持续发展的有机结合和高度统一。

要实现供应链的低碳化,需要供应链上的多方主体共同参与,共同推进。企业方应加强内部管理，分析自身状况，从承载能力和实际出发，以解决企业紧迫问题和较快见效的关键问题作为突破口，明确目标。此外，设立碳目标，不仅是对企业自身的要求，在供应链竞争的大环境下也需要上下游共同协调完成。因此，低碳供应链对供应商提出了更高的要求。在进行供应商选择时要充分考量其可持续的竞争力和创新能力，在多个有潜力的供应商中进行择优比较。消费者方应当引导其加强低碳消费意识，从而可以在消费终端减少消费行为对环境产生的负面影响。政府部门应当加强环境执法，统一规范绿色标准，出台一系列环境保护的政策法规，建立健全低碳供应链标准化体系，深入宣传环保、绿色理念，针对不同的对象群体采取不同的方式进行低碳教育宣导。

事实上，自"双碳"目标提出以来，绿色低碳节奏不断加快推进，越来越多针对碳排放的政策相继出台，如碳税、碳配额、碳交易等，这也意味着政府对企业低碳能力提出更高要求。值得注意的是，供应链网络设计作为供应链管理中的核心部分，涉及从采购到配送交付等各环节多个主体。传统的供应链网络设计旨在能够让整条供应链在保持较低成本的同时具有较好的响应性。然而，由于传统供应链网络忽视了碳减排的重要性，可能会导致环境负担的加重和资源的浪费。因此，如何在供应链网络设计的源头融入低碳理念是当下供应链管理的重要问题。企业应当在充分研究低碳政策的基础上，重新审视供应链各主体之间的利益关系，梳理明晰各主体在政策中所扮演的角色，分析碳减排对企业运营各环节的影响，进而重新优化供应链网络设计。唯有设计好低碳供应链网络这一基础架构，才能稳固好发展好整条供应链绩效这一"上层建筑"。

此外，随着信息技术的井喷式发展，大数据和区块链等前沿技术成为人们关注的热点话题。区块链技术在多个不同的实际场景得到应用并引发了对应领域的重大变革。例如，在物流领域，区块链技术可以通过减少中间环节来推进全链路的信息共享，提高物流体系的可靠性和安全性。因此，此类技术在低碳供应链网络设计中具有重要价值。同时，在低碳供应链中，除了考虑物流和信息流外，资金的流动方式也将深刻影响供应链的网络架构，这也是我们关注的重要问题。

低碳经济和可持续发展前所未有地重新定义了未来供应链的新格局、新趋势。对于供应链各环节上的多方主体而言，认真审视低碳供应链网络设计，以自我改革驱动整体协同变革，必将为碳中和实践作出重要贡献。

第 3 章

文献综述

本章主要采用文献计量学方法，利用 CiteSpace 软件对供应链网络设计领域的文献进行了全面的回顾。首先，本章明确了研究方法和数据来源。其次，从文献的基本特征、核心知识主体、理论基础以及研究热点四个维度，对供应链网络设计以及考虑碳排放的供应链网络设计进行了深入分析。通过以上分析，本章旨在帮助读者全面了解供应链网络设计领域的研究现状，并为后续章节提供坚实的理论基础和研究启示。

3.1　研究方法和数据

文献计量学作为情报科学的一个分支，以文献或者其特征数量（各项指标的数量）为基础，运用统计学、可视化、文本分析等方法，从数量角度揭示领域文献之间的数量关系、合作情况、分布情况以及变化趋势，进而分析并预判科学现象及规律。文献计量在厘清学科研究脉络、跟踪领域前沿发展方面起着重要作用。

知识图谱是文献计量中常用的可视化方法。它将学科领域相关知识的历史演化、核心结构、发展前沿等以图谱的形式展现，能够直观地展示知识之间的关联和变化规律。CiteSpace 是一款被广泛使用的文献计量分析软件，它基于引文分析原理对特定的研究领域进行科学计量，并通过一系列可视化手段将抽象复杂的数据转化为直观的知识图谱。例如，当国家、机构、作者、关键词等节点出现频次的中心度越大时，表明在某个时间段内该节点在该研究领域的重要性、代表性越高。这些信息可以快速识别和跟踪领域内的主要参与者、基础知识和研究趋势。因此，CiteSpace 软件有助于探寻出所研究领域的知识结构、动态发展演变和研究前沿。

本章主要使用 CiteSpace 5.5. R2 软件，对供应链网络设计以及考虑碳排放的供应链网络设计领域的知识结构进行分析。另外，本章绘制了多方面的知识图谱，包括研究主体合作、共被引分析和关键词共现等。这些图谱可以帮助读者从多个角度了解该领域的知识结构、演化情况以及主要研究力量和热点主题。其中，主体合作分析从作者、机构以及国家/地区三个维度分析领域的研究力量分布以及合作情况；文献共被引分析可以快速找到领域内具有影响力的文章，了解领域的知识基础；关键词共现网络可以展现一段时间内相关文献集中反映出的研究热点词汇，发现研究的热点主题。

本章的文献数据来自科学引文索引数据库（Web of Science，WOS）。同时，根据《FMS 管理科学高质量期刊推荐列表（国际期刊）》，经专家筛选确定与研究领域相关的高质量源期刊，以此构建文献数据库，具体期刊列表如表 3 - 1 所示。该列表基本覆盖了供应链网络设计领域的主要出版物。在这些期刊上发表的文章具备较高的质量和代表性，能够较为全面地反映该领域的研究现状。

表 3 - 1 检索期刊列表

序号	期刊名称	序号	期刊名称
1	*Annals of Operations Research*	5	*Decision Sciences*
2	*Computers & Industrial Engineering*	6	*European Journal of Operational Research*
3	*Computers & Operations Research*	7	*IEEE Transactions on Engineering Management*
4	*Decision Analysis*	8	*IISE Transactions*

续表

序号	期刊名称	序号	期刊名称
9	*INFORMS Journal on Applied Analytics*	26	*Mathematics of Operations Research*
10	*INFORMS Journal on Computing*	27	*Naval Research Logistics*
11	*INFORMS Journal on Optimization*	28	*Omega-International Journal of Management Science*
12	*International Journal of Operations & Production Management*	29	*Operations Research*
13	*International Journal of Physical Distribution & Logistics Management*	30	*Operations Research Letters*
14	*International Journal of Production Economics*	31	*OR Spectrum*
15	*International Journal of Production Research*	32	*Production and Operations Management*
16	*Journal of Business Logistics*	33	*Production Planning and Control*
17	*Journal of Management Science and Engineering*	34	*Service Science*
18	*Journal of Operations Management*	35	*SIAM Journal on Optimization*
19	*Journal of Optimization Theory and Applications*	36	*Supply Chain Management*
20	*Journal of Purchasing and Supply Management*	37	*Transportation Research Part A: Policy and Practice*
21	*Journal of Supply Chain Management*	38	*Transportation Research Part B: Methodological*
22	*Journal of the Operational Research Society*	39	*Transportation Research Part C: Emerging Technologies*
23	*Manufacturing & Service Operations Management*	40	*Transportation Research Part D: Transport and Environment*
24	*Management Science*	41	*Transportation Research Part E: Logistics and Transportation Review*
25	*Mathematical Programming*	42	*Transportation Science*

3.2　供应链网络设计研究文献分析

供应链作为行业的重要组成部分，涵盖供应商、制造商、分销中心、配送中心和仓储设施等，涉及产品或服务在最终用户以及上游与下游企业之间的流通。其资源协调与整合能力已成为各行各业乃至整个国家的核心竞争力之一。供应链网络设计构建了供应链的基础架构，对后续各项活动具有深远影响。首先，供应链网络设计能够更好地协调和整合资源，实现端到端的供需精准匹配，从而提高企业的核心竞争力。其次，它可以直接影响供应商的选择和评估，确保供应商能够提供高质量、可靠的原材料和零部件。供应链网络设计还能够影响生产计划和生产布局，通过合理规划设施位置来减少生产成本和运输成本，提高生产效率和交货速度。此外，它也可以优化库存管理和物流配送，提高库存周转率和配送效率。

供应链网络设计领域长期以来得到学者和业界的关注，相关理论已广泛应用于生产、农业和运输等各行各业，对企业乃至国家发展战略目标都具有重要作用。多年来，学者和从业者为供应链网络设计提供了一系列的应用程序、理论框架、方法、范式、决策和分析，推动了该领域的发展。

本节选取"Web of Science"核心合集数据库，进入高级检索页面设定检索条件，设定检索式为"AK =（supply chain network design OR facility location OR location inventory）"，设定文献发表日期为 2000 年 1 月 1 日至 2022 年 12 月 31 日，并筛选表 3 – 1 中所列高质量期刊的论文，检索得到 1146 篇文献。将检索到的文献以"Web of Science"中纯文本格式"Download_ ＊ "名称导出全记录与引用的参考文献，利用 CiteSpace 软件中删除重复项（remove duplicates）功能去重，最终得到有效文献 1145 篇。

3.2.1 基础特征分析

在基础特征方面，本节从年发文量、年被引频次、期刊分布、研究方向分布等文献基础特征对检索到的文献数据集进行分析。

3.2.1.1 发文量与被引频次分析

利用"Web of Science"提供的分析检索报告及引文报告的功能对检索到的文献进行发文量和被引频次分析，结果如图 3 - 1 所示。

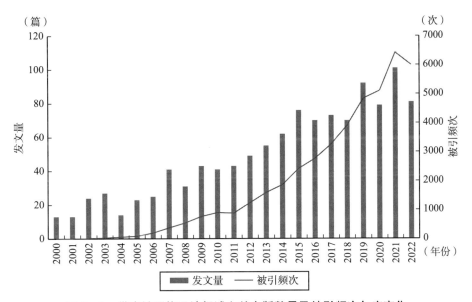

图 3 - 1 供应链网络设计领域文献出版数量及被引频次年度变化

数据显示，供应链网络设计领域的发文量自 2000 年以来总体呈现不断上升的趋势。2007 年以前，在该领域高质量期刊中发表的研究论文少于 30 篇，并未引起广泛关注。然而，2008 年金融危机过后，该领域发文量开始迅猛增长，并于 2021 年达到顶峰，当年发表了 101 篇论文。这一趋势表明，该研究主题自进入学者视野后，受到了越来越多的关注，并取得了一系列成果。尽管 2022 年发文量有所回落，但发文量仍然超过了 80 篇。从被引频次的角度来看，除了 2022 年外，文献的被引频次逐年呈指数型增长，这表明供应链网络设计的研究在质量上也处于上升期。可见，该领域目前仍是学术界关注的重点，受到广大学者的重视。

3.2.1.2　期刊与研究方向分析

对检索到的文献进行期刊分布分析，并截取发文量前十位的期刊，结果如图 3 - 2 所示。

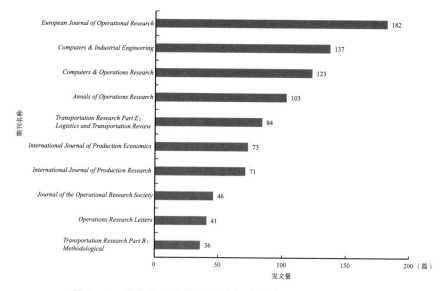

图 3 - 2　供应链网络设计领域期刊统计（发文量前十位）

从期刊分布可以看出，发文量较多的期刊主要集中在运筹学、工业工程与计算机领域，例如，《欧洲运筹学杂志》（*European Journal of Operational Research*）、《计算机与工业工程》（*Computers & Industrial Engineering*）、《计算机与运筹学》（*Computers & Operations Research*）等。此外，也有一些发文量较多的期刊以物流和交通运输研究为主题，例如，《运输研究 E 辑：物流与运输评论》（*Transportation Research Part E：Logistics and Transportation*

Review)、《国际生产经济学杂志》(*International Journal of Production Economics*)。这表明供应链网络设计的研究是一个多学科交叉的领域,在各个领域均有深入研究,涉及范围广泛,应用前景广阔。

另外,根据研究方向分布图(见图 3 – 3)可知,供应链网络设计的研究方向较为广泛,涵盖了运筹学与管理科学、工程学、商务经济学、计算机科学、交通运输、数学、环境科学与生态学等方向。这充分表明该领域的研究涉及不同领域的交叉融合。

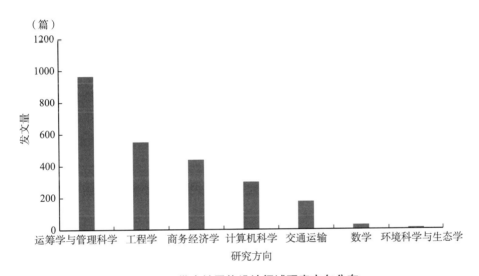

图 3 – 3　供应链网络设计领域研究方向分布

3.2.2　知识主体分析

供应链网络设计领域的发展与进步与其知识主体息息相关。这些知识主体主要包括研究人员、研究机构、研究国家和地区,研究的数据来自研究领域国家或地区的整体发展水平、研究机构的发展规模以及研究人员的科研成果。这些知识主体为供应链网络设计研究的发展提供了重要支持,此外,社会环境也在供应链网络设计研究中扮演着重要的角色。通过追根溯源，可以对供应链网络设计领域的专家学者、国家、院校机构等进行探讨分析，以更全面地了解该领域的成长与演变。

3.2.2.1 核心国家分析

通过对核心国家的分析，可以深入了解供应链网络设计研究领域的整体布局，以及评估全球各国在该领域的研究投入情况，揭示全球研究供应链网络设计的核心国家，以及它们在该领域的科研实力分布和合作情况。应用 CiteSpace 分析软件，将经过数据处理后的文献信息导入其中，如表 3 - 2 所示设置选项参数，并绘制供应链网络设计研究的核心国家分布图谱。

表 3 - 2　　　　　供应链网络设计领域国家合作知识图谱参数设置

时间切片	时间分区	术语来源	节点类型	分区选择阈值	修剪算法
1	2000～2023 年	全部	国家	前 50 名	最小生成树

考虑到 CiteSpace 分析文献依据出版时间且文献出版时间晚于在线发表时间，为了保证发表时间在 2022 年的文献数据完整性，故将时间分区起止时间设定为 2000～2023 年。时间切片（year per slice）设置值为 1 年。选择分析节点类型为国家（country），术语来源（term source）默认为全部。数据筛选标准为前 50 名（top 50 per slice），即抽取每一时间片中出现频次最高的 50 项数据。图谱修剪算法（pruning）选择运算简洁的最小生成树算法（minimum spanning tree，MST）和切片网络裁剪（pruning sliced networks）。可视化方式（visualization）选择经典视图（cluster view-static，show merged network）。设置显示点标签的阈值为 20，即发文频次大于等于 20 次的国家才会显示点标签，得到如图 3 - 4 所示的供应链网络设计领域国家合作网络知识图谱。

在国家合作网络图谱中，发文量通过"年轮"节点的大小表示，节点越大表示发文量越多。国家间的合作程度用连线表示，连线多少、粗细分别表示合作密切程度和合作发表论文的频次。从图 3 - 4 的国家连线可以看到，中国和美国、加拿大之间的合作较多，加拿大与英国、德国、西班牙等之间的合作较为密切。随着全球化的发展，科研合作和学术交流变得更加频繁和便捷。国际合作促进了各个国家之间的交流与互动，推动了供应链网络设计领域的研究合作。

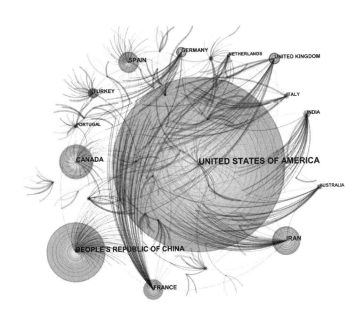

图 3 - 4 供应链网络设计领域国家合作网络知识图谱

注：图中英文的中文释义为德国（GERMANY）、西班牙（SPAIN）、荷兰（NETHERLANDS）、英国（UNITED KINGDOM）、土耳其（TURKEY）、意大利（ITALY）、印度（INDIA）、葡萄牙（PORTUGAL）、加拿大（CANADA）、美国（UNITED STATES OF AMERICA）、澳大利亚（AUSTRALIA）、伊朗（IRAN）、中国（PEOPLES REPUBLIC OF CHINA）、法国（FRANCE）。

表 3 - 3 截取了发文量前十位国家的详细统计数据。可以看出，美国作为世界上最大的经济体，其对供应链网络设计的关注程度较高。美国在该领域的研究活动最为活跃，发文量达到 426 篇，远远领先于其他国家，并且具有较高的中心度指数，显示其在该领域的影响力较大。中国随着其经济的崛起和产业结构的转型，在供应链网络设计方面的研究也有了较大发

展。根据统计结果，中国在发文量和中心度中均位居第二，发文量为153篇，虽然不及美国，但中国在该领域的研究也显示出一定的活跃度和影响力。另外，加拿大、伊朗、西班牙、法国等国家在该领域的研究活动也有一定规模，发文量分别为96篇、78篇、61篇和59篇。从首次发文年份来看，除伊朗外，这些国家在该领域的研究活动均可以追溯到2000年左右，表明在该领域的研究已有一定的历史和成果积累。

表3-3　　　供应链网络设计领域国家发文量统计（发文量前十位）

国家	发文量（篇）	中心度	统计范围内首次发文年份
美国	426	0.76	2000
中国	153	0.35	2000
加拿大	96	0.27	2000
伊朗	78	0.22	2007
西班牙	61	0.19	2000
法国	59	0.22	2001
英国	40	0.22	2002
德国	38	0.11	2002
土耳其	38	0.1	2000
印度	28	0.1	2003

3.2.2.2　核心科研机构分析

本节针对供应链网络设计领域开展研究的科研机构进行文献计量统计，并绘制可视化知识图谱加以分析。这能够帮助明确该领域的机构研究力量分布及现状。在将文献数据导入 CiteSpace 软件时，其设置如表3-4所示。绘制得到的供应链网络设计领域研究机构合作网络知识图谱如图3-5所示。

表3-4　　　供应链网络设计领域科研机构合作知识图谱参数设置

时间切片	时间分区	术语来源	节点类型	分区选择阈值	修剪方法
1	2000～2023 年	全部	机构	前五十位	最小生成树

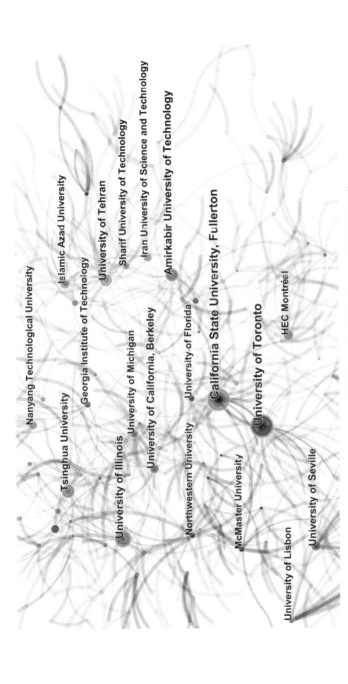

图 3 – 5 供应链网络设计领域科研机构合作网络知识图谱

注：图中英文的中文释义为南洋理工大学（Nanyang Technological University），清华大学（Tsinghua University），佐治亚理工学院（Georgia Institute of Technology），伊利诺伊大学（University of Illinois），密歇根大学（University of Michigan），加利福尼亚大学伯克利克分校（University of California, Berkeley），西北大学（Northwestern University），佛罗里达大学（University of Florida），加利福尼亚州立大学富勒顿分校（California State University, Fullerton），麦克马斯特大学（McMaster University），里斯本大学（University of Lisbon），塞维利亚大学（University of Seville），伊斯兰阿扎德大学（Islamic Azad University），德黑兰大学（University of Tehran），沙里夫科技大学（Sharif University of Technology），伊朗科技大学（Iran University of Technology），蒙特利尔高等商学院（HEC Montréal），多伦多大学（University of Toronto），阿米尔卡比尔科技大学（Amirkabir University of Science and Technology）。

如图 3 - 5 所示，从网络结构整体来看，图谱中节点较多，紧凑度较高，表明研究的机构多且机构间合作较为密集。其中多伦多大学（University of Toronto）和加利福尼亚州立大学富勒顿分校（California State University, Fullerton）节点较大，年轮中心颜色较深，连线较多，说明这两个机构发文量和发文年份都较早，而且两者合作较多。在供应链网络设计领域发文量前十位的科研机构如表 3 - 5 所示。

表 3 - 5　　　供应链网络设计领域科研机构发文量统计（前十位）

中文机构名	英文机构名	所在国家	发文量（篇）	统计范围内首次发文年份
多伦多大学	University of Toronto	加拿大	39	2000
加利福尼亚州立大学富勒顿分校	California State University, Fullerton	美国	35	2000
伊利诺伊大学	University of Illinois	美国	25	2010
阿米尔卡比尔理工大学	Amirkabir University of Technology	伊朗	23	2010
清华大学	Tsinghua University	中国	21	2011
塞维利亚大学	University of Seville	西班牙	20	2000
德黑兰大学	University of Tehran	伊朗	20	2012
加利福尼亚大学伯克利分校	University of California, Berkeley	美国	19	2004
新加坡国立大学	National University of Singapore	新加坡	18	2004
蒙特利尔高等商学院	HEC Montréal	加拿大	17	2013

根据供应链网络设计科研领域机构发文量前十位的统计结果，供应链网络设计研究领域中最活跃的机构均集中在高校。其中，多伦多大学（University of Toronto）在该领域的研究中较为领先，发文量以 39 篇位居首位，并且早在 2000 年就开始发表相关科研论文。在发文量前十位中，有 3 所为美国的大学，分别是加利福尼亚州立大学富勒顿分校（California State

University，Fullerton）、伊利诺伊大学（University of Illinois）和加利福尼亚人学伯克利分校（University of California，Berkeley），美国大学之间的科研竞争激发了更多的研究产出。伊朗也有两所大学位列其中，分别是阿米尔卡比尔理工大学（Amirkabir University of Technology）和德黑兰大学（University of Tehran）。清华大学（Tsinghua University）作为中国唯一入围高校，也表现出较高的研究活跃度，发文量为 21 篇，位居第五。从首次发文年份来看，大部分机构早在 2000 年前后便开始了在该领域的研究工作。同时，也存在一些起步相对较晚但研究成果丰硕的机构，如清华大学、伊利诺伊大学等。整体上看，经济与制造业较发达的国家和地区研究供应链网络设计的机构较为密集，而美国的大学不仅数量占优，机构之间的合作也较多。

3.2.2.3 高产学术专家分析

CiteSpace 作者共现分析可以识别出一个研究领域的核心人物及研究人员之间的合作关系。本节采用 CiteSpace 对供应链网络设计研究领域的高产作者进行分析，从而挖掘出一批具有代表性的学者。软件参数设置情况如表 3-6 所示，绘制得到的供应链网络设计领域发文作者合作知识图谱如图 3-6 所示。

表 3-6　　　供应链网络设计领域作者合作知识图谱参数设置

时间切片	时间分区	术语来源	节点类型	分区选择阈值	修剪方法
1	2000~2023 年	全部	作者	前五十位	最小生成树

如图 3-6 所示，该作者合作图谱中每个节点代表一位作者，节点的大小反映了作者的发文量，而对应作者姓名的字体人小也随之变化。节点以年轮的形式展示，年轮的厚度表示了作者在该年发表的论文数量，厚度越大代表该年作者发文数量越多。这样的可视化方式能够直观地展现作者之间的发文差异以及每位作者的发文趋势。连线表示了两人之间曾进行过合

作，连线的粗细表示合作的次数，合作越多，连线越粗。可见，核心作者之间基本都具有合作关系，甚至有小部分核心作者形成了合作团队，表明核心作者之间合作频率和合作密度较高，已形成了稳定的合作关系。另外，本节还统计了在供应链网络设计领域发文量超过 10 篇的学者，结果如表 3 - 7 所示。

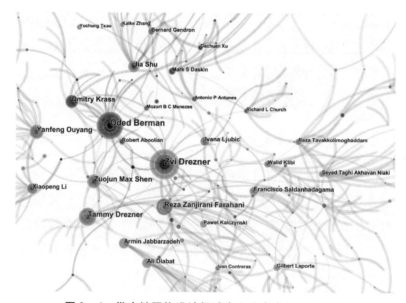

图 3 - 6　供应链网络设计领域发文作者合作知识图谱

表 3 - 7　　　　供应链网络设计领域学者统计（发文量 10 篇以上）

学者	所属机构	发文量（篇）	统计范围内首次发文年份
Zvi Drezner	加利福尼亚州立大学富勒顿分校	32	2000
Oded Berman	多伦多大学	29	2000
Tammy Drezner	加利福尼亚州立大学富勒顿分校	20	2002
RezaZanjirani Farahani	法国雷恩商学院	17	2011
Zuojun Max Shen	加利福尼亚州大学伯克利分校	16	2006

续表

学者	所属机构	发文量（篇）	统计范围内首次发文年份
Yanfeng Ouyang	伊利诺伊大学厄巴纳 – 香槟分校	16	2010
Dmitry Krass	多伦多大学	15	2007
Jia Shu	东南大学	13	2004
Xiaopeng Li	威斯康星大学麦迪逊分校	12	2010
Ali Diabat	纽约大学	11	2013
Armin Jabbarzadeh	魁北克高等技术学院	11	2014

从表 3 – 7 可以看出，11 位学者中有 6 位来自美国高校，3 位来自加拿大高校，可见北美在这一研究领域处于全球领先地位。兹维·德雷兹纳（Zvi Drezner）在统计的时间范围内在该领域发表了 32 篇论文，他是加州州立大学富勒顿分校商业与经济学院信息系统与决策科学系教授，也是全球选址理论和分析领域的领军人物之一。2013 年，他因"对选址理论和数学分析的开创性贡献"而当选为运筹学与管理科学学会（INFORMS）会员，主要研究方向为布局与选址、元搜索、数学规划、计算统计和质量控制等。同样来自加利福尼亚州立大学富勒顿分校的塔米·德雷兹纳（Tammy Drezner）则发表了 20 篇论文。多伦多大学罗特曼管理学院的奥德·贝尔曼（Oded Berman）教授发表了 29 篇论文，他曾任该学院副院长，主要研究兴趣集中在服务运营管理、选址理论、网络模型和随机库存控制等方面。表中其他 8 位学者均发表了 10 篇以上论文，其中不乏众多华人学者，如加利福尼亚州大学伯克利分校的申作军教授（Zuojun Max Shen）、伊利诺伊大学厄巴纳 – 香槟分校的欧阳彦峰教授（Yanfeng Ouyang）、东南大学经济管理学院舒嘉教授（Jia Shu）、威斯康星大学麦迪逊分校李小鹏教授（Xiaopeng Li）等。这些学者的理论研究和实践应用极大推动了该领域的发展。

3.2.3　知识基础分析

共被引分析方法，是指两篇研究文献同时被一篇或多篇文献所引用，同时引用这两篇文献的研究越多，则认为这两篇文献相关性越高。引文会形成研究前沿，而被引文献则构成了相应的知识基础。对知识基础的分析可以让学者更直观了解供应链网络设计领域的发展过程和研究基础。本节通过 CiteSpace 绘制供应链网络设计研究领域的文献共被引知识图谱，通过分析寻找该领域最有影响力的一批文献，从而得到供应链网络设计知识基础的核心内容。软件的主要参数设置如表 3-8 所示。

表 3-8　　　　供应链网络设计领域共被引知识图谱参数设置

时间切片	时间分区	术语来源	节点类型	分区选择阈值	修剪方法
1	2000~2023 年	全部	引文	前五十位	最小生成树

文献共被引知识图谱如图 3-7 所示。图中节点越大，说明该文献在检索的高质量文献集内被引频次越高；连线越粗，说明两个文献联系越紧密。其中在高质量文献集被引频次前十位的非综述类文章如表 3-9 所示。

第一篇文献是崔（Cui）、欧阳（Ouyang）和申（Shen）于 2010 年在《运筹学》（*Operations Research*）上发表的文章《中断风险下的可靠设施选址设计》（*Reliable Facility Location Design Under the Risk of Disruptions*）。该篇文章在高质量文献集中被引用 25 次，截至 2024 年 12 月在谷歌学术总被引次数达 580 余次。文章提出了混合整数规划（mixed integer programming, MIP）模型和连续近似（continuous approximation, CA）模型用于研究可靠的无容量限制的固定费用选址问题（reliable uncapacitated fixed-charge location problem, RUFL），旨在使正常和故障情况下的初始建设成本和预期运输成本最小。MIP 确定最佳设施选址和最佳客户分配，并使用定制的拉格

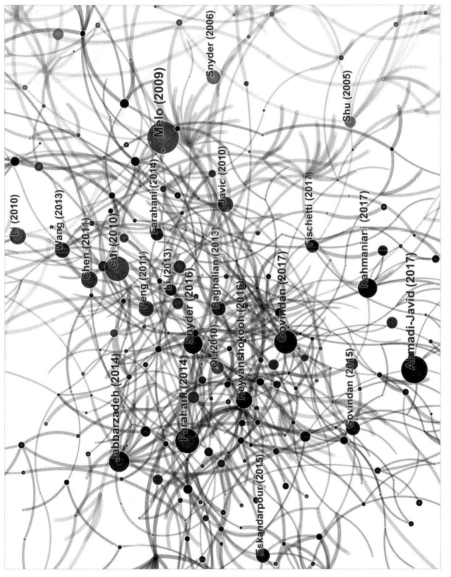

图3-7 供应链网络设计领域文献共被引知识图谱

表3－9   供应链网络设计领域被引频次文献信息统计（前十位）

文献标题	期刊	被引频次（次）	出版年份
Reliable Facility Location Design Under the Risk of Disruptions	*Operations Research*	25	2010
Dynamic Supply Chain Network Design for the Supply of Blood Indisasters：A Robust Model with Real World Application	*Transportation Research Part E：Logistics and Transportation Review*	23	2014
Joint Inventory-location Problem Under the Risk of Probabilistic Facility Disruptions	*Transportation Research Part B：Methodological*	19	2011
Hybrid Robust and Stochastic Optimization for Closed-loop Supply Chain Network Design Using Accelerated Benders Decomposition	*European Journal of Operational Research*	19	2016
Reliable Logistics Networks Design with Facility Disruptions	*Transportation Research Part B：Methodological*	18	2011
A Continuum Approximation Approach to Reliable Facility Location Design Under Correlated Probabilistic Disruptions	*Transportation Research Part B：Methodological*	18	2010
A Continuum Approximation Approach to Competitive Facility Location Design Under Facility Disruption Risks	*Transportation Research Part B：Methodological*	17	2013
Incorporating Location，Routing and Inventory Decisions in Supply Chain Network Design	*Transportation Research Part E：Logistics and Transportation Review*	17	2010
Robust Supply Chain Network Design with Service level Against Disruptions and Demand Uncertainties：A Real-life Case	*European Journal of Operational Research*	16	2013
The Effect of Supply Disruptions on Supply Chain Design Decisions	*Transportation Science*	15	2010

注：表中"被引频次"指该文献在本章所检索到的高质量文献集中的被引频次，并非在所有文献集的被引频次。

朗日松弛（LR）算法进行求解。CA 模型在不涉及设施位置和客户分配细节的情况下预测系统总成本，并提供了一种快速启发式方法来寻找近似最优解。计算结果表明，LR 算法对于中等规模的 RUFL 问题有效，CA 方法得到的解在大多数测试实例中接近最优。

第二篇文献是贾巴扎德（Jabbarzadeh）、法希姆尼亚（Fahimnia）和舒林格（Seuring）于 2014 年在《运输研究 E 辑：物流与运输评论》（*Transportation Research Part E：Logistics and Transportation Review*）上发表的文章《灾难中血液供应的动态供应链网络设计：具有实际应用的鲁棒模型》（*Dynamic Supply Chain Network Design for the Supply of Blood in Disasters：A Robust Model with Real World Application*）。该论文被所列高质量期刊文章引用 23 次，截至 2024 年 12 月在谷歌学术总被引次数约为 470 次。文章提出了一个用于灾中和灾后血液供应的鲁棒网络设计优化模型，可帮助在灾后多个时期内作出血液设施选址和分配决策。该研究在一个案例中应用了所提出的模型，利用真实数据设计了一个在潜在灾害期间紧急供应血液的网络。

第三篇文献是陈（Chen）、李（Li）和欧阳（Ouyang）于 2019 年在《运输研究 B 辑：方法论》（*Transportation Research Part B：Methodological*）上发表的文章《具有概率性设施中断风险的联合库存 – 选址问题》（*Joint Inventory-Location Problem under the Risk of Probabilistic Facility Disruptions*）。该文被所列高质量期刊文章引用 19 次，截至 2024 年 12 月在谷歌学术总被引次数达 190 次。文章提出了一种可靠的库存 – 选址模型，用于在设施中断情况下优化设施选址和库存管理。该模型允许客户重新分配，并在设施中断情况下最小化预期系统总成本。研究为混合整数非线性模型开发了一种定制的拉格朗日松弛方法，并进行了数值实验，以验证模型的性能并提炼出管理启示。

第四篇文献是凯万什科胡（Keyvanshokooh）、瑞安（Ryan）和卡比尔（Kabir）于 2015 年在《欧洲运筹学杂志》（*European Journal of Operational Research*）上发表的文章《使用加速 Benders 分解的混合鲁棒和随机优化闭环供应链网络设计》（*Hybrid Robust and Stochastic Optimization for Closed-Loop Supply Chain Network Design Using Accelerated Benders Decomposition*）。该篇文章被所列高质量期刊文章引用 19 次，截至 2024 年 12 月在谷歌学术总被引次数达 340 次。这篇论文为闭环供应链网络的设计提出了一个新的利润最大化的混合整数线性规划模型。模型可以根据企业的政策灵活地确定满足需求和退货比例。文章的主要贡献在于开发了一种新的混合鲁棒随机规划（hybrid robust-stochastic programming，HRSP）方法，对运输成本随机情景以及需求和退货的多面体不确定性集进行建模。采用拉丁超立方采样法生成运输成本场景，并应用场景缩减技术对其进行整合。最后文章通过数值研究验证了所提出的数学模型及 HRSP 方法的优势。

第五篇文献是彭（Peng）等于 2011 年在《运输研究 B 辑：方法论》（*Transportation Research Part B：Methodological*）上发表的文章《考虑设施中断情景的可靠物流网络设计》（*Reliable Logistics Networks Design with Facility Disruptions*）。该篇文章在高质量期刊上被引用 18 次，截至 2024 年 12 月在谷歌学术总被引次数达 470 余次。文章提出了一个具有 p-robustness 约束条件的可靠物流网络设计问题。该模型生成的供应链网络在标准情景和中断情景下均表现良好。此外，文章采用了一种混合元启发式算法来高效求解该问题。与其他鲁棒性指标相比，p-robustness 标准不那么保守，在成本增加最小的情况下，其可靠性得到大幅提高。

第六篇文献是李（Li）和欧阳（Ouyang）于 2010 年在《运输研究 B 辑：方法论》（*Transportation Research Part B：Methodological*）上发表的文章《相关概率性中断风险下的可靠设施选址设计的连续近似方法》（*A Continuum Approximation Approach to Reliable Facility Location Design Under Correlated Probabilistic Disruptions*）。该篇文章在高质量期刊上被引用 18 次，截至 2024 年 12 月在谷歌学术总被引次数达 260 余次。文章研究的是可靠的无容量限制的固定收费位置问题（RUFL）。在这一问题中，设施会受到中断的影响，而中断发生的概率（由于自然灾害或人为灾害等原因）与位置有关。如果一个设施发生故障，其客户将被转移到其他设施，并产生较高的运输成本。文章构建了一个连续近似（CA）模型，以最小化正常和故障情况下的初始设施建设成本和预期客户运输成本之和。文章介绍了相邻设施中断相关性的建模方法，并将这种相关性纳入 CA 模型，最后进行数值实验以说明如何使用所提出的模型来优化设施选址，以及相关性如何影响系统总成本。

第七篇文献是王（Wang）和欧阳（Ouyang）于 2013 年在《运输研究 B 辑：方法论》（*Transportation Research Part B：Methodological*）上发表的文章《设施中断风险下竞争设施选址设计的连续近似方法》（*A Continuum Approximation Approach to Competitive Facility Location Design under Facility Disruption Risks*）。该篇文章在高质量期刊上被引用 17 次，截至 2024 年 12 月在谷歌学术总被引次数达 120 余次。文章提出了基于博弈论的竞争性可靠设施选址模型。通过连续近似法对设施竞争和中断风险进行建模，分析了两家公司竞争的纳什均衡和斯塔克尔伯格模型。结果显示，提出的模型可以有效地求解，并据此总结了管理启示。

第八篇文献是贾维德（Javid）和阿扎德（Azad）于 2010 年在《运输研究 E 辑：物流与运输评论》（*Transportation Research Part E：Logistics and Transportation Review*）上发表的文章《在供应链网络设计中集成选址、路径选择和库存决策》（*Incorporating Location，Routing and Inventory Decisions in Supply Chain Network Design*）。该篇文章在高质量期刊上被引用 17 次，截至 2024 年 12 月在谷歌学术总被引次数为 420 次。文章首次提出了一种在随机供应链系统中同时优化位置、分配、产能、库存和路径决策的新模型。每个客户的需求都是不确定的，并且遵循正态分布，每个配送中心都保持一定量的安全库存。为了求解该模型，文章首先将问题转化为混合整数凸规划，并提出了一种精确求解方法，然后建立了一种基于禁忌搜索和模拟退火混合的启发式方法。结果表明，所提出的启发式方法对于各种规模的问题都相当有效。

第九篇文献是巴格哈里安（Baghalian）、雷扎普尔（Rezapour）和法拉哈尼（Farahani）于 2013 年在《欧洲运筹学杂志》（*European Journal of Operational Research*）上发表的文章《中断和需求不确定下考虑服务水平的鲁棒供应链网络设计：一个真实案例》（*Robust Supply Chain Network Design with Service Level Against Disruptions and Demand Uncertainties：A Real-Life Case*）。该篇文章在高质量期刊上被引用 16 次，截至 2024 年 12 月在谷歌学术总被引次数达 620 余次。文章在供应链网络设计问题中考虑需求方和供应方的不确定性，将服务水平及其相关成本纳入模型。与其他供应链网络设计相比，该研究以完全不同的方式对问题进行数学建模，使用分段线性变换对模型进行线性化处理，并在农业食品行业的实际案例研究中应用该模型。

第十篇文献是戚（Qi）、申（Shen）和斯奈德（Snyder）于 2010 年在《运输科学》（*Transportation Science*）上发表的文章《供应中断对供应链设计决策的影响》（*The Effect of Supply Disruptions on Supply Chain Design Decisions*）。该篇文章在高质量期刊上被引用 15 次，截至 2024 年 12 月在谷歌学术总被引次数达 220 余次。文章研究了一个集成供应链设计问题，该问题需要确定零售商的位置，并将客户分配给零售商，以最大限度地降低位置、运输和库存的预期成本。该系统可能会受到供应商或零售商随机供应中断的影响。模型分析和数值研究揭示了这些中断对零售商位置和客户分配的影响。此外，数值实验表明，在供应链设计阶段（而不是战术或运营阶段）考虑供应中断问题，通常能显著节约成本。

从高被引文献中可以发现，供应链网络设计领域研究主要集中在三个方面。首先，可靠设施选址设计，即研究如何在设施中断风险下设计可靠的供应链网络。研究方法包括鲁棒优化、连续近似方法等。其次，供应链网络设计的不确定性，即研究如何在不确定性环境下设计供应链网络，以应对突发事件、灾害或需求变化。研究方法包括动态规划、鲁棒模型等。最后，库存 - 选址问题，即研究如何同时优化库存管理和设施选址，以实现供应链网络的高效和可靠。这些研究的目标是帮助企业设计出韧性、高效的供应链网络,并应对各种挑战,如设施中断、需求波动等,为实际供应链网络设计和决策提供了有价值的参考,有助于优化供应链网络的性能、降低风险并提高效率。

3.2.4 研究热点分析

研究热点是指受到研究人员广泛关注、经过深入探讨并具有应用价值的研究主题;关键词则是文献作者对主旨内容和研究核心的高度概括和精练,是文献中的核心和精髓。当关键词 A 和关键词 B 同时在一篇文章中出现时,称 AB 为共现关系。共现的频次越多,表明二者之间的联系越紧密。通过词汇的共现分析,可以观察研究的主题分布、趋势以及热点话题等内容。本节旨在对供应链网络设计的高频关键词展开分析,以此总结该领域研究中的热点问题,精准把握其研究动向与未来发展态势,进而为相关研究人员提供线索与参考。本节中使用 CiteSpace 时的参数设置如表 3 – 10 所示。

表 3 – 10　　　　　　　供应链网络设计领域关键词共现图谱参数设置

时间切片	时间分区	术语来源	节点类型	分区选择阈值	修剪方法
1	2000 ~ 2023 年	全部	关键词	前五十位	最小生成树

本节对关键词设置了频次阈值,仅显示出现频次大于或等于 20 次的关键词。另外,对软件筛选出的关键词进行了二次筛选,去除与研究主题无关的关键词,最终得到关键词分布,如图 3 – 8 所示。在该图中,节点越大,表示该关键词出现频次越高。其中,高频关键词(关键词出现频次前二十位)如表 3 – 11 所示。

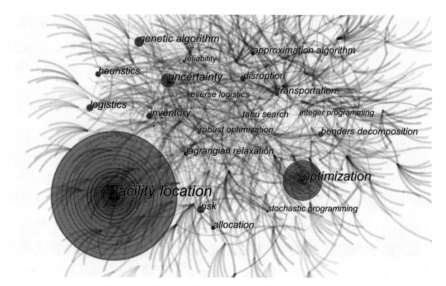

图 3 - 8　供应链网络设计领域关键词共现图谱

表 3 - 11　　　　　　　供应链网络设计领域高频关键词（前二十位）

排序	关键词英文	关键词中文	出现频次 （次）	统计范围内 首次出现年份
1	facility location	设施选址	569	2000
2	optimization	优化	214	2001
3	uncertainty	不确定性	91	2001
4	genetic algorithm	遗传算法	70	2003
5	logistics	物流	65	2001
6	inventory	库存	62	2001
7	heuristics	启发式算法	59	2000
8	transportation	运输	54	2001
9	risk	风险	53	2013
10	allocation	分配	53	2002
11	disruption	中断	49	2005
12	approximation algorithm	近似算法	48	2001

续表

排序	关键词英文	关键词中文	出现频次 （次）	统计范围内 首次出现年份
13	Lagrangian relaxation	拉格朗日松弛法	44	2002
14	Benders decomposition	Benders 分解法	42	2001
15	robust optimization	鲁棒优化	37	2009
16	tabu search	禁忌搜索	37	2002
17	reverse logistics	逆向物流	32	2001
18	stochastic programming	随机规划	30	2004
19	reliability	可靠性	27	2003
20	integer programming	整数规划	25	2000

关键词及其频次展示了供应链网络设计领域的主要关注点和研究方向。从表 3–11 的关键词中可以看出，供应链网络设计领域的研究热点主要集中在设施选址及物流、运输和库存决策（facility location、logistics、transportation、inventory、allocation）、供应链风险和不确定性（uncertainty、risk、disruption、reliability）、逆向物流（reverse logistics）等方面。在方法上，该领域学者主要使用启发式算法（heuristics、genetic algorithm）、近似算法（approximation algorithm）、Benders 分解（Benders decomposition）、拉格朗日松弛（Lagrangian relaxation）等算法优化供应链网络设计以及其他相关的管理问题。接下来将分别对各个研究热点展开讨论。

第一，设施选址。设施选址是供应链网络设计中的一个重要环节。离散设施选址模型最早于 20 世纪 60 年代由库恩和汉伯格（Kuehn & Hamburger，1963）提出，也称为无容量限制设施选址问题（uncapacitated facility location problem，UFLP）。该问题基本设定如下：给定一个外部供应商，多个零售商和多个备选配送中心，其中，每个零售商仅销售需求确定的单一商品，外部供应商和配送中心之间以及配送中心和零售商之间均采用单源供应，即下游仅从一个上游节点补货。该问题以选址和运输总成本最小化为目标，确定配送中心选址以及配送中心和零售商的分配方式。由于实际选址问题的复杂性，UFLP 属于 NP 难问题。针对该问题的建模和求解，学术界进行了大量的研究和探索，并形成了一系列重要的成果，相关研究综述可参见米尔昌达尼等（Mirchandani et al.，1990）、达斯金（Daskin，2013）、徐大川等（2014）以及王非等（2016）。

第二，库存管理和车辆路径规划。除了设施选址问题，库存管理和车辆路径规划也是集成供应链设计（integrated supply chain design）中的核心问题，这三个独立领域本身也存在非常丰富的研究成果。这些问题相互交叉，存在着相互依存的关系。在供应链网络设计和模型的优化中，应当对这些因素进行全方位的考虑。因此，自然衍生出选址 – 库存问题（location-inventory problem，LIP）、库存 – 路径问题（inventory-routing problem，IRP）、选址 – 路径问题（location-routing problem，LRP）和选址 – 库存 – 路径问题（location-inventory-routing problem，LIRP）等。在这方面，法拉哈尼等（Farahani et al.，2015）对供应链选址 – 库存问题的相关文献进行了综述，提出了一个基本的 LIP 数学模型，讨论了过去三十年来 LIP 问题的演变，概述了已发表文章的特征。梅洛等（Melo et al.，2009）对供应链管理背景下的设施选址模型进行了文献综述，回顾了供应链绩效措施和优化技术，介绍了设施选址模型在不同行业供应链网络设计中的应用。

第三，供应链风险和韧性。现代全球经济已经发展出相互关联的复杂供应链，抵御风险和强化安全对于供应链来说至关重要。因此，供应链风险和韧性的研究受到广泛关注，如何提高供应链网络的稳定性和抗干扰能力成为当前一个研究热点。在此领域，贾巴尔扎德等（Jabbarzadeh et al.，2018）提出一种混合方法来设计可持续供应网络，该网络能在面对随机中断风险时保持供应链网络韧性。马哈尔詹等（Maharjan et al.，2022）采用定量方法对近期有关韧性供应链网络设计（resilient supply chain network design，RSCND）的文献进行全面回顾，从分析建模的角度关注了所使用的不同类型的韧性措施，帮助读者了解不同的韧性措施以及如何将其纳入新供应链网络的设计或现有供应链网络的重构。哈立里 – 达姆甘尼等（Khalili-Damghani et al.，2016）分析了供应链中存在的复杂与不确定性问题对供应链决策的影响，使用模糊数学优化方法解决分销网络中不确定的分布式决策问题。

第四，绿色供应链网络。商业活动对环境的影响使人们开始关注绿色供应链网络，环境和可持续性研究在供应链网络设计领域逐渐占据重要地位，学者们探索如何通过供应链网络设计实现碳减排和环保目标。在这方面，陈等（Chen et al.，2014）探究了可持续性和设施选址之间的关系，皮什瓦伊等（Pishvaee et al.，2012）提出了一种多目标模糊数学规划模型，用于在输入数据不确定的情况下设计绿色供应链。另外，瓦尔索等（Waltho et al.，2019）回顾了 2010 ~ 2017 年有关绿色供应链网络设计的文献，主要关注包含碳排放和环境政策的模型和方法。研究发现供应链网络设计主要探讨四项政策：碳排放限额（carbon cap）、碳补偿（carbon offset）、碳限额和交易（cap-and-trade）以及碳税（carbon tax）。这四项政策下通过配置供应链可降低碳排放，但总成本略有增加。

基于当前的研究成果和发展趋势，供应链网络设计在未来的研究领域将会持续拓展，并突出对碳减排这一前沿主题的关注。众所周知，全球气候变化形势越发严峻，对人类的正常生活产生日益显著的影响。由于全球气候变化与二氧化碳等温室气体排放紧密相关，而供应链的生产和运输过程中产生的碳排放占比较大，所以减少供应链的碳排放必将成为供应链网络设计领域中众多学者研究的热点。

3.3　考虑碳排放的供应链网络设计文献分析

最初的供应链以经济效益为核心，并未充分重视在发展经济的过程中给环境带来的负面影响。碳排放作为供应链可持续发展的关键环节，已成为企业在运营过程中必须考量的问题。将碳排放纳入考量的供应链网络设计期望能够达成双重目标，一方面，满足经济效益需求，另一方面，减少对环境的不良影响。具体而言，这有助于企业和组织降低温室气体排放，提升环境的可持续性，同时也能够提升企业形象和品牌价值，为企业带来更多商机和竞争优势，以满足日益关注环境友好的消费者需求。然而，考虑碳排放的供应链网络设计也面临一系列挑战。从供应商选择到运输优化，各个环节都需要进行仔细评估和优化，以实现减排的目标。同时，还需要考虑不同地区的政策法规、技术可行性和成本效益等因素，以确保在实践中能够有效实施碳减排措施。

针对碳排放对供应链网络设计的关系与影响，有许多学者进行了研究。本节将量化分析已有研究成果，探讨碳排放在供应链网络设计中的重要性及其影响，并提出未来研究的方向和展望。在"Web of Science"采用关键词和标题双重检索，设定搜索式为"AK = ((supply chain network design OR facility location OR location inventory) AND (sustainable or green or reverse or environment or carbon)) OR TI = ((supply chain network design OR facility location OR location inventory) AND (sustainable or green or reverse or environment or carbon))"，设定文献发表日期为 2000 年 1 月 1 日至 2022 年 12 月 31 日，并筛选表 3 - 1 中所列期刊的高质量论文，检索得到 113 篇文献。将检索到的文献以"Web of Science"中纯文本格式"Download_carbon"名称导出全记录与引用的参考文献，利用 CiteSpace 软件中删除重复的功能去重，未发现重复文献。

3.3.1 基础特征分析

本节首先从年发文量、年被引频次、期刊分布、研究方向分布等文献基础特征出发对检索到的文献数据集进行分析。

3.3.1.1 发文量与被引频次分析

对检索到的文献进行发文量和被引频次分析，结果如图 3 - 9 所示。

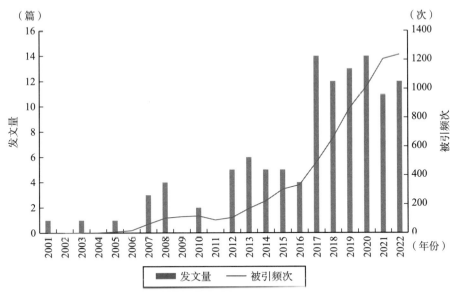

图 3 - 9　考虑碳排放的供应链网络设计领域文献出版数量及引文年度变化

可以看出，考虑碳排放的供应链网络设计在 2012 年之前鲜有研究，年发文量及总发文量都比较少，在 2012～2016 年开始引起学者的关注，年平均发文量达到 5 篇。2017 年开始发文量呈现迅猛增长的态势，达到 14 篇，直到目前每年的发文量仍保持在 11 篇以上，由此可见考虑碳排放的供应链网络设计已经成为近年来研究的热点之一，引起了众多学者的关注。从被引频次看，该领域文献的被引频次逐年呈指数型增长，说明考虑碳排放的供应链网络研究受到了学术界的认可，发文数量和质量都得到了显著提升。

3.3.1.2　期刊与研究方向分析

对检索到的文献进行期刊分布分析，统计出版物来源，结果如图 3 - 10 所示。

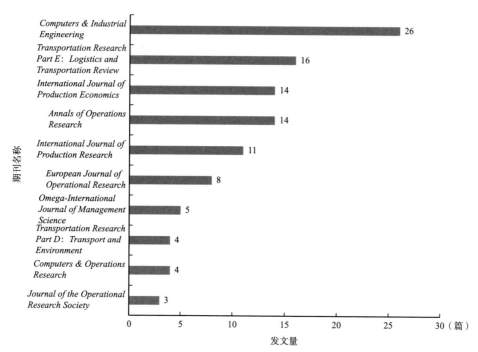

图 3 – 10　考虑碳排放的供应链网络设计领域发文期刊分布

　　根据期刊分布情况可以看出，碳排放对供应链网络设计的影响在多个领域引发了广泛的研究兴趣。其中，发文量较多的期刊主要集中在《计算机和工业工程》（*Computers & Industrial Engineering*）、《运输研究 E 辑：物流与运输评论》（*Transportation Research Part E：Logistics and Trans-portation Review*）、《运筹学年鉴》（*Annals of Operations Research*）和《国际生产经济学杂志》（*International Journal of Production Economics*）。这表明学术界正在积极开展跨学科的研究，运用计算机和运筹学等方法，关注交通、经济和生产等领域，推动碳减排和可持续发展在供应链网络设计中的应用。

　　另外，研究方向分布图（见图 3 – 11）结果与期刊分布的结果类似。考虑碳排放的供应链网络设计研究方向涵盖了运筹学与管理科学、工程学、商务经济学、计算机科学、交通运输、环境科学与生态学等方向。

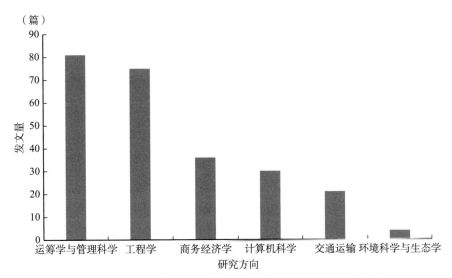

图 3 - 11　考虑碳排放的供应链网络设计领域研究方向分布

3.3.2　知识主体分析

3.3.2.1　核心国家分析

应用 CiteSpace 软件，如表 3 - 12 设置选项参数，并绘制考虑碳排放的供应链网络设计文献的核心国家分布图谱。

表 3 - 12　考虑碳排放的供应链网络设计领域国家合作知识图谱参数设置

时间切片	时间分区	术语来源	节点类型	分区选择阈值	修剪方法
1	2000 ~ 2023 年	全部	国家	前五十位	最小生成树

设置显示点标签的阈值为 5，即发文频次大于等于 5 次的国家才会显示点标签，得到核心国家合作图谱，如图 3 - 12 所示。

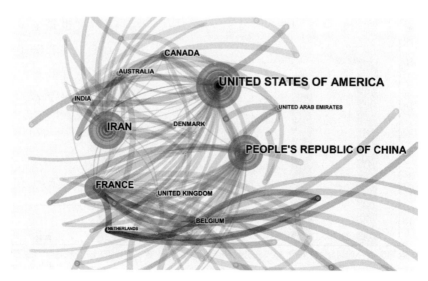

图 3 - 12　考虑碳排放的供应链网络设计领域国家合作图谱

注：图中英文的中文释义为加拿大（CANADA）、澳大利亚（AUSTRALIA）、美国（UNITED STATES OF AMERICA）、印度（INDIA）、阿拉伯联合酋长国（UNITED ARAB EMIRATES）、伊朗（IRAN）、丹麦（DENMARK）、中国（PEOPLE'S REPUBLIC OF CHINA）、法国（FRANCE）、英国（UNITED KINGDOM）、比利时（BELGIUM）、荷兰（NETHERLANDS）。

　　从图 3 - 12 可以看出，网络节点不多，从节点的连线可以看到，中国和美国、伊朗之间的合作较多，美国与加拿大、澳大利亚之间的合作较为密切。

　　通过分析表 3 - 13 中数据可知，美国在这一领域发文数量最多，达到 32 篇，这与其在供应链管理和环境领域的研究和产业实践紧密相关，美国的高发文量也反映了其在环境可持续性和碳排放管理方面的重要地位。伊朗和中国的发文量分别为 28 篇、25 篇，分别排第二、第三，但是中国的中心度较高，表明中国在考虑碳排放的供应链网络设计领域的研究具有较强的影响力。中国政府一直在积极推动碳减排措施，包括制定严格的政策和法规，以及提供财政和税收激励措施。这些政策的实施促使中国企业在考虑供应链网络设计时更加注重碳排放的影响，并积极采取措施来减少其供应链的碳排放，因此在这方面的研究较多。其他国家如法国、加拿大、印度、比利时、澳大利亚、英国和丹麦等虽然发文量不如中国、美国和伊朗，但也表现出在这一领域内一定程度的关注。其中，印度也是全球十大碳排放国之一，它在这方面的研究反映了其对环境的可持续性和碳减排关注度的提升。综合来看，不同国家之间共同构建了一个全球性的考虑碳排放的供应链网络设计研究体系，为可持续发展和环境保护提供了有益的思路和方法。

表 3 – 13　　　　考虑碳排放的供应链网络设计领域核心国家统计

（发文量大于等于 5 篇）

国家	发文量（篇）	中心度	统计范围内首次发文年份
美国	33	0.37	2003
伊朗	28	0.23	2014
中国	25	0.34	2007
法国	18	0.43	2001
加拿大	13	0.11	2003
印度	9	0.17	2008
澳大利亚	7	0.05	2017
英国	7	0.23	2017
比利时	6	0.09	2001
丹麦	6	0.01	2014
阿联酋	5	0.12	2013
荷兰	5	0.18	2001

3.3.2.2　核心科研机构分析

在 CiteSpace 中如表 3 – 14 设置选项，得到考虑碳排放的供应链网络设计领域研究机构合作网络图谱，如图 3 – 13 所示。

表 3 – 14   考虑碳排放的供应链网络设计领域科研机构合作知识图谱参数设置

时间切片	时间分区	术语来源	节点类型	分区选择阈值	修剪方法
1	2000～2023 年	全部	机构	前五十位	最小生成树

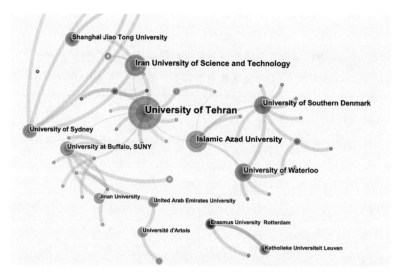

图 3 – 13   考虑碳排放的供应链网络设计领域科研机构合作知识图谱

从网络结构整体来看，图谱中节点较多，节点尺寸较小，表明每个机构的发文量不多。机构之间相互独立的较少，合作较多，有的机构之间有多次合作，如德黑兰大学和伊朗科技大学。选取发文量大于 2 篇的机构，其发文量详细数据如表 3 – 15 所示。

表 3 – 15   考虑碳排放的供应链网络设计研究领域
机构统计（发文量大于 2 篇）

机构英文名	机构中文名	所属国家	发文量（篇）
University of Tehran	德黑兰大学	伊朗	9
Iran University of Science and Technology	伊朗科技大学	伊朗	6

续表

机构英文名	机构中文名	所属国家	发文量（篇）
Islamic Azad University	伊斯兰阿扎德大学	伊朗	6
University of Southern Denmark	南丹麦大学	丹麦	5
University of Waterloo	滑铁卢大学	加拿大	5
Shanghai Jiao Tong University	上海交通大学	中国	4
University at Buffalo, SUNY	纽约州立大学布法罗分校	美国	4
University of Sydney	悉尼大学	澳大利亚	4
Erasmus University Rotterdam	鹿特丹伊拉斯谟大学	荷兰	3
Jinan University	暨南大学	中国	3
Katholieke Universiteit Leuven	天主教鲁汶大学	比利时	3
United Arab Emirates University	阿联酋大学	阿联酋	3
Université d'Artois	阿尔图瓦大学	法国	3

在考虑碳排放的供应链网络设计领域，在所收集数据中发文量超过 2 篇的科研机构有 13 所。其中，德黑兰大学以 9 篇发文量位居榜首，成为统计范围内该领域发文量最多的机构，彰显了其在该领域具有较高的科研实力和专业水平。伊朗的多个高校在这一领域表现活跃，除德黑兰大学以外，伊朗科技大学和伊斯兰阿扎德大学的发文量也都名列前茅，反映出伊朗学术界对可持续供应链管理的强劲研究动力。其他上榜的科研机构主要来自欧美国家，其发文量合计占比接近一半，体现了欧美国家在该领域的广泛研究基础和深厚学术积累。中国在该领域的表现也值得关注，共有上海交通大学和暨南大学两所高校跻身榜单。尽管中美两国在该领域的整体发文量较大，但研究机构分布较为分散，单个机构的发文量相对较少。因此，总体而言，中国学者在考虑碳排放的供应链网络设计领域已成为一支不可忽视的重要学术力量，其研究成果不仅为国内相关领域的发展提供了重要支撑，也为全球可持续供应链管理研究贡献了智慧和力量。

3.3.2.3 高产学术专家分析

在 CiteSpace 中如表 3 – 16 设置选项，绘制得到考虑碳排放的供应链网络设计领域作者合作知识图谱，如图 3 – 14 所示。截取发文量大于等于 2 篇的学者数据，详细分布如表 3 – 17 所示。

表 3 – 16　　考虑碳排放的供应链网络设计领域作者合作知识图谱参数设置

时间切片	时间分区	术语来源	节点类型	分区选择阈值	修剪方法
1	2000 ~ 2023 年	全部	作者	前五十位	最小生成树

由表 3 – 17 可知，在统计范围内共有 35 位学者在考虑碳排放的供应链管理领域的发文量大于等于 2 篇，其中发文量最高的学者是甘南·戈文丹（Kannan Govindan），共有 5 篇。戈文丹是南丹麦大学工程学院教授，长期从事物流与供应链管理、可持续供应链管理、供应链金融等领域。目前，已发表相关论文 260 余篇，谷歌学术共被引 3.3 万余次，其中入选全球前 1% 高被引论文 30 余篇，其理论贡献受到学术界的广泛认可。2009 年，戈文丹教授研究建立了一个模糊环境下的多准则群体决策（multi-criteria group decision-making，MCGDM）模型，用于指导最佳第三方逆向物流供应商的选择过程。针对绿色供应商开发项目的评估问题，他于 2016 年提出了一种基于模糊名义小组技术（nominal group technique）的解决方法用于确定绿色供应商开发计划的评估标准。阿尔明·贾巴尔扎德（Armin Jabbarzadeh）以 4 篇的发文量位列第二，他是魁北克高等技术学院（ÉTS Montréal）的教授，曾在伊朗科技大学工作，主要研究领域包括供应链和物流网络设计、生产和库存规划以及随机规划和鲁棒优化。贾巴尔扎德教授在 2019 年提出采用多目标鲁棒优化方法来解决智能电网的电力供应链网络设计问题，旨在满足三个目标：经济目标（利润最大化）、环境目标（温室气体排放最小化）和弹性目标（网络弹性最大化）。其余大部分学者发表了 3 篇或者 2 篇论文，多数来自中国、美国和伊朗，他们都为该领域的发展作出了一定的贡献。

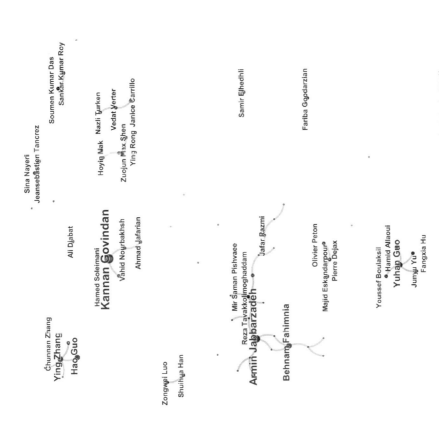

图3-14 考虑碳排放的供应链网络设计领域发文作者合作知识图谱

表 3 – 17   考虑碳排放的供应链网络设计领域学者统计（发文量大于 2 篇）

学者	所属机构	发文量（篇）	学者	所属机构	发文量（篇）
Kannan Govindan	南丹麦大学	5	Nazli Turken	约翰·霍普金斯大学	2
Armin Jabbarzadeh	魁北克高等技术学院	4	Chunnan Zhang	纽约州立大学普拉茨堡学院	2
Hao Guo	武汉纺织大学	3	Zuojun Max Shen	加利福尼亚州大学伯克利分校	2
Ying Zhang	纽约州立大学水牛城分校	3	Ahmad Jafarian	伊斯兰阿扎德大学	2
Behnam Fahimnia	南澳大学	3	Shuihua Han	厦门大学	2
Yuhan Guo	浙江理工大学	3	Soumen Kumar Das	维迪亚萨加尔大学	2
Sankar Kumar Roy	维迪亚萨加尔大学	2	Zongwei Luo	南方科技大学	2
Fangxia Hu	山东大学	2	Vahid Nourbakhsh	加利福尼亚大学尔湾分校	2
Sina Nayeri	德黑兰大学	2	Jafar Razmi	德黑兰大学	2
Samir Elhedhli	滑铁卢大学	2	Olivier Peton	大西洋高等矿业电信学校	2
Youssef Boulaksil	阿联酋大学	2	Ying Rong	上海交通大学	2
Reza Tavakkoli-moghaddam	德黑兰大学	2	Jeansebastien Tan-crez	鲁汶大学	2
Majid Eskandarpour	法国里尔大学	2	Junyu Yu	武汉理工大学	2
Hamed Soleimani	伊斯兰阿扎德大学	2	Vedat Verter	麦吉尔大学	2
Hamid Allaoui	法国阿尔图瓦大学	2	Ali Diabat	纽约大学	2
Hoyin Mak	乔治城大学	2	Fariba Goodarzian	赫瑞瓦特大学	2
Janice Carrillo	佛罗里达大学	2	Mir Saman Pishvaee	伊朗科技大学	2
Pierre Dejax	大西洋高等矿业电信学校	2	—	—	—

3.3.3 知识基础分析

本节通过 CiteSpace 绘制考虑碳排放的供应链网络设计研究领域在 2010～2023 年的文献共被引知识图谱，通过分析寻找该领域最有影响力的一批文献，从而得到考虑碳排放的供应链网络设计知识基础的核心内容。软件的主要参数设置如表 3－18 所示。

表 3－18　　　考虑碳排放的供应链网络设计领域共被引知识图谱参数设置

时间切片	时间分区	术语来源	节点类型	分区选择阈值	修剪方法
1	2000～2023 年	全部	引文	前五十位	最小生成树

考虑碳排放的供应链网络设计领域共被引知识图谱如图 3－15 所示，图中节点越大，说明该文献在检索的高质量文献集内被引频次越高；连线越粗，说明两个文献联系越紧密。其中，在高质量文献集被引频次位列前十位的非综述类文章总结如表 3－19 所示。

第一篇文献是查巴内（Chaabane）、拉穆希恩（Ramudhin）和帕凯特（Paquet）于 2012 年在《国际生产经济学杂志》（*International Journal of Production Economics*）上发表的文章《排放权交易计划下的可持续供应链设计》（*Design of Sustainable Supply Chains Under the Emission Trading Scheme*）。该篇文章被所列高质量期刊文章引用 11 次，截至 2024 年 12 月在谷歌学术总被引 1100 余次。文章介绍了一种基于混合整数线性规划的可持续供应链设计框架，该框架除了考虑供应链中每个节点的物料平衡约束外，还考虑了生命周期评估（life cycle assessment，LCA）原则。该框架用于评估铝行业供应链在不同成本和运营策略下经济目标和环境目标之间的权衡。结果表明，当前的立法和排放交易计划必须在全球范围内得到加强和协调，才能推动有意义的环境战略；高效的碳管理策略将帮助决策者以经济有效的方式实现可持续发展目标。

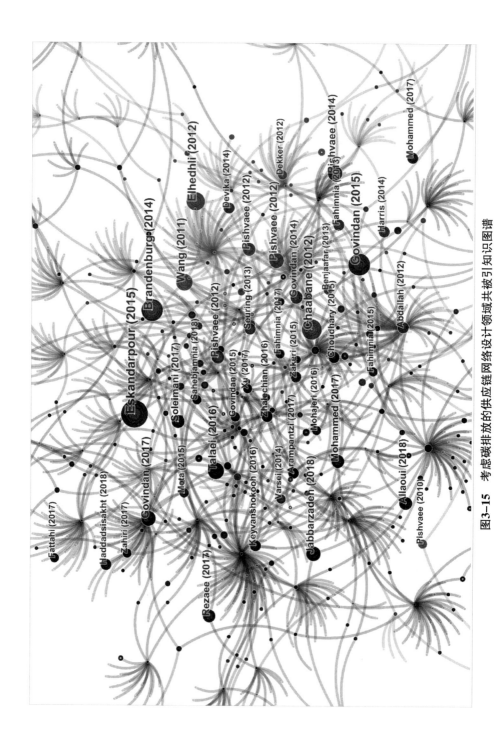

图3-15 考虑碳排放的供应链网络设计领域共被引知识图谱

表 3 – 19   考虑碳排放的供应链网络设计领域被引频次文献信息统计（前十位）

文献标题	期刊	被引频次	出版年份
Design of sustainable supply chains under the emission trading scheme	*International Journal of Production Economics*	11	2012
Green supply chain network design to reduce carbon emissions	*Transportation Research Part D: Transport and Environment*	10	2012
A robust fuzzy optimization model for carbon-efficient closed-loop supply chain network design problem: a numerical illustration in electronics industry	*Journal of Cleaner Production*	9	2016
A multi-objective optimization for green supply chain network design	*Decision Support Systems*	9	2011
Credibility-based fuzzy mathematical programming model for green logistics design under uncertainty	*Computers & Industrial Engineering*	8	2012
Green supply chain network design with stochastic demand and carbon price	*Annals of Operations Research*	7	2017
Fuzzy multi-objective sustainable and green closed-loop supply chain network design	*Computers & Industrial Engineering*	7	2017
Sustainable agro-food supply chain design using two-stage hybrid multi-objective decision-making approach	*Computers & Operations Research*	7	2018
Multi-period planning of closed-loop supply chain with carbon policies under uncertainty	*Transportation Research Part D: Transport and Environment*	7	2017
Two-echelon multiple-vehicle location-routing problem with time windows for optimization of sustainable supply chain network of perishable food	*International Journal of Production Economics*	7	2014

注：表中"被引频次"指该文献在本章所检索的高质量文献集中的被引频次，并非在所有文献集的被引频次。

第二篇文献是埃尔赫德利（Elhedhli）和梅里克（Merrick）于 2012 年在《运输研究 D 辑：交通与环境》（*Transportation Research Part D: Transport*

and Environment）上发表的文章《减少碳排放的绿色供应链网络设计》
（*Green Supply Chain Network Design to Reduce Carbon Emissions*）。该篇文章被
所列高质量期刊文章引用 10 次，截至 2024 年 12 月在谷歌学术总被引 600
余次。文章研究了考虑碳排放的供应链网络设计问题。碳排放量和车辆重
量之间的关系通过凹函数建模，从而建立凹最小化问题。论文采用拉格朗
日松弛法将问题分解为一个单源采购有容量限制的设施选址问题和一个易
于求解的凹背包问题。实验结果表明，考虑排放成本可以改变供应链的最
优配置，因此在碳管控区设计供应链时应考虑排放成本。

第三篇文献是塔拉伊（Talaei）、穆加德姆（Moghaddam）、皮沙维
（Pishvaee）和博佐吉－阿米里（Bozorgi-Amiri）等于 2016 年在《清洁生产
杂志》（*Journal of Cleaner Production*）上发表的文章《针对碳效率闭环供应
链网络设计问题的鲁棒模糊优化模型：电子行业的数值示例》（*A Robust
Fuzzy Optimization Model for Carbon-Efficient Closed-Loop Supply Chain Network
Design Problem：A Numerical Illustration in Electronics Industry*）。该篇文章被
所列高质量期刊文章引用 9 次，截至 2024 年 12 月在谷歌学术总被引 380
余次。文章探讨了多产品的闭环绿色供应链网络的设施选址/分配模型。为
了设计网络，提出了能够降低供应链网络总成本的混合整数线性规划模型，
并在整个网络中降低环境中的二氧化碳排放率。此外，模型使用鲁棒的模
糊规划方法来研究可变成本以及需求率的不确定性对网络设计的影响。文
章以复印机行业为例说明了优化模型的适用性。结果表明，该模型能够控
制网络的不确定性，因此系统将承受一定鲁棒性成本。

第四篇文献是王（Wang）、赖（Lai）和石（Shi）于 2011 年在《决策
支持系统》（*Decision Support Systems*）上发表的文章《绿色供应链网络设计
的多目标优化》（*A Multi-Objective Optimization for Green Supply Chain Network
Design*）。该篇文章被所列高质量期刊文章引用 9 次，截至 2024 年 12 月在
谷歌学术总被引 900 余次。文章研究了一个考虑环境因素的供应链网络设
计问题，并提出了一个多目标优化模型，该模型在总成本和环境影响之间

进行权衡。实验结果表明，该模型得到的供应链网络具有较低的总成本和二氧化碳排放量，可以作为绿色供应链战略规划的有效工具。

第五篇文献是皮沙维（Pishvaee）、托拉比（Torabi）和拉兹米（Razmi）于 2012 年在《计算机与工业工程》（*Computers & Industrial Engineering*）上发表的文章《基于可信度的模糊数学规划模型用于不确定条件下的绿色物流设计》（*Credibility-Based Fuzzy Mathematical Programming Model for Green Logistics Design Under Uncertainty*）。该篇文章被所列高质量期刊文章引用 8 次，截至 2024 年 12 月在谷歌学术总被引约 380 次。文章针对不确定条件下的绿色物流网络设计，提出了一种基于可信度的模糊数学规划模型，其中二氧化碳当量指数用于模拟整个物流网络的环境影响。为了求解所提出的模型，文章开发了一种交互式模糊求解方法。最后，通过一个工业案例说明了模型的适用性和求解方法的有效性。

第六篇文献是雷扎伊（Rezaee）、德哈甘哈尼（Dehghanian）、法希米尼亚（Fahimnia）和比蒙（Beamon）于 2017 年在《运筹学年鉴》（*Annals of Operations Research*）上发表的文章《考虑随机需求和碳价格的绿色供应链网络设计》（*Green Supply Chain Network Design with Stochastic Demand and Carbon Price*）。该篇文章被所列高质量期刊文章引用 12 次，截至 2024 年 12 月在谷歌学术总被引 270 余次。文章提出了一种两阶段随机规划模型来设计碳交易环境下的绿色供应链。该模型通过纳入碳价格和产品需求的不确定性，求解离散设施选址问题，并确定了最优物料流和可交易的碳信用额度/补贴数量。案例研究发现供应链配置对碳信用价格的概率分布高度敏感，更重要的是，碳价格和供应链重构的预算可用性都与供应链绿色化存在正向但非线性的关系。

第七篇文献是索莱马尼（Soleimani）、戈文丹（Govindan）、萨法里（Saghafi）和贾法里（Jafari）等于 2017 年在《计算机与工业工程》（*Computers & Industrial Engineering*）上发表的文章《模糊多目标可持续和绿色闭环供应链网络设计》（*Fuzzy Multi-Objective Sustainable and Green Closed-Loop Supply Chain Network Design*）。该篇文章被所列高质量期刊文章引用 7 次，

截至2024年12月在谷歌学术总被引近350次。文章提出了一个闭环供应链的设计问题，包括供应商、制造商、配送中心、客户、仓储中心、退货中心和回收中心。该问题涉及三个关于回收的选择，即产品回收，部件回收和原材料回收。通过考虑环境因素、总利润优化、工作事故造成的工作日损失，以及最大化对客户需求的响应能力对供应链进行建模。论文采用了遗传算法求解该模型，并研究了多个不同方面的情景，实验结果验证了模型的可行性和求解方法的适用性。

第八篇文献是阿拉维（Allaoui）、郭（Guo）、乔杜里（Choudhary）和布鲁姆霍夫（Bloemhof）于2018年在《计算机与运筹学》（*Computers & Operations Research*）上发表的文章《使用两阶段混合多目标决策方法进行可持续农业食品供应链设计》（*Sustainable Agro-Food Supply Chain Design Using Two-Stage Hybrid Multi-Objective Decision-Making Approach*）。该篇文章被所列高质量期刊文章引用7次，截至2024年12月在谷歌学术总被引300余次。文章针对农产品供应链的可持续性问题，提出了一种新的两阶段混合求解方法。在第一阶段，使用基于层次分析法（analytic hierarchy process，AHP）和有序加权平均（ordered weighted averaging，OWA）集结法的混合多准则决策进行合作伙伴选择。第一阶段获得的结果用于第二阶段，以开发多目标数学模型来优化供应链网络的设计。这种方法允许同时考虑可持续发展的三个方面，包括碳足迹、水足迹、创造的就业机会数量，以及供应链设计的总成本。文章利用一家农业食品公司的数据完成了数值实验，并得出以下洞察：第一，金融和环境可持续性对供应链网络设计的影响；第二，环境排放、水足迹、社会影响和相关成本之间的权衡分析有助于作出明智的供应链投资决策。

第九篇文献是穆罕默德（Mohammed）、塞利姆（Selim）、哈桑（Hassan）和赛义德（Syed）于2017年在《运输研究D辑：交通与环境》（*Transportation Research Part D：Transport and Environment*）上发表的文章《在不确定性下考虑碳政策的闭环供应链多期规划》（*Multi-Period Planning of Closed-*

Loop Supply Chain with Carbon Policies Under Uncertainty）。该篇文章被所列高质量期刊文章引用 7 次，截至 2024 年 12 月在谷歌学术总被引 260 余次。文章提到气候变化和温室气体排放导致各国在一些工业领域实施各种碳监管机制来抑制碳排放，而减少工业环境碳足迹的一个有效方法是使用闭环供应链（closed-loop supply chain，CLSC）。该研究提出了一个优化模型，用于在两种不同的不确定性下，设计和规划一个考虑碳足迹的多周期、多产品的闭环供应链。该模型进一步扩展到研究不同碳政策的影响，包括严格的碳排放限额、碳税、碳限额和交易以及碳补偿对供应链战略和运营决策的影响。该模型平衡了供应链总成本和碳排放，并总结了不同碳政策下的闭环供应链战略设计决策。

第十篇文献是戈文丹（Govindan）、贾法里安（Jafarian）、科达弗迪（Khodaverdi）和德维卡（Devika）于 2014 年在《国际生产经济学杂志》（*International Journal of Production Economics*）上发表的文章《针对易腐食品可持续供应链网络优化的带时间窗两级多车辆选址－路径问题》（*Two-Echelon Multiple-Vehicle Location-Routing Problem with Time Windows for Optimization of Sustainable Supply Chain Network of Perishable Food*）。该篇文章被所列高质量期刊文章引用 7 次，截至 2024 年 12 月在谷歌学术总被引 800 余次。文章提出了一个在决策中融入可持续性的多目标优化模型，介绍了一个带时间窗的两级选址－路径问题（two-echelon location-routing problem with time windows，2E-LRPTW），用于可持续供应链网络设计，以实现易腐食品供应链网络的经济和环境目标。2E-LRPTW 的决策是确定设施的数量和位置，并优化交付到下游和各级路线的产品数量，以同时降低整个网络的碳足迹和温室气体排放成本。论文采用一种新的多目标混合方法，即多目标粒子群优化（multi-objective particle swarm optimization，MOPSO）和自适应多目标可变邻域搜索（adaptive multi-objective variable neighborhood search，AMOVNS）两种已知多目标算法的融合。结果表明，与其他方法相比，混合方法获得了更好的解。

综上所述，在碳排放相关的可持续供应链网络设计领域，强调减少碳排放和可持续发展的目标，运用了多种方法，主要包括模糊数学规划、多目标优化等。研究热点包括碳排放交易方案下的可持续供应链设计、绿色供应链网络设计、闭环供应链网络设计等，主要应用行业既包括农产品、食品供应链网络设计，也有铝、复印机等制造业的供应链网络设计。

3.3.4　研究热点分析

通过分析关键词，能够更加准确掌握学者们正在研究哪些主题，从而捕捉该领域的研究热点。如表 3 - 20 所示设置 CiteSpace 参数，绘制考虑碳排放的供应链网络设计领域关键词共现图谱。

表 3 - 20　　考虑碳排放的供应链网络设计领域关键词共现图谱参数设置

时间切片	时间分区	术语来源	节点类型	分区选择阈值	修剪方法
1	2010 ~ 2023 年	全部	关键词	前五十位	最小生成树

首先，设置关键词频次阈值为 5，然后对软件筛选出的关键词进行二次筛选，去除无效词汇，选出具有明确意义的与主题相关的关键词，最终得到关键词共现网络图谱（如图 3 - 16 所示）。图中节点越大，表示该关键词出现频次越高。其中高频关键词（关键词出现频次前二十位）如表 3 - 21 所示。

根据表 3 - 21 的关键词词频前二十位统计结果，可以得到考虑碳排放的供应链网络设计领域研究主题集中在以下几个方面：碳排放（carbon emission）、设施选址（facility location）、逆向物流（reverse logistics）、闭环供应链（closed-loop supply chain）等。研究中运用的方法主要有以下几种：多目标优化（multi-objective optimization）、遗传算法（genetic algorithm）、生命周期评估（life cycle assessment）、鲁棒优化（robust optimization）、碳足迹建模（carbon footprint）、Benders 分解法（Benders decomposition）等。接下来，本节将根据统计结果，对考虑碳排放的供应链网络设计领域的主要研究方向展开介绍。

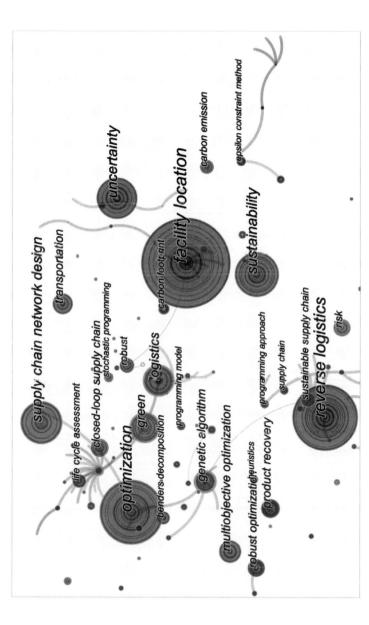

图 3－16 考虑碳排放的供应链网络设计领域关键词共现图谱

注：图中英文的中文释义为设施选址（facility location）；逆向物流（reverse logistics）；优化（optimization）；可持续性（sustainability）；不确定性（uncertainty）；供应链网络设计（supply chain network design）；物流（logistics）；绿色（green）；多目标优化（multi-objective optimization）；运输（transportation）；产品回收（product recovery）；遗传算法（genetic algorithm）；闭环供应链（closed-loop supply chain）；鲁棒优化（robust optimization）；风险（risk）；生命周期评估（life cycle assessment）；碳排放（carbon emission）；可持续供应链（sustainable supply chain）；Benders 分解法（Benders decomposition）；碳足迹（carbon footprint）；随机规划（stochastic programming）；鲁棒性（robust）；规划模型（programming model）；规划方法（programming approach）；供应链（supply chain）；启发式（heuristic）；ε-约束算法（epsilon constraint method）。

表 3 – 21　　　　考虑碳排放的供应链网络设计领域高频关键词统计

排序	关键词英文	关键词中文	出现频次（次）	统计范围内首次出现年份
1	facility location	设施选址	40	2001
2	reverse logistics	逆向物流	30	2001
3	optimization	优化	28	2012
4	sustainability	可持续性	21	2013
5	uncertainty	不确定性	19	2005
6	supply chain network design	供应链网络设计	19	2012
7	logistics	物流	14	2003
8	green	绿色	13	2014
9	multi-objective optimization	多目标优化	11	2015
10	transportation	运输	10	2003
11	product recovery	产品回收	10	2001
12	genetic algorithm	遗传算法	10	2013
13	closed-loop supply chain	闭环供应链	9	2007
14	robust optimization	鲁棒优化	9	2013
15	risk	风险	8	2017
16	life cycle assessment	生命周期评估	7	2014
17	carbon emission	碳排放	7	2012
18	sustainable supply chain	可持续供应链	7	2017
19	Benders decomposition	Benders 分解法	6	2014
20	carbon footprint	碳足迹	6	2012

　　第一，碳排放研究。供应链网络设计中的碳排放研究是指在设计和构建供应链网络的过程中，考虑碳排放对供应链库存、运输等方面的成本和决策影响，并采取相应的措施，以实现减少碳排放、降低环境影响的目的。在这方面，埃尔赫德利等（Elhedhli et al.，2012）将碳排放成本纳入供应链网络设计，最大限度地减少建立设施的固定成本、货物运输成本以及航

线上产生的碳排放成本等相关综合费用。王等（Wang et al.，2020）提出了新旧供应链之间链与链竞争的三层集中式网络设计模型。两个竞争的供应链通过零售商在碳排放和定价决策方面展开竞争，以实现零售利润最大化。为解决大规模问题的计算复杂性，论文提出了一种 Benders 分解算法，结果表明考虑供应链中的碳排放竞争可以降低总成本和碳排放。李和海（Li and Hai，2019）研究了考虑碳排放的单配送中心多零售商系统（one warehouse multiretailer system）的库存管理问题，计算确定了仓库和零售商的再订购间隔，同时最小化库存订购和持有成本以及碳排放成本。唐慧玲等（2019）研究了带有碳排放约束的车辆物流运输路径优化问题，通过路况、车型等实际因素，对车辆碳排放进行测算，同时优化行驶距离和最低碳排放量，构建了一个多目标车辆路径问题模型。

在碳减排研究中，常用到碳足迹建模计算和评估一个组织、产品或过程在生命周期内直接或间接产生的温室气体排放量。通过碳足迹建模，可以评估供应链中各个阶段的碳排放量，进而找出对环境影响最大的环节，优先进行优化。例如，桑德拉卡尼等（Sundarakani et al.，2010）考察了供应链的碳足迹，并提出了一个初步的分析模型，用于测量固定和非固定供应链过程中的碳排放，模型有助于了解供应链各节点的热通量和碳排放量，并可计算出转移的总热量以及碳排放量。本贾法尔等（Benjaafar et al.，2013）探究如何将碳排放问题纳入采购、生产和库存管理方面的运营决策中，提出了一个较为简单的模型展示如何通过将碳排放参数与各种决策变量相关联以支持考虑成本和碳足迹的决策。李（Lee，2011）的研究展示了如何测量关键供应商所提供的组件的碳足迹，并为汽车制造商改进总体排放量的测量提供了指导。生命周期评估（LCA）使用生命周期清单（life cycle inventory，LCI）数据库，根据每个国家生产的部件材料，对每个部件的二氧化碳排放量进行定量估计和可视化。乌良田等（Urata et al.，2018）提出了一种亚洲全球供应链网络的设计方法，通过采用亚洲 LCI 数据库，在基于材料的二氧化碳减排目标比率下实现成本最小化，并确定满足低碳材料供应需求的供应商和工厂位置。基于这一结果，通过改变排放价格来降低成本和碳排放进行敏感性分析，并比较了由两个和三个不同亚洲国家组成的供应链网络之间的差异。

除此之外，也有学者从碳排放监管与调控方面研究如何通过碳市场交易、碳排放调控政策等手段管理供应链中的碳排放。法希姆尼亚等（Fahimnia et al.，2015）提出了一种在碳税政策下，将经济目标和碳排放目标相结合的战术供应链规划模型。张等（Zhang et al.，2013）研究了具有碳限额和交易机制的多项目生产计划问题，提出最优策略和有效的解决方法，分析碳排放总量控制与交易机制对系统性能的影响。周愉峰等（2021）考虑运费的不确定性，研究了碳税政策下的分销网络设计问题，建立了一个混合整数非线性规划模型，并使用鲁棒优化来求解。华等（Hua et al.，2011）的研究主要关注库存管理中的运营决策，并探讨了在碳交易机制下企业如何在库存管理中管理碳足迹的问题。他们基于传统的经济订货批量（economic order quantity，EOQ）模型，引入了限额和交易制度，构建了一个环境库存模型，并推导出最优的订货量。托普塔尔等（Toptal et al.，2017）研究了在两种排放管制政策（限额与交易和税收）下，关于买方和卖方之间的协调问题。研究着重探讨了分散和集中补给决策对总碳排放的影响，提供了分散式和集中式模型，以确定在不同政策下买方和卖方的订单/生产批量，并对独立决策和联合决策的解决方案进行了分析和数值比较。

第二，考虑碳排放的设施选址问题。设施选址是供应链网络设计中的一个重要环节，而考虑碳排放的设施选址问题也是供应链网络设计领域中的一个重要研究方向。刘等（Liu et al.，2021）提出了一个易腐产品选址－库存－路径的集成模型，考虑了碳排放和产品新鲜度的因素，以实现最低的经济成本和碳排放以及最高的产品新鲜度为目标，建立了多目标规划模型。莫雷诺－卡马乔等（Moreno-Camacho et al.，2022）建立了一个包括碳排放标准的多目标混合整数线性规划模型，确定加工和配送设施的最佳位置和容量，以满足一组地区对乳制品的需求。达斯等（Das et al.，2021）提出了一种考虑多目标环境下的设施选址 – 固体运输 – 库存管理问题，寻找设施的最佳位置，降低整体运输成本、运输时间、库存成本以及碳排放成本。任慧和王东宇（2019）研究了拥堵路况下考虑碳排放的选址 – 配送集成优化问题，通过建立两个目标模型，最小化碳排放量和经济成本，并在北京和天津选择了两个中心构建供应链网络进行实证研究，验证了所提出的模型和算法在实际应用中的有效性。王梦梦和韩晓龙（2019）考虑客户随机需求与碳排放，研究了多品类易腐品供应链优化问题，并将多种管理策略相结合，构建了一个选址 – 路径 – 库存联合优化模型。在碳排放监管与设施选址关系方面，图尔肯等（Turken et al.，2017）研究了碳税和环境法规对企业工厂产能和选址决策的影响，并使用真实的汽车行业数据集进行实验。研究发现，如果没有高额罚款，更严格的法规并不能确保合规，因为集中式工厂规模扩大的相关收益通常会超过监管处罚；高额的一次性罚款和中等限制可同时减少区域生产和总体运输排放；生产污染低、产量需求低或运输成本高的企业应考虑选址分散化以遵守环境法规。

第三，逆向物流与闭环供应链。逆向物流和闭环供应链是实现碳减排的重要手段之一。逆向物流是指从供应链下游向上游运动所引发的物流活动，包括退货、回收、废弃物再利用等，是现代物流的重要组成部分。逆向物流可以降低企业的成本，提高企业的效益，对社会而言，不仅可以保护环境，还可以节约自然资源。闭环供应链是指通过增加回收和再制造废旧品环节，形成一个闭环结构的供应链系统。这种供应链模式包括了正向物流和逆向物流两个过程，即企业从采购环节开始，到最终销售环节结束，再通过回收和再制造环节，使整个供应链实现循环。闭环供应链的优势主要体现在两个方面：一是通过物料资源的再利用，降低产品制造成本；二是报废品的回收处理可以减少碳排放和环境污染，有助于实现可持续发展目标。常等（Chang et al.，2015）构建了一个逆向物流中再制造企业的两周期决策模型，并考虑了实施低碳再制造技术。他们分析了碳配额 – 交易政策对企业最优决策的影响，发现该政策对促进企业实施再制造技术具有积极作用。赞德卡里姆汗（Zandkarimkhan et al.，2020）提出了一种设计可持续逆向供应链网络的两阶段方法。该方法的第一阶段使用模糊层次分析法（fuzzy analytic hierarchy process，FAHP）和模糊优劣解距离法（fuzzy technique for order preference by similarity to ideal solution，FTOPSIS）的混合方法来评估和计算潜在地点的社会价值。然后，在第二阶段，应用多目标混合整数线性规划模型来设计可持续的开环供应链网络，以实现成本最小化和既定地点的社会价值最大化。阿尔沙姆西等（Alshamsi et al.，2018）研究了一个逆向物流中的选址问题，确定检验中心和再制造设施等设施的最优位置和容量，并优化运输决策和所需运输单元的数量和类型。该研究改进了传统的 Benders 分解算法，并采用加速方法来提高算法的收敛速度和计算效率。

丁等（Ding et al.，2020）研究了再制造企业的生产和碳减排决策问题，考虑了碳税和回收制度的影响。研究结果表明，这两种制度对再制造企业的碳减排积极性并不一定都有促进作用。张杰芳（2018）则从闭环供应链系统的角度研究碳限额与交易政策下闭环供应链企业的生产决策及协调问题。法里德迪等（Fareeduddi et al.，2015）提出了基于碳监管政策的闭环供应链设计和物流运作的优化模型，并比较了三种常见的监管政策：碳限额、碳税和碳交易。结果表明碳税政策拥有更大的灵活性，可以在企业层面实现政府规定的减排目标。厄兹杰兰等（Özceylan et al.，2014）在闭环供应链网络中考虑了成本系数、产能水平、市场需求和逆向率等关键参数的不确定性，提出了一个模糊多目标混合整数非线性规划模型，综合优化了战略决策和战术决策。

综上，考虑碳排放的供应链网络设计领域的研究在全球范围内具有显著的学术和实践意义。学者们关注如何在供应链网络设计中降低碳排放、实现可持续性和环保目标，并探索了优化方法和管理策略。研究主题呈现出多样性和复杂性，包含设施选址、逆向物流与闭环供应链等，不仅关注成本利润方面的优化，还关注供应链网络设计中的政策、环境和社会影响。然而，尽管现有的研究已经在这一领域取得了显著的进展，但鲜有研究在信息流与资金流方面与低碳供应链网络设计相结合，或者综合考虑商业信用和市场选择等情景，这为后续的研究提供了契机和动力。

在接下来的章节中，我们将不仅深入探讨碳税、碳配额与碳交易等因素对低碳供应链网络设计的影响，还将分析信息流、资金流等因素与该领域的关系，从不同视角深入探讨低碳供应链网络设计的实际应用和理论挑战。这些探索有望进一步丰富和完善该领域的研究。未来，研究人员可以加强跨学科合作，将计算机科学、环境科学、供应链管理和经济学等领域的知识融合起来，共同推动低碳供应链网络设计领域的发展和创新。

第4章
碳税政策下的供应链网络设计

在接下来的章节中，我们将深入研究多样化情境下的低碳供应链网络设计模型、算法以及相应的管理策略。本章将首先探讨碳税政策对低碳供应链网络设计的影响，以及它在供应链网络设计中扮演的角色；其次，深入讨论在碳税政策的推动下，如何实现低碳供应链网络的优化设计，以达到成本效益与环境责任的双重目标。

4.1 引　　言

供应链网络设计是一项综合性的战略规划过程，涉及设施选址、库存管理和产品运输等因素，以达到降低成本、减少库存、缩短交付周期等目标。许多学者对此进行了广泛的研究，并针对不同的问题提出了多种模型和方法。该领域的研究可追溯至早期的离散设施选址问题（Kuehn & Hamburger，1963；Balinski，1965），德雷兹纳（Drezner，1995）对此进行了详细的文献回顾和分析。随着该领域研究的深入，越来越多的学者认识到设施选址的战略决策深刻影响着后续库存、配送等运作层面的问题，因此有必要开展联合决策，进而衍生出了选址－库存（location-inventory problem，LIP）、库存－路径（inventory-routing problem，IRP）、选址－路径（location-routing problem，LRP）等问题。这些问题的研究有助于深入理解供应链网络设计中各要素的复杂作用机理，并作出更加综合全面的决策，为企业实践提供重要的理论支持。

随着全球气候变化问题的日益严峻，碳中和成为世界经济发展无法绕开的重要议题。各国政府、消费者和民间组织均对企业提出了越来越高的要求，企业决策者开始寻求在降本增效、市场竞争力和低碳发展三者之间的平衡。供应链网络是向消费者提供产品或服务的基础架构，是企业的重要战略决策。实践表明，供应链设施的运转、产品仓储和物流均会产生大量能耗，是碳排放的主要来源。因此，在供应链网络设计中纳入碳中和考量，进而优化网络结构，对企业长期可持续发展具有重要意义。

碳税政策是一种应对气候变化的重要经济手段，受到各国政策制定者的关注。该政策通过向排放二氧化碳等温室气体的企业或个人征税，既可以有效减少碳排放量，从而达到减缓气候变化的目的，也可以作为一种财政工具，为政府提供额外的财政收入，用于支持节能减排、可再生能源等绿色产业的发展。在此背景下，本章以经典的选址－库存问题作为基础理论框架，研究碳税政策下的供应链网络设计优化及其求解算法。

4.2　文　献　综　述

早期关于供应链网络设计的文献主要研究设施选址问题。此类问题聚焦于确定配送中心的最佳数量和位置，以及下游零售商的分配，旨在最小化设施选址和运输成本，通常不考虑库存成本（Drezner，1995；Daskin，2013）。同时，库存管理作为一个相对独立的研究领域，主要关注在已知配送中心位置和数量的前提下，如何制定库存策略以最小化成本并满足服务水平（Graves et al.，1993；Nahmias，1997；Zipkin，2000）。基于风险聚合（risk pooling）原理，埃彭（Eppen，1979）的研究表明，供应链网络中多个零售商需求汇聚于某配送中心可显著降低库存水平，并可在一定程度上弱化运输距离对选址和分配问题的影响，从而改变最优供应链网络结构。因此，近年来供应链网络设计优化研究开始广泛引入库存补充和持有成本。文献中通常考虑单级和多级两类库存系统，在由供应商－配送中心－零售商组成的网络中，单级库存系统仅考虑配送中心的库存成本，而多级库存系统则同时考虑配送中心和零售商的库存成本，供应商则作为系统外部实体不考虑其成本优化。本章研究基于单级库存的低碳供应链网络设计优化，因此将重点回顾基于单级库存系统的供应链网络设计问题。

单级库存供应链网络设计优化问题假设零售商的库存相对较少，因而仅关注配送中心的库存持有成本，降低了模型复杂度，专注于网络设计决策。该领域早期研究考虑配送中心的选址成本、库存持有成本以及从供应商经由配送中心到达零售商的运输成本，以成本最小化为目标构建混合整数规划模型，并采用启发式算法求解（Erlebacher & Meller，2000）。达斯金等（Daskin et al.，2002）和申等（Shen et al.，2003）在库存持有成本基础上进一步考虑了订货成本，提出了随机选址－库存联合网络设计优化问题（stochastic location-inventory network design problem，SLIP），涉及选址、运输和单级库存管理等三个方面的管理决策，进一步完善了单级库存管理的供应链网络设计优化问题。SLIP问题的求解得到了广泛的关注。申等（Shen et al.，2003）将SLIP构造为一个集合覆盖模型，对其线性规划松弛运用分支定价算法求解，并证明每次迭代所需求解的定价子问题具有次模性质。对一般次模函数最小化问题文献中存在强多项式时间可解的通用算法，但由于其较高的复杂度通常只用于求解很小规模的SLIP问题。舒等（Shu et al.，2005）突破了上述特例，采用带参数线性规划对原非线性离散凹函数最小化问题进行转换，得到该定价子问题算法复杂度为$O(n^2\log n)$的多项式算法，进而实现基于分支定价的理论框架有效求解中等规模SLIP。除上述精确算法外，学者们也研究了具有常数近似比的近似算法。黎煜（2012）指出带次模惩罚费用的SLIP问题可以用原始对偶3-近似算法求解。

黎等（Li et al.，2013）进一步提出，当运输成本满足三角形不等式时，复杂度为 $O(mn^2)$ 的原始对偶 3-近似算法可快速求解包括 5000 个配送中心和 5000 个零售商的大规模网络设计问题，进一步数值实验表明该算法求得的解与实际最优解的误差界平均为 4% ~ 5%。

申等（Shen et al.，2003）的研究形成了 SLIP 问题的基本模型框架，后续有很多学者对此进行了拓展。申和戚（Shen & Qi，2007）、贾伟德和阿扎德（Javid & Azad，2010）在 SLIP 模型中加入了车辆路径成本，前者采用拉格朗日松弛算法求解，后者则设计了禁忌搜索算法求解大规模问题。本沃斯等（Benvoucef et al.，2013）针对供应商供给不可靠的情形构建了网络优化模型，并设计拉格朗日松弛方法求解。德哈尼等（Dehghani et al.，2018）基于 SLIP 框架研究供给侧可能的突然中断对网络设计决策的影响。达吉斯坦和赫马提（Darestani & Hemmati，2019）将排队理论用于减少配送中心的等待时间，研究易腐产品的供应链网络设计。拉巴尼等（Rabbani et al.，2020）在 SLIP 模型基础上考虑零售商之间的横向转运，并提出了一种基于启发式图论的算法。

随着全球对碳减排的重视程度不断提升，供应链网络设计中的低碳目标已成为一个重要考量因素。学者们已经开始探索不同碳规制政策下的供应链网络设计优化问题。其中，针对碳税政策的讨论较为常见。例如，哈达迪西萨赫特等（Haddadsisakht et al.，2021）针对随机需求和不确定碳税率下的闭环供应链网络设计问题，构建了一个三阶段混合鲁棒/随机规划模型。他们发现运输能力根据碳税率调整可以显著降低对额外设施投资的需求，同时减少碳排放量。雷迪等（Reddy et al.，2020）综合考虑碳排放、车辆类型选择以及设施位置等因素，提出了一个混合整数线性规划模型，用于碳税政策下多层级、多周期的绿色逆向物流网络设计。陈等（Chen et al.，2020）基于不同供应链权力结构和绿色技术投资效率，分析了最优碳税率设计对供应链碳排放和经济绩效的影响。这些研究揭示了在碳税政策下，企业可能需要重新审视和调整其运营模式，以降低碳排放并适应新的成本结构，这将对供应链网络设计产生深远影响。然而，尽管已有研究在低碳供应链网络设计领域取得了一定的进展，但将库存策略深度整合到低碳供应链网络设计优化中的研究仍然相对匮乏。库存不仅是碳排放的一个来源，而且其管理策略还会通过影响物流配送、设施布局等方面，进一步对供应链其他环节的碳排放产生影响。因此，本章将聚焦于碳税政策背景下，基于单级库存系统的供应链网络设计优化问题，深入分析碳税政策如何塑造供应链网络设计，并探讨企业应如何调整其库存策略来适应这些变化。

4.3 问题描述与模型构建

本章研究聚焦于一个由单个供应商、若干配送中心和众多零售商组成的供应链网络。用集合 $I = \{1, 2, \cdots, n\}$ 表示该供应链网络中的零售商，其中部分零售商将被选定为配送中心，承担从上游供应商接收货物并根据需求将货物分发给其他零售商的职责。综合考虑模型的复杂性和研究目标，本章采用单级库存系统，并将上游供应商视为系统外部实体。在这种单级库存系统中，零售商的库存水平很低，本章主要关注配送中心的库存成本。鉴于每个零售商都面临不确定需求，因此需要在配送中心保持一定数量的安全库存，以确保能够及时满足客户需求。通过设置配送中心，可以形成风险共担效应，降低供应链中的不确定性，并尽可能减少整体库存和运输成本。同时，在碳税政策的影响下，企业在考虑选址、运输、订货、库存等各项运营成本时，也必须将碳排放成本纳入供应链网络设计的考量之中。

因此，本节将综合考虑设施、运输、库存、碳税等多项成本，并通过优化配送中心的数量、位置、服务对象、订货和库存策略等决策最小化总成本。其中，碳税根据企业或个人产生的碳排放量来确定税额，有多种实施方式，常见的包括单一税率、差别税率、渐进税率等。单一税率针对所有碳排放源征收相同的税率；差别税率则根据不同行业、不同产品或不同排放源的碳排放水平设定不同的税率，以激励高碳排放行业更加积极地减少碳排放；渐进税率指税率随着碳排放量的增加而递增，以鼓励企业采取更加积极的减排措施。本书统一采用单一税率，因此碳税是通过碳排放量乘以碳税率计算得出。以下将对各项成本进行具体分析。表 4 – 1 列出了模型中所用参数和变量。

表 4 – 1   参数和变量符号说明

符号	说明
I	零售商集合，$I = \{1, 2, \cdots, n\}$
F_j	在零售商 j 处设立配送中心的年平均固定成本，$\forall j \in I$
d_{ij}	配送中心 j 到零售商 i 的运输距离
d_{sj}	供应商 s 到配送中心 j 的运输距离
v_{ji}	从配送中心 j 到零售商 i 的单位产品运输成本
μ_i	表示零售商 i 的年平均需求
σ_i^2	表示零售商 i 的年需求方差
α	服务水平
z_α	标准正态偏差使得 $P(z \leqslant z_\alpha) = \alpha$
v_{sj}	从供应商 s 到配送中心 j 的单位产品运输成本
K_j	在配送中心 j 下订单的固定成本
h	单位产品的年库存持有成本
L_{ji}	从配送中心 j 到零售商 i 的交货提前期
e_j	在零售商 j 处设立配送中心的年均碳排放量，$\forall j \in I$
e	每单位库存产品的年碳排放量
e_{sj}	从供应商 s 运输单位产品到配送中心 j 的碳排放量
e_{ji}	配送中心 j 运输单位产品到零售商 i 的碳排放量
t	每单位碳排放量征收的税率
X_j	0 – 1 变量，$X_j = 1$ 表示零售商 j 被选为配送中心；0 则相反
Y_{ij}	0 – 1 变量，$Y_{ij} = 1$ 表示零售商 i 被配送中心 j 服务；0 则相反

4.3.1　选址及其碳排放成本

配送中心的选址成本涵盖了土地购置、基础设施建设、劳动力成本等多个方面，对供应链网络设计具有重要影响。假设在候选配送中心 j 附近设立配送中心的年平均成本是固定的，用符号 F_j 表示；在该过程中产生的年平均碳排放量用符号 e_j 表示，由于每单位碳排放量按照税率 t 征收，因此选址及其碳排放成本为 $\sum_{j \in J} (F_j X_j + t e_j X_j)$。

4.3.2　运输及其碳排放成本

配送中心的选址将对运输成本产生重要影响，主要包括供应商到配送中心的运输成本以及配送中心与各零售商之间的运输成本。为了更好地反映实际情况，配送中心到零售商的运输成本定义如下：

$$v_{ij} = \begin{cases} v_1, & 0 < d_{ij} \leqslant d_1 \\ v_2, & d_1 < d_{ij} \leqslant d_2 \\ \cdots \\ v_n, & d_{n-1} < d_{ij} \leqslant d_n \end{cases}$$

其中，$v_1 \leqslant v_2 \leqslant \cdots \leqslant v_n$。

供应商到配送中心的运输成本定义如下：

$$v_{sj} = \begin{cases} c_1, & 0 < d_{sj} \leqslant d_1 \\ c_2, & d_1 < d_{sj} \leqslant d_2 \\ \cdots \\ c_n, & d_{n-1} < d_{sj} \leqslant d_n \end{cases}$$

其中，$c_1 \leqslant c_2 \leqslant \cdots \leqslant c_n$。

以下是一个简单的示例：

假设某物流公司采用上述分段运输成本策略，并分为以下三个区段：

短距离区段（0~100 千米）：货物运输距离较短，所需的燃料和资源消耗较少，不确定性较低，运输成本相对较低；

中距离区段（100~300 千米）：货物运输距离较远，需要更多的燃料和资源，不确定性中等，运输成本可能会有一定增加；

长距离区段（300 千米以上）：需要大量的燃料和配套资源，不确定性较高，运输成本显著增加。

以上成本结构可能会鼓励配送中心更多地满足邻近零售商的需求，从而减少其服务半径。

此外，运输距离也将对碳排放量产生显著影响。在一定合理范围内，为简化计算，假设运输单位产品产生的碳排放量和运输距离之间呈线性关系。因此，运输及其碳排放成本可表示为 $\sum_{i \in I} \sum_{j \in J} (v_{ij} + te_{ij} + v_{sj} + te_{sj}) \mu_i Y_{ij}$。

4.3.3 周转库存及其碳排放成本

周转库存成本包括固定订货成本和库存持有成本，假设配送中心 j 下订单的固定成本用符号 K_j 表示，配送中心 j 的年度总需求用符号 D_j 表示，配送中心 j 的订购数量用符号 Q_j 表示，单位产品的年库存持有成本用符号 h 表示，每单位库存的年碳排放量用符号 e 表示。因此，库存运营及其碳排放成本为 $\sum_{j \in J} \left[K_j \dfrac{D_j}{Q_j} + \dfrac{(h + te) Q_j}{2} \right]$。其中，$D_j = \sum_{i \in I} \mu_i Y_{ij}$，$\forall j \in J$；$K_j \dfrac{D_j}{Q_j}$ 表示与配送中心 j 下订单相关的固定订货成本；$\dfrac{(h + te) Q_j}{2}$ 表示配送中心 j 存放商品的库存持有及其碳排放成本。

基于上述成本表达式对于任意配送中心 j 都可确定最优的订货批量 Q_j^*。首先由关于 Q_j 的一阶条件可得：

$$\frac{h + te}{2} - \frac{K_j D_j}{(Q_j)^2} = 0$$

针对 Q_j 求解得到 $Q_j^* = \sqrt{\dfrac{2K_jD_j}{h+te}}$，进而总的库存及其碳排放成本可表示为 $\sum\limits_{j \in J} \sqrt{\sum\limits_{i \in I} 2(h+te)\mu_i K_j Y_{ij}}$ 。

4.3.4　安全库存及其碳排放成本

安全库存及其碳排放成本主要指为了应对需求不确定性而维持额外库存所带来的成本。一般而言，每个配送中心都将同时服务若干零售商，假设这些零售商的需求相互独立，那么该配送中心所面临的需求不确定性可表示为 $\sum\limits_{i \in I} \sigma_i^2 L_{ji} Y_{ij}$ ，L_{ji} 是从配送中心 j 到零售商 i 的交货提前期。不失一般性，假设配送中心 j 的交货提前期仅与配送中心本身相关，即 $L_{ji} = L_j$，$\forall j \in I$。假设各零售商的需求满足正态分布，为了达到目标服务水平 α，配送中心需要维持的安全库存则为 $z_\alpha \sqrt{\sum\limits_{i \in I} \sigma_i^2 L_j Y_{ij}}$ 。综合考虑单位库存持有成本及其碳排放量，安全库存及其碳排放成本可表示为 $\sum\limits_{j \in J} (h + te) z_\alpha \sqrt{\sum\limits_{i \in I} \sigma_i^2 L_j Y_{ij}}$ 。

综上，构建考虑碳税的供应链网络优化模型 P_{4-1}：

$$P_{4-1} \quad \text{minimize} \quad \sum_{j \in J} \Big[(F_j + te_j) X_j + \sum_{i \in I} (v_{ij} + te_{ij} + v_{sj} + te_{sj}) \mu_i Y_{ij}$$
$$+ \sqrt{\sum_{i \in I} 2(h+te) K_j \mu_i Y_{ij}} + (h+te) z_\alpha \sqrt{\sum_{i \in I} \delta_i^2 L_j Y_{ij}} \Big]$$

$$(4-1)$$

$$\text{subject to} \quad \sum_{j \in J} Y_{ij} = 1, \quad \forall i \in I \tag{4-2}$$

$$Y_{ij} - X_j \leq 0, \quad \forall i \in I, \ \forall j \in J \tag{4-3}$$

$$Y_{ij} \in \{0,1\}, \quad \forall i \in I, \ \forall j \in J \tag{4-4}$$

$$X_j \in \{0,1\}, \quad \forall j \in J \tag{4-5}$$

目标函数（4-1）包括配送中心的选址成本、运输成本、库存成本和碳税等在内的总成本。约束（4-2）表示每个零售商必须且只能被一家配送中心服务，即保证每个零售商只接受来自一个配送中心的货物供应；约束（4-3）表示只有被设为配送中心才可以向零售商提供服务；约束（4-4）和约束（4-5）表示 0-1 决策变量。

4.4 模 型 求 解

模型 P_{4-1} 是一个包含非线性成本项的整数规划问题，难以通过优化求解器直接求解。因此，本节通过深入研究模型的数学性质来设计针对该问题的高效求解算法。

首先，模型 P_{4-1} 可以转换为加权集合覆盖模型。在加权集合覆盖模型中，通常使用如下参数和变量符号：

U：需要被覆盖的元素集合，$U = \{1, 2, 3, \cdots, n\}$；

S：集合 U 的所有非空子集的集合，$S = \{S_1, S_2, \cdots, S_m\}$；

x_{S_a}：0-1 变量，表示是否选择子集 S_a，$\forall a \in \{1, 2, \cdots, m\}$；

c_{S_a}：每个子集 S_a 的权重。

基于上述参数和变量，加权集合覆盖模型 P_{4-2} 的一般定义如下：

$$P_{4-2} \quad \text{minimize} \quad \sum_{S_a \in S} c_{S_a} x_{S_a}$$

$$\text{subject to} \quad \sum_{S_a \in S: i \in S_a} x_{S_a} \geq 1, \ \forall i \in \{1, 2, \cdots, n\}$$

$$x_{S_a} \in \{0, 1\}, \ \forall S_a \in S$$

模型 P_{4-2} 的目标是最小化所选子集的总权重，约束条件则确保每个元素 ι 至少被覆盖一次。因此，模型的最优解是指找到一个子集合，使得子集合的并集能够包含 U 中的所有元素，同时使得总权重达到最小。

求解加权集合覆盖模型常用的方法是分支定价法。分支定价法是分支定界法的一种变体，通过在节点处采用列生成算法来求解整数规划模型的线性松弛问题。列生成算法通过在每一步中引入新的变量（列）来逐步寻找最优解。该算法的主要思路如下：

第一步　构建 RMP 问题（restricted master problem）：初始时，将原问题转换为一个规模更小的问题，即 RMP 问题。RMP 只使用了小部分变量，因此很容易得到其最优解。

第二步　求解子问题：针对 RMP 问题的最优解，构造一个子问题，用于检测是否存在某个未考虑的变量（非基变量），使得其对应的检验数（reduced cost，RC）小于零。这意味着通过引入这个变量，可能会改进当前的解。

第三步　迭代过程：如果子问题中存在 RC 小于零的变量，将其相关系数添加到 RMP 的系数矩阵中，从而生成新的变量，即将该变量纳入基变量中。然后回到第一步，基于新的 RMP 问题重新求解。

第四步　终止条件：上述过程不断迭代，当所有未加入模型的变量的 RC 都大于等于零时，表示找到了原问题的最优解。

通过这种逐步引入变量的方式，列生成算法可以有效解决具有大规模变量的线性规划问题，同时降低了计算复杂度。算法的核心在于不断迭代，寻找能够改善当前解的新变量，从而逐步逼近最优解，具体流程如图 4 - 1 所示。

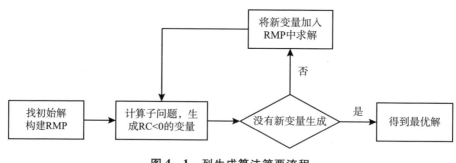

图 4 - 1　列生成算法简要流程

列生成算法通过动态生成变量，可以极大降低问题规模，提高求解效率。该方法适用于将解空间庞大的组合优化问题简化为易于处理的形式求解。具体求解步骤如下：

步骤一　将 P_{4-1} 表示成加权集合覆盖模型的形式：

首先，构建集合 S，其中每个元素 S_a 表示零售商集合 I 的一个非空子集；

其次，对于给定的 S_a，使用符号 $c_{S_a}^j$ 表示配送中心 j 为该子集提供服务的成本；

最后，选择最小的 $c_{S_a}^j$ 作子集 S_a 的成本 c_{S_a}。

步骤二　集合 S 包含了零售商 I 的所有非空子集，其元素数量随着零售商数量的增加呈指数级增长。因此，采用分支定价法求解上述集合覆盖模型。首先用 P_{4-3} 表示其线性松弛形式：

$$P_{4-3} \quad \text{minimize} \quad \sum_{S_a \in S} c_{S_a} x_{S_a}$$

$$\text{subject to} \quad \sum_{S_a \in S : i \in S_a} x_{S_a} \geq 1, \ \forall i \in \{1, 2, \cdots, n\}$$

$$0 \leq x_{S_a} \leq 1, \ \forall S_a \in S$$

步骤三　集合 S 中的元素数量通常非常庞大，直接对整个集合 S 进行求解会消耗大量计算资源和时间，因此，可使用列生成算法来求解模型 P_{4-3}。

具体而言，首先找到一个满足所有约束条件的子集 S'，即 S 的一个可行子集，从而构建一个初始可行解。选择一个可行子集 S' 的目的是使初始解满足问题的基本要求，然后可以通过进一步的改进来逐步接近最优解。通过从子集合 S 的可行子集出发构建一个初始可行解，可以减少求解过程中的搜索空间，从而提高求解效率，并使得问题更容易处理。因此上述模型变为：

$$\text{minimize} \quad \sum_{S_a \in S'} c_{S_a} x_{S_a}$$

$$\text{subject to} \quad \sum_{S_a \in S' : i \in S_a} x_{S_a} \geq 1, \ \forall i \in \{1, 2, \cdots, n\}$$

$$0 \leq x_{S_a} \leq 1, \ \forall S_a \in S'$$

每次的迭代从求解可行子集 S' 开始，通过调用求解器可得到最优解 $\bar{x}_{S_a}$，以及对应的对偶最优解 $\bar{D}_i$，$i \in I$，现在 $\bar{x}_{S_a}$ 是可行子集 S' 的最优解。

步骤四 在迭代的过程中需要进行收敛判断，以确定是否继续迭代或者停止，并得出最优解。根据单纯形法的进基规则，检查是否存在检验数为负的非基变量，即判断 $c_{S_a} - \sum_{i \in S_a} \bar{D}_i$，$S_a \in S \backslash S'$ 的值是否为负，可以采取以下步骤进行收敛判断：

第一，检查是否存在一个 $S_a \in S \backslash S'$，使得 $c_{S_a} - \sum_{i \in S_a} \bar{D}_i \leq 0$；

第二，如果存在这样的 S_a，将其加入到当前的子集 S' 中，并更新子集 S'，继续从更新后的当前子集 S' 开始进行下一轮的迭代，直到达到停止迭代的条件；

第三，如果不存在这样的 S_a，则说明已经找到最优解，停止迭代。

通过这种收敛判断方法，可以在迭代过程中不断改进子集 S'，并检查是否存在 $S_a \in S \backslash S'$，使得目标函数成本降低。如果存在，将更新子集并继续迭代；如果不存在，将停止迭代并得出最优解。

上述的收敛判断，即寻找一个 $S_a \in S \backslash S'$，使得 $c_{S_a} - \sum_{i \in S_a} \bar{D}_i \leq 0$，或者找不到这样的 S_a，这被称为定价子问题。为了有效地求解模型的定价子问题，对于每个配送中心 j，$j \in J$ 来说，判断是否存在一个 $S_a \in S \backslash S'$，使得 $c_{S_a} - \sum_{i \in S_a} \bar{D}_i \leq 0$，因此定价问题变为：

$$\text{minimize} \quad (F_j + te_j)X_j + (h + te)z_\alpha \sqrt{\sum_{i \in I} \sigma_i^2 L_j Y_{ij}} - \sum_{i \in I} \bar{D}_i Y_{ij}$$
$$+ \sqrt{\sum_{i \in I} 2\mu_i K_j (h + te) Y_{ij}} + \sum_{i \in I} (v_{ij} + te_{ij} + v_{sj} + te_{sj}) \mu_i Y_{ij}$$
$$\text{subject to} \quad Y_{ij} \in \{0, 1\}, \quad \forall i \in I$$

该定价子问题由于非线性项的存在导致求解极具挑战性。为了更高效地求解该问题，同时基于零售行业中顾客到达的随机性和独立性，可以合理假设每个零售商 i 的年平均需求 μ_i 与年需求方差 σ_i^2 成固定比例，即 $\mu_i = $

$\gamma\sigma_i^2$，$\forall i \in I$。这种假设在许多需求分布中都是合理的，尤其是对于泊松分布（$\mu_i = \sigma_i^2$），其方差与均值相等的特性在零售行业的运营模式中尤为适用。在这种情况下，目标函数可调整为如下形式：

$$\text{minimize} \quad (F_j + te_j)X_j + (h + te)z_\alpha \sqrt{\sum_{i \in I} \sigma_i^2 L_j Y_{ij}}$$

$$- \sum_{i \in I} \overline{D}_i Y_{ij} + \sqrt{\sum_{i \in I} 2\gamma\sigma_i^2 K_j(h + te)Y_{ij}}$$

$$+ \sum_{i \in I} (v_{ij} + te_{ij} + v_{sj} + te_{sj})\gamma\sigma_i^2 Y_{ij}$$

$$\text{subject to} \quad Y_{ij} \in \{0, 1\}, \quad \forall i \in I$$

为了简化公式，定义：

$$g_i = (v_{ij} + te_{ij} + v_{sj} + te_{sj})\gamma\sigma_i^2 - \overline{D}_i$$

$$\sqrt{q_i} = \sqrt{2K_j(h + te)\gamma\sigma_i^2} + (h + te)z_\alpha \sqrt{\sigma_i^2 L_j}$$

$$y_i = Y_{ij}$$

对于一个固定的配送中心 j，$\forall j \in J$ 来说，定价问题变为：

$$\text{minimize} \quad \sum_{i \in I} g_i y_i + \sqrt{\sum_{i \in I} q_i y_i}$$

$$\text{subject to} \quad y_i \in \{0, 1\}, \quad \forall i \in I$$

假设上述定价问题的最优解为 y^*，最优值为 w^*，如果满足 $w^* + F_j + te_j \geq 0$，表示即使在配送中心 j 服务成本最低的情况下，最优解的目标函数值仍然大于或等于零。这表明在最优解中，不存在子集 $S_a \in S \backslash S'$，配送中心 j 为其服务时成本为负。如果存在这么一个子集 S_a，它的服务成本为负，那么将该子集加入到当前解中可以降低目标函数的值。

进一步地，如果对于每个配送中心 $j \in J$，都满足 $w^* + F_j + te_j \geq 0$，即在所有配送中心的服务成本最低情况下，最优解的目标函数值仍然大于或等于零，那么说明不存在子集 $S_a \in S \backslash S'$，使得目标函数的值降低。这意味着已经找到了最优解，因为无论如何调整当前解，都无法进一步降低目标函数的值。

因此，通过验证 $w^* + F_j + te_j \geq 0$ 是否对所有配送中心 $j \in J$ 成立，可以

确定是否找到了最优解。如果不等式对所有配送中心都成立，则说明已经找到了最优解。这个观察可以帮助我们进行收敛判断，从而提前终止迭代，并得出最优解。

从观察上述模型开始分析，可以注意到定价问题是一个最小化问题。根据最小化目标函数的性质，可以推断，在最优解中，属于集合 $I^+ = \{i \in I: g_i > 0\}$ 的零售商不能被配送中心 j 服务。这是因为如果 $g_i > 0$，则对于任意的 $y_i^* = 1$，目标函数的值一定大于 $y_i^* = 0$ 时的目标函数值。换句话说，如果 $g_i > 0$，那么让 $y_i^* = 1$，目标函数的值会增大，与最小化目标相违背。

基于这个观察，可以将搜索空间限制为集合 $I^- = \{i \in I: g_i \leq 0\}$，即只考虑满足 $g_i \leq 0$ 的零售商。这样可以减少搜索空间的大小，将注意力集中在具有潜在优势的零售商上，以更有效地求解定价问题。通过将搜索空间限制为 $I^- = \{i \in I: g_i \leq 0\}$，可以进一步优化求解过程，提高计算效率，并更快速地找到最优解。

根据申等（Shen et al.，2003）的研究，针对该问题可以得出以下定理。

定理 1：假设零售商集合已按照如下排序：

$$\frac{g_1}{q_1} \leq \frac{g_2}{q_2} \leq \frac{g_3}{q_3} \leq \cdots \leq \frac{g_m}{q_m}, \ m = |I^-|$$

那么对于上述问题的最优解 y^* 来说，一定满足如下两条性质：

性质 1：$y_j^* = 1$；

性质 2：如果 $y_k^* = 1$，$\forall k \in \{1, 2, \cdots, m\}$，那么对于 y_l^*，$\forall l \in \{1, 2, \cdots, k-1\}$，$y_l^* = 1$。

定理 1 提供了一种有效的方法来解决定价问题。该方法将生成所有具有性质 1 和性质 2 的解，并选择目标值最小的解作为最优解。可以观察到这样的解最多有 $|I|$ 个，其中 $|I|$ 表示零售商的数量。因此，在解决定价问题时，对于每个配送中心 $j \in J$，可以在 $O(|I|^2 \log(|I|))$ 的时间复杂度内完成计算。通过生成具有特定性质的解，并在有限的解空间中搜

索，能够在相对较短的时间内找到最优解。该方法的时间复杂度取决于零售商数量，可以在可接受的时间范围内求解大规模的定价问题。因此，利用该求解方法，能够有效地解决定价问题，并在实际应用中取得良好的效果。

4.5 数 值 实 验

本节旨在对所建立的低碳供应链网络设计模型进行数值实验，以检验第 4.4 节提出算法的性能并开展灵敏度分析。本节将首先阐述实验设计，随后基于计算结果来评估列生成方法在求解过程中的效果并总结管理启示。求解算法代码采用 MATLAB 编写。所有示例都是在配备 Intel Core i7-8700H CPU（2.60GHz）、运行 Windows 11（64 位操作系统）的计算机上运行的。

4.5.1 数值实验设计

大多数供应链相关数据属于企业敏感信息，不易获得。因此，本节参照现有文献以及对相关业务运营的理解设定参数。部分参数用 $U[a, b]$ 随机生成，表示在区间 $[a, b]$ 上均匀分布，这一方法在以往的研究中也得到了广泛使用。模型中各参数的设置如下：

（1）单位产品的年库存持有成本为 10；

（2）单位库存产品的碳排放量为固定值 0.01；

（3）备选配送中心的选址成本在 $U[100000, 300000]$ 取值，且设立配送中心的碳排放量与选址成本呈线性关系，具体来说，可以假设碳排放量与选址成本的比例为固定值，例如，0.001，即每增加 1 个单位的选址成本，相应增加 0.001 个单位的碳排放量；

（4）为了差异化不同配送中心下订单的固定成本，设置在配送中心 j 订货的固定成本在 $U[100，400]$ 取值；

（5）配送中心 j 的交货提前期 L_j 服从 $U[1，10]$ 的均匀分布。

（6）标准正态偏差 $z_\alpha = 1.96$，即 97.5% 的服务水平；

（7）为简化计算，碳税率设定为 1；

（8）供应链各节点之间的距离：每对节点之间的距离将直接影响供应链的运输成本和碳排放量。假设节点之间的距离服从 $U[0，500]$，根据前文构造的运输成本分段函数，不同距离所对应的运输成本设置如下：

$$v_{ij} = \begin{cases} 1，& 0 < d_{ij} \leqslant 10 \\ 2，& 10 < d_{ij} \leqslant 100 \\ 4，& 100 < d_{ij} \leqslant 200 \\ 6，& 200 < d_{ij} \leqslant 300 \\ 10，& 300 < d_{ij} \leqslant 500 \end{cases}$$

$$v_{sj} = \begin{cases} 1，& 0 < d_{sj} \leqslant 10 \\ 2，& 10 < d_{sj} \leqslant 100 \\ 4，& 100 < d_{sj} \leqslant 200 \\ 6，& 200 < d_{sj} \leqslant 300 \\ 10，& 300 < d_{sj} \leqslant 500 \end{cases}$$

同时，假设运输单位产品的碳排放量和运输距离呈线性关系，即可以假设单位碳排放量与运输距离的比例为固定值；

（9）需求数据：根据第 4.4 节，假设零售商的年需求服从泊松分布，且该分布的方差满足 $U[20000，60000]$。

为了验证算法的有效性，以 50 个零售商为例进行数值计算，结果如图 4-2 所示。可以发现，随着迭代次数的增加，目标函数值逐渐趋于稳定，并在较少的迭代次数内得到最优解。这表明该算法具有快速收敛的特性，能够高效地找到最优解；也意味着可以在较短时间内得到满足约束条件的最优选址策略，在实践中具有较高的实用性和可行性。

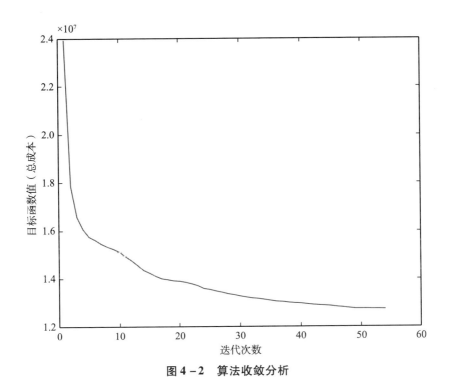

图 4-2 算法收敛分析

为验证算法的性能，进一步测试了包含 10~150 个零售商的问题，每个问题实例随机测试 10 次。表 4-2 展示了平均迭代次数、开设配送中心的平均数量、CPU 平均运行时间以及生成列的平均数量。

从表 4-2 中可以看到，随着供应链网络规模的增加，求解所需的 CPU 时间和新增列的数量显著增长。例如，在包含 10 个零售商的供应链网络中，求解时间仅需约 2 秒；但当供应链网络规模扩大至 40 个零售商时，求解时间增至 22 秒；而在包含 100 个零售商的情况下，求解时间平均约为 238 秒；当零售商规模扩大到 150 个时，求解时间超过了 1000 秒，但仍在可接受范围内。

表 4 - 2　　　　　　　　　　　　算法性能

零售商数量 （个）	平均迭代次数 （次）	开设配送中心的 平均数量（家）	CPU 平均运行 时间（秒）	生成列的 平均数量
10	2	2	1.97	24
40	31	5	21.84	385
100	88	10	238.29	1927
150	143	22	1203.83	3210

由此可见，本章采用的算法在高效解决中小规模问题方面表现出色。然而，在面对大规模问题时，随着供应链网络规模的扩展，涉及的节点数呈指数级增加，从而导致问题求解的难度急剧上升，因此解决大规模问题尚存在一定挑战。但是，随着在实际中投入更多计算资源，该问题可以得到一定程度的缓解；此外，供应链网络设计问题一般对时效性要求不高，因此该算法实用性较强。未来可以针对该模型求解算法的效率提升进行更深入的理论探索。

4.5.2　碳税对配送中心选址及成本的影响

本章以碳税为背景研究供应链网络设计，因此分析碳税对配送中心的选址具有重要意义。为了更深入地探究不同碳税率下配送中心开设数量的差异情况，基于上述参数设置，以包含 50 个零售商的供应链网络为例进行数值实验，结果如图 4 - 3 所示。

观察盒须图 4 - 3，中心点表示随机测试 10 次后开放配送中心数量的中位数，盒子代表数据的中间 50%（即四分位间距）。可以看到随着碳税率 t 的增大，开设的配送中心数量总体趋势是上升的。具体来说，当碳税率 t 为 0 时，开设配送中心的数量稳定在 5 个左右，随着碳税率 t 继续增大，开设配送中心的数量陆续增加，这说明碳税率的增加对配送中心的开设数量有显著影响。不断提高的碳税增加了运输过程中的碳排放成本，因此需要建立更多的配送中心以缩短配送距离，进而减少因平均运输距离较长所导致的高碳排放量。

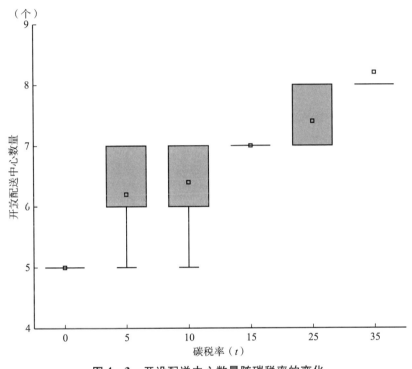

图 4 - 3 开设配送中心数量随碳税率的变化

同时，进一步分析随着碳税率的增加，运输成本、选址成本、库存运营成本的变化趋势。根据图 4 - 4 所示，随着碳税率的增加，碳税成本呈现出显著的上升趋势，尤其是在税率达到 15 及以上时，碳税成本占据了总成本的较大比例。与此形成对比的是，运输成本呈现显著下降趋势，而库存成本和选址成本在不同碳税率下的比例变化相对较小。特别是库存成本，在各碳税率下表现出较小的波动性。

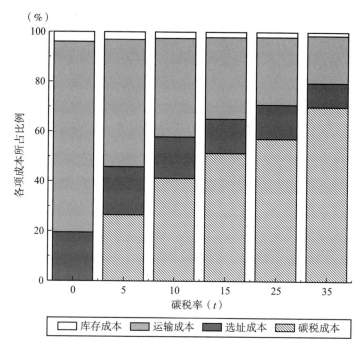

图4－4　各项成本占比随碳税率的变化

需要指出的是，根据图4－3，碳税率的增加将鼓励企业开设更多配送中心，因此选址成本的绝对值将有所增加；同时，更多的配送中心将降低平均运输距离，从而导致运输成本快速下降。

4.6　结论与展望

本章通过研究碳税背景下的供应链网络设计，建立了考虑碳排放成本的选址－库存问题单级供应链网络模型，提出了相应的求解算法，并进行了数值实验与灵敏度分析。结果表明，碳税政策对配送中心选址及各项成本均产生了重要影响。因此，碳税政策的引入可以引导企业在供应链网络设计战略层面即开始重视和考量碳排放成本，以做出符合经济和低碳双重目标的决策。具体的，本章在优化供应链的可持续性和效率方面得到以下管理启示。

（1）选优集中，共担降碳。在供应链中选择合适的节点作为配送中心是构建低碳供应链网络的有效途径。若由各个零售商为了满足市场不确定需求而各自持有和管理库存，将不可避免地导致资源的浪费和成本的增加。设立配送中心可以利用风险共担效应进行需求和库存协同管理，即将多个零售商的需求集中在对应配送中心统一调度规划，进而有效降低不确定性风险，并在保持服务水平的基础上更加精准地规划库存，使得整个供应链更具弹性和适应力，同时实现资源的有效利用和环境负担的降低。

（2）低碳与效益兼顾。在探讨低碳供应链网络设计时，灵敏度分析提供了宝贵的洞见，揭示了碳税率对配送中心布局战略的深远影响。随着碳税率的提高，配送中心的数量可能会增加，这一策略旨在通过减少运输过程中的碳排放来优化配送网络。然而，这种增长并非简单的数量变化，它同时关系到配送网络的运营效率和成本效益的复杂考量。例如，配送中心数量的增加可能会对运营效率和成本效益产生负面影响。因此，本章综合考虑了碳排放、库存管理、选址决策和运输策略等关键运营要素，在低碳和效率之间取得了较好的平衡。

因此，政府在制定相关政策时，必须进行多维度的综合考量，以确保这些政策既能推动实现"双碳"目标，又能维护经济的健康发展。这需要跨部门的紧密协作，以及充分利用数字化技术的优势，整合经济、运营和碳排放等多维度数据，为企业的长期可持续发展提供保障。

第 5 章
碳限额与交易政策下的
供应链网络设计

第 4 章深入剖析了碳税政策对供应链管理的深远影响，并构建了相应的低碳供应链网络设计模型与算法。在气候变化问题日益受到全球关注之际，政策制定者们采取了多元化的措施，以更有效地减少温室气体排放。本章将聚焦碳限额与交易机制这一重要且广泛采用的政策工具，探讨其如何重塑供应链网络。预计该机制的实施将对供应链网络的设计和运营产生重要影响，涉及设施选址、物流运输以及供应链中各环节的能源效率等多个方面。因此，本章将构建新的优化模型，以考虑碳限额与交易机制对供应链网络设计的影响。本章将重点关注低碳供应链网络设计中的多个核心决策点，包括设施选址、库存管理、运输策略等，并开发相应的算法来优化这些决策。本研究致力于在新的政策环境下，支持供应链网络能够以经济高效且环境友好的方式运作。这些模型和算法将丰富供应链管理者的工具箱，助力碳中和时代的科学决策。

5.1 引 言

碳限额与交易机制通过设定碳排放的上限，并允许企业之间交易排放权，为企业提供了一种灵活的减排途径。具体来说，碳限额是由政府或监管机构针对特定地区或国家设定的温室气体排放限制。企业会获得一定量的碳配额，这代表了它们被允许排放的温室气体上限。如果排放量超出这一配额，企业将面临罚款或其他形式的处罚。在碳交易体系中，企业可以根据实际排放量买卖碳配额。对于那些排放量低于其配额的企业，允许将未使用的配额出售给那些排放量超出配额的企业，从而获得经济利益。相反，如果企业的排放量超出了配额，可以通过购买额外的碳配额来避免罚款或其他处罚。这种机制在鼓励企业采取减排措施的同时，也为那些能够高效管理排放的企业创造了经济激励。

本章将深入剖析碳限额与交易机制对供应链的影响，并在此基础上探讨供应链网络设计的优化。首先，本章将分析碳限额如何塑造供应链网络的结构。由于碳配额为企业的碳排放总量设定了上限，企业在规划供应链网络时，必须在这一配额框架内制定生产和配送活动。为了达成减排目标，企业必须优化物流运输路线，减少碳排放，以确保在碳配额的约束下高效运营。其次，本章将探讨碳交易机制在供应链网络设计中的作用。碳交易为企业提供了更大的灵活性和经济激励，使其能够通过买卖碳配额来调整和优化自身的碳排放控制策略。在供应链的不同环节中，一些企业可能拥有剩余的碳配额，而其他企业可能需要额外购买碳配额以满足排放限制。这些企业可以通过碳交易机制相互协作，实现碳排放的优化配置。因此，在供应链网络设计中考虑碳限额与交易机制至关重要。这不仅能够促进环境的可持续性，还能为供应链中的各方带来经济价值，有利于共同推进减排目标的实现。

5.2　文　献　综　述

在全球气候问题不断加剧的背景下，各国政府积极制定碳排放相关政策，企业也在供应链管理中逐步融入低碳理念。学术界在探讨供应链网络设计时，亦开始重视碳排放政策的作用，并通过分析不同政策为企业的可持续发展提供策略和洞见。在这一研究领域，碳排放配额和交易机制已成为供应链研究中的一个热点议题。本贾法尔等（Benjaafar et al.，2013）将碳排放纳入采购、生产和库存管理的决策过程中，构建了包含强制排放、碳税、碳排放配额与交易以及碳抵消政策的供应链网络设计优化模型，突出了运营决策对碳排放的显著影响。穆罕默德等（Mohammed et al.，2017）在不确定性条件下，提出了考虑碳足迹的多周期、多产品闭环供应链网络设计优化模型，采用鲁棒优化方法进行求解，并探讨了不同碳排放政策对供应链战略和运营决策的影响。李等（Li et al.，2017）研究了在碳排放配额与交易、联合碳排放配额与交易和碳税政策下，两级供应链的生产和运输外包问题，发现包含碳排放政策的扩展模型更有助于减少碳排放。该研究还指出，随着碳价的提升，减排效果趋于稳定，而联合碳排放配额与交易政策和碳税政策在减排方面更为有效。李等（Li et al.，2020）构建了以最小化煤炭供应链低碳生产成本为目标的优化模型，引入了强制排放、碳税、碳排放配额与交易和碳抵消等四种政策作为约束条件，并采用基于差分进化的启发式算法进行求解。通过比较分析发现，在碳排放配额与交易政策下，煤炭企业的减排效果最为显著。

在聚焦于碳排放配额与交易政策的背景下，本节将深入探讨与此政策相关的供应链网络设计研究。众多学者对碳排放配额与交易政策下的设施选址问题进行了广泛而深入的探讨。迪亚巴特等（Diabat et al.，2013）提出了一个多层次、多商品的设施选址模型，该模型同时考虑了碳排放交易成本和采购成本，并通过数值模拟分析了不同碳排放交易价格对供应链成本和结构的具体影响。杨珺和卢巍（2014）开发了一个基于碳排放的配送中心选址模型，该模型涵盖了多容量等级，并分析了包括强制排放、碳税、碳排放配额与交易以及碳抵消在内的多种政策对企业物流配送模式、运营成本和碳排放量的影响，研究指出政府可以通过制定恰当的政策来引导企业实施节能减排措施。张等（Zhang et al.，2021）针对城市冷链物流配送中心在碳排放配额与交易政策下的选址问题进行了研究，发现碳排放交易价格对新建冷链物流配送中心的规模、碳排放总量和总成本有着显著的影响。刘伟伟等（2022）探讨了在碳排放配额与交易机制下的多产品竞争性设施选址问题，揭示了该机制对企业决策的深远影响。拉赫马蒂等（Rahmati et al.，2024）在考虑了强制排放、碳税、碳排放配额与交易和碳抵消等政策的基础上，提出了一个需求不确定下利润最大化的两阶段随机交通枢纽选址问题。其研究结果表明，碳排放配额与交易政策能够为交通运输部门带来更优的经济效益。

在碳排放配额与交易政策的框架下，也有一些学者对库存管理问题进行了深入的研究。华等（Hua et al.，2011）对传统的经济订货批量（EOQ）模型进行了创新性扩展，探讨了企业如何在碳排放配额与交易政策下管理库存中的碳足迹，并推导出了最优订货量。研究发现，这一最优订货量介于传统的 EOQ 最优订货量和最小化碳排放的订货量之间。通过数值实验，研究进一步分析了碳价和碳排放限额对订单决策、碳排放和总成本的影响。陈等（Chen et al.，2013）分别研究了在强制排放、碳税、碳排放配额与交易和碳抵消等政策下的 EOQ 模型。他们考虑了与订购、库存、购买相关的碳排放，并发现可以通过调整订单数量，在不显著增加成本的情况下减少碳排放。舒等（Shu et al.，2017）构建了在碳排放配额与交易政策下制造商的生产库存模型，并推导出了在考虑碳排放和不考虑碳排放情况下制造商的最优决策和最小成本。柏庆国和徐贤浩（2017）在其研究中深入探讨了碳排放配额与交易政策对易腐产品库存优化问题的影响。他们综合考虑了易腐产品销售价格随时间变化的特点以及在订购和储存过程中产生的碳排放，以有限计划期内零售商总利润最大化为目标，构建了相应的库存优化模型。江文辉等（2020）基于碳限额与交易政策，研究了有限规划时域内变质品的联合定价和库存问题，并提出了一个两阶段迭代算法求解。该研究的结果揭示了在碳排放配额与交易政策的影响下，零售商能够通过调整策略来降低碳排放。

在碳排放配额与交易政策影响下的供应链网络设计领域，综合考虑设施选址与库存管理的联合决策研究尚不多见。吴江等（2020）针对具有非平稳需求特征，并纳入碳配额交易机制的多期多需求场景下的三级供应链选址与库存问题，开发了一个旨在最大化期望收益的两阶段随机优化模型。他们设计了一种分层次的启发式算法，并通过研究得出了对管理实践具有指导意义的结论。王旻轲（2022）探讨了在需求、补货提前期和碳交易价格存在不确定性时的供应链网络选址与库存问题。该研究分析了碳配额与交易政策下碳价格水平及其不确定性对供应链决策和碳排放量的影响，发现碳交易价格的不确定性增加会导致碳排放总量上升和总利润下降。此外，部分研究在选址－库存模型的基础上，进一步纳入了路径选择的考量。李等（Li et al.，2021）在碳配额与交易政策框架下，针对冷链物流问题，构建了位置－路径－库存模型，并应用改进的非支配排序遗传算法（NSGA-Ⅱ）进行求解。研究结果证实，该改进算法能有效减少企业在碳配额与交易政策背景下的碳排放。

综合现有研究可以看到，碳限额与交易政策作为一种有效的碳排放控制机制，在供应链网络设计的学术探讨中已经得到了广泛的应用。尽管如此，在现有文献中，鲜有研究将碳限额与交易政策应用于以选址－库存模型为基础的供应链网络设计优化问题。大多数研究倾向于分别探讨选址问题和库存问题。鉴于此，本章旨在对现有研究进行补充，通过整合选址和库存决策，探讨它们在碳限额与交易政策背景下的相互作用及其对供应链网络设计的影响。

5.3　问题描述与模型构建

本章将继续以一个由单个供应商、若干配送中心和多个零售商组成的供应链网络为背景，研究其优化设计问题。我们用集合 $I = \{1, 2, \cdots, n\}$ 表示该供应链网络中的零售商，其中部分零售商将被选定为配送中心，它们负责从上游供应商接收货物，并根据需求将货物分发给其他零售商。在单级库存系统背景下，由于每个零售商都面临着不确定需求，配送中心需要保持 定量的安全库存以确保能够及时满足客户需求。我们的目标是为该供应链网络确定配送中心的选址和数量、配送中心与零售商之间的服务关系、各配送中心的订货策略以及在碳排放权交易市场中购买或出售碳排放配额的数量。

本节将综合考虑设施选址、运输、库存等多项成本，并通过对配送中心的数量、位置、服务对象和订货频率等决策的优化来最小化总成本。特别地，在碳限额与交易政策下，供应链网络设计的目标函数中不再直接包含具体活动的碳排放成本，而是将碳交易成本纳入考量。同时，模型中将增加一个约束条件，以确保整个供应链网络在碳限额的约束卜运行。接下来，我们将对各项成本及其对应的碳排放量进行详细分析和描述。表 5 - 1 列出了建模过程中所用参数和变量。

表 5 - 1 　　　　　　　　　　　参数和变量符号说明

符号	说明
I	零售商集合，$|I| = n$
F_j	在零售商 j 处设立配送中心的年平均固定成本，$\forall j \in I$
d_{ij}	配送中心 j 到零售商 i 的运输距离
d_{sj}	供应商 s 到配送中心 j 的运输距离
v_{ij}	从配送中心 j 到零售商 i 的单位产品运输成本
μ_i	表示零售商 i 的年平均需求
σ_i^2	表示零售商 i 的年需求方差
α	服务水平
z_α	标准正态偏差使得 $P(z \leq z_\alpha) = \alpha$
v_{sj}	从供应商 s 到配送中心 j 的单位产品运输成本
K_j	在配送中心 j 下订单的固定成本
h	单位产品的年库存持有成本
L_{ij}	从配送中心 j 到零售商 i 的交货提前期

续表

符号	说明
e_j	在零售商 j 处设立配送中心的年均碳排放量，$\forall j \in I$
e	每单位库存产品的年碳排放量
e_{sj}	从供应商 s 运输单位产品到配送中心 j 的碳排放量
e_{ji}	配送中心 j 运输单位产品到零售商 i 的碳排放量
p	每单位碳排放量的交易价格
e_j^+	配送中心 j 在一年内购买的碳排放量
e_j^-	配送中心 j 在一年内出售的碳排放量
X_j	$0-1$ 变量，$X_j=1$ 表示零售商 j 被选为配送中心；0 则相反
Y_{ij}	$0-1$ 变量，$Y_{ij}=1$ 表示零售商 i 被配送中心 j 服务；0 则相反

5.3.1　选址成本及其碳排放量

配送中心的选址成本涵盖了土地购置、基础设施建设、劳动力成本等多个方面，对供应链网络设计具有重要影响。假设在候选配送中心 j 附近设立配送中心的年平均成本是固定的，用符号 F_j 表示；在该过程中产生的年平均碳排放量用符号 e_j 表示。因此，选址总成本为 $\sum_{j \in J} F_j X_j$，产生的碳排放量为 $\sum_{j \in J} e_j X_j$。

5.3.2　运输成本及其碳排放量

配送中心的选址将对运输成本产生重要影响，主要包括供应商到配送中心的运输成本以及配送中心与各零售商之间的运输成本。为了更好地反映实际情况，配送中心到零售商的运输成本定义如下：

$$v_{ij} = \begin{cases} v_1 & 0 < d_{ij} \leq d_1 \\ v_2 & d_1 < d_{ij} \leq d_2 \\ \cdots \\ v_n & d_{n-1} < d_{ij} \leq d_n \end{cases}$$

其中，$v_1 \leqslant v_2 \leqslant \cdots \leqslant v_n$。

供应商到配送中心的运输成本定义如下：

$$v_{sj} = \begin{cases} c_1 & 0 < d_{sj} \leqslant d_1 \\ c_2 & d_1 < d_{sj} \leqslant d_2 \\ \cdots \\ c_n & d_{n-1} < d_{sj} \leqslant d_n \end{cases}$$

其中，$c_1 \leqslant c_2 \leqslant \cdots \leqslant c_n$。

运输总成本则可表示为 $\sum\limits_{i \in I} \sum\limits_{j \in J} (v_{ij} + v_{sj}) \mu_i Y_{ij}$。此外，运输距离也将对碳排放量产生显著影响。为了简化计算，在合理的假设范围内，我们可以认为单位产品运输过程中产生的碳排放量与运输距离之间呈线性关系。因此，运输过程中产生的碳排放量可以通过以下公式来估算：$\sum\limits_{i \in I} \sum\limits_{j \in J} (e_{ij} + e_{sj}) \mu_i Y_{ij}$。

5.3.3 周转库存成本及其碳排放量

周转库存成本包括固定订货成本和库存持有成本，假设配送中心 j 下订单的固定成本是 K_j，配送中心 j 的年度总需求为 D_j，配送中心 j 的订购数量是 Q_j，单位产品的年库存持有成本为 h，每单位库存的年碳排放量为 e。因此，周转库存运营成本为 $\sum\limits_{j \in J} \left(K_j \dfrac{D_j}{Q_j} + \dfrac{hQ_j}{2} \right)$，库存对应的碳排放量为 $\dfrac{eQ_j}{2}$。其中，$D_j = \sum\limits_{i \in I} \mu_i Y_{ij}$，$\forall j \in J$；$K_j \dfrac{D_j}{Q_j}$ 表示与配送中心 j 下订单相关的固定订货成本；$\dfrac{hQ_j}{2}$ 表示配送中心 j 存放商品的库存持有成本。

对于任意配送中心 j 都可以确定最优的订货批量 Q_j^*。基于上述成本表达式对 Q_j 求导可得

$$\frac{h}{2} - \frac{K_j D_j}{(Q_j)^2} = 0$$

对 Q_j 求解可得 $Q_j^* = \sqrt{\dfrac{2K_j D_j}{h}}$，进而周转库存总成本为 $\sum\limits_{j \in J} \sqrt{\sum\limits_{i \in I} 2h\mu_i K_j Y_{ij}}$，

碳排放量为 $\sqrt{\dfrac{K_j \sum\limits_{i \in I} \mu_i Y_{ij}}{2h}} e$。

5.3.4 安全库存成本及其碳排放量

一般而言，每个配送中心都将同时服务若干零售商，假设这些零售商的需求相互独立且满足正态分布，那么该配送中心所面临的需求不确定性可表示为 $\sum\limits_{i \in I} \sigma_i^2 L_{ij} Y_{ij}$，$L_{ij}$ 是从配送中心 j 到零售商 i 的交货提前期。不失一般性，假设配送中心 j 的交货提前期仅与配送中心本身相关，即 $L_{ij} = L_j$，$\forall j \in I$；为了达到目标服务水平 α，零售商需要维持的安全库存量则为 $z_\alpha \sqrt{\sum\limits_{i \in I} \sigma_i^2 L_j Y_{ij}}$。

因此，可以得到安全库存总成本为 $\sum\limits_{j \in J} h z_\alpha \sqrt{\sum\limits_{i \in I} \sigma_i^2 L_j Y_{ij}}$，其产生的总碳排放量为 $\sum\limits_{j \in J} e z_\alpha \sqrt{\sum\limits_{i \in I} \sigma_i^2 L_j Y_{ij}}$。

综上，构建优化模型 P_{5-1}：

$$P_{5-1} \quad \text{minimize} \quad \sum_{j \in J} \left(\begin{array}{l} F_j X_j + h z_\alpha \sqrt{\sum\limits_{i \in I} \sigma_i^2 L_j Y_{ij}} + p(e_j^+ - e_j^-) \\ + \sum\limits_{i \in I} (v_{ij} + v_{sj}) \mu_i Y_{ij} + \sqrt{\sum\limits_{i \in I} 2\mu_i K_j h Y_{ij}} \end{array} \right) \quad (5-1)$$

$$\text{subject to} \quad e_j X_j + \left(\sqrt{\frac{K_j \sum\limits_{i \in I} \mu_i Y_{ij}}{2h}} + z_\alpha \sqrt{\sum\limits_{i \in I} \sigma_i^2 L_j Y_{ij}} \right) e$$

$$+ (e_{sj} + e_{ij}) \sum_{i \in I} \mu_i Y_{ij} + (e_j^- - e_j^+)$$

$$= C_j X_j, \ \forall j \in J \quad (5-2)$$

$$\sum_{j \in J} Y_{ij} = 1, \ \forall i \in I \quad (5-3)$$

$$Y_{ij} - X_j \leq 0, \ \forall i \in I, \ \forall j \in J \quad (5-4)$$

$$Y_{ij} \in \{0, 1\}, \ \forall i \in I, \ \forall j \in J \quad (5-5)$$

$$X_j \in \{0, 1\}, \ \forall j \in J \quad (5-6)$$

目标函数（5-1）最小化总成本，包括配送中心的选址成本、周转库存成本、碳交易成本、配送中心到零售商的运输成本和安全库存成本。约束（5-2）表示每个配送中心的碳排放量不超过其碳配额 C_j。约束（5-3）表示每个零售商只能被一家配送中心服务。约束（5-4）表示只有被选为配送中心才能给零售商提供服务。约束（5-5）和约束（5-6）是 0-1 变量约束条件。

通过这些目标函数和约束条件的建立，可以在碳限额和交易的政策背景下，优化供应链网络的设计，实现总成本最小化，同时满足碳排放限制和供应链需求。

5.4 模型求解

目标函数（5-1）中 e_j^+ 和 e_j^- 分别表示配送中心 j 在一年内购买或出售的碳排放量。当 $e_j^+ > 0$ 时，配送中心 j 的碳排放量超过了碳限额，需要购买额外的碳排放量，此时 $e_j^- = 0$；同理，当 $e_j^- > 0$ 时，配送中心 j 的碳排放量未达到碳限额，可以出售剩余的碳排放量，此时 $e_j^+ = 0$。基于以上分析，结合约束（5-2），目标函数中的碳交易成本 $p(e_j^+ - e_j^-)$ 可以表示为

$$\left[e_j + \left(\sqrt{\frac{K_j \sum\limits_{i \in I} \mu_i Y_{ij}}{2h}} + z_\alpha \sqrt{\sum\limits_{i \in I} \sigma_i^2 L_j Y_{ij}} \right) e + (e_{sj} + e_{ij}) \sum\limits_{i \in I} u_i Y_{ij} - C_j \right] \times p$$

因此，模型 P_{5-1} 转化为模型 P_{5-2}：

$$P_{5-2} \quad \text{minimize} \quad \sum_{j \in J} \left\{ \left[F_j + p(e_j - C_j) \right] X_j + \sqrt{\sum_{i \in I} 2\mu_i K_j h Y_{ij}} \right.$$

$$+ \sum_{i \in I} (v_{ij} + pe_{ij} + v_{sj} + pe_{sj}) \mu_i Y_{ij} + (h + pe) z_\alpha$$

$$\left. \sqrt{\sum_{i \in I} \sigma_i^2 L_j Y_{ij}} + pe \sqrt{\frac{K_j \sum\limits_{i \in I} \mu_i Y_{ij}}{2h}} \right\} \tag{5-7}$$

$$\text{subject to} \quad \sum_{j \in J} Y_{ij} = 1, \ \forall i \in I \tag{5-8}$$

$$Y_{ij} - X_j \leqslant 0, \ \forall i \in I, \ \forall j \in J \tag{5-9}$$

$$Y_{ij} \in \{0, 1\}, \ \forall i \in I, \ \forall j \in J \tag{5-10}$$

$$X_j \in \{0, 1\}, \ \forall j \in J \tag{5-11}$$

模型 P_{5-2} 与第 4 章的模型具有相似的数学结构，不同之处在于增加了考虑碳交易的非线性成本项。因此，本章将尝试采用列生成方法进行精确求解。首先，将模型 P_{5-2} 转换成加权集合覆盖模型的形式，即模型 P_{5-3}：

$$P_{5-3} \quad \text{minimize} \quad \sum_{S_a \in S'} c_{S_a} x_{S_a}$$

$$\text{subject to} \quad \sum_{S_a \in S'} x_{S_a} \geqslant 1, \ \forall i \in U$$

$$0 \leqslant x_{S_a} \leqslant 1, \ \forall S_a \in S'$$

与第 4 章相似，模型 P_{5-3} 所用符号解释如下：

U：需要被覆盖的元素集合，$U = \{1, 2, 3, \cdots, n\}$；

S：集合 U 的所有非空子集的集合，$S = \{S_1, S_2, \cdots, S_m\}$；

S'：S 的非空子集；

x_{S_a}：$0-1$ 变量，表示是否选择子集 S_a，$\forall a \in \{1, 2, \cdots, m\}$；

c_{S_a}：每个子集 S_a 的权重。

借鉴第 4 章的思路，假设零售商 i 的年平均需求 μ_i 与年需求方差 σ_i^2 成固定比例，即 $\mu_i = \gamma \sigma_i^2$，$\forall i \in I$。因此，定价子问题变为：

$$\text{minimize} \quad \sum_{i \in I} (v_{ij} + pe_{ij} + v_{sj} + pe_{sj}) \gamma \sigma_i^2 Y_{ij} - \sum_{i \in I} \overline{D}_i Y_{ij} + F_j$$

$$+ p(e_j - C_j) + \sqrt{\sum_{i \in I} 2\gamma \sigma_i^2 K_j h Y_{ij}} + (h + pe) z_\alpha \sqrt{\sum_{i \in I} \sigma_i^2 L_j Y_{ij}}$$

$$+ pe \sqrt{\frac{K_j \sum_{i \in I} \gamma \sigma_i^2 Y_{ij}}{2h}}$$

$$\text{subject to} \quad Y_{ij} \in \{0, 1\}, \ \forall i \in I$$

为了简化公式，定义：

$$p_i = (v_{ij} + pe_{ij} + v_{sj} + pe_{sj})\gamma\sigma_i^2 - \overline{D}_i$$

$$\sqrt{q_i} = \sqrt{2K_j h \gamma \sigma_i^2} + (h + pe)z_\alpha \sqrt{\sigma_i^2 L_j} + pe\sqrt{\frac{K_j \gamma \sigma_i^2}{2h}}$$

$$y_i = Y_{ij}$$

即对于某个确定的配送中心 j 来说，定价子问题变为 P_{5-4}：

$$\mathrm{P}_{5-4} \quad \mathrm{minimize} \quad \sum_{i \in I} p_i y_i + \sqrt{\sum_{i \in I} q_i y_i}$$

$$\mathrm{subject\ to} \quad y_i \in \{0, 1\}, \quad \forall i \in I$$

设定价子问题 P_{5-4} 的最优解为 y^*，最优值为 w^*，如果 $w^* + F_j + p(e_j - C_j) \geqslant 0$，那就说明不存在 $S_a \in S \backslash S'$ 使得配送中心 j 为其服务成本减小。更进一步，如果对于每个 $j \in J$，$w^* + F_j + p(e_i - C_j) \geqslant 0$ 都成立，那么说明不存在 $S_a \in S \backslash S'$，使得目标函数的值降低，这时也就找到了最优解。

同样地，可以将搜索空间限制为集合 $I^- = \{i \in I: p_i \leqslant 0\}$，即只考虑那些满足 $p_i \leqslant 0$ 的零售商。通过这种方式，可以极大减少搜索空间，并聚焦于那些具有潜在优势的零售商上，以更高效地求解定价子问题。

模型 P_{5-4} 中 q_i 的形式相较于第 4 章略有不同。为了能够沿用上一章提出的算法，接下来我们将探讨本章的定价子问题 P_{5-4} 是否满足上一章提出的定理 1，这对求解至关重要。

假设将零售商集合按以下不等式排序：

$$\frac{p_1}{q_1} \leqslant \frac{p_2}{q_2} \leqslant \frac{p_3}{q_3} \leqslant \cdots \leqslant \frac{p_m}{q_m}, \ m = |I^-|$$

那么我们将验证定价子问题 P_{5-4} 的最优解 y^* 是否满足如下两条性质：

性质 1：$y_j^* = 1$；

性质 2：如果 $y_k^* = 1$，$\forall k \subset \{1, 2, \cdots, m\}$，那么对于 y_l^*，$\forall l \in \{1, 2, \cdots, k-1\}$ 来说，$y_l^* = 1$。

首先，性质 1 可直接由 y_j^* 的可行性推出，在此不再展开。对于性质 2 的证明方法可参考申等（Shen et al.，2003）的研究，具体过程如下。

假设存在 $y_l^* = 0$，$\exists l \in \{1, 2, \cdots, k-1\}$，此时引入了两个新的解，分别记为 y' 和 y''，它们的形式如下：

$$y' = \begin{cases} 1, & i = l \\ y_j^*, & \text{其他} \end{cases}$$

$$y'' = \begin{cases} 0, & i = k \\ y_j^*, & \text{其他} \end{cases}$$

令 s^*，s'，s'' 分别对应 y^*，y'，y'' 的目标函数值。$s^* - s''$ 的数学表达式如下：

$$s^* - s'' = p_k + \sqrt{\sum_{i \in S_a} q_i + q_k} - \sqrt{\sum_{i \in S_a} q_i} \qquad (5-12)$$

由于 y^* 是最优解，可以直接得到 $s^* - s'' \leqslant 0$。

根据 $s^* - s'' \leqslant 0$，可以进一步推导出 $s' - s^* \leqslant 0$，$s' - s^*$ 的数学表达式如下：

$$s' - s^* = p_l + \sqrt{\sum_{i \in S_a} q_i + q_l + q_k} - \sqrt{\sum_{i \in S_a} q_i + q_k} \qquad (5-13)$$

由于平方根函数是凹函数，我们可以得到：

$$\frac{\sqrt{\sum\limits_{i \in S_a} q_i + q_l + q_k} - \sqrt{\sum\limits_{i \in S_a} q_i + q_k}}{q_l} \leqslant \frac{\sqrt{\sum\limits_{i \in S_a} q_i + q_k} - \sqrt{\sum\limits_{i \in S_a} q_i}}{q_k}$$

又因为 $\dfrac{p_l}{q_l} \leqslant \dfrac{p_k}{q_k}$ 已知，所以：

$$\frac{\sqrt{\sum\limits_{i \in S_a} q_i + q_l + q_k} - \sqrt{\sum\limits_{i \in S_a} q_i + q_k}}{q_l} + \frac{p_l}{q_l} \leqslant \frac{\sqrt{\sum\limits_{i \in S_a} q_i + q_k} - \sqrt{\sum\limits_{i \in S_a} q_i}}{q_k} + \frac{p_k}{q_k}$$

因此结合公式（5-12）和公式（5-13），可得

$$\frac{s' - s^*}{q_l} \leqslant \frac{s^* - s''}{q_k}$$

因为 $s^* - s'' \leqslant 0$，$q_k > 0$，$q_l > 0$，可以得到 $s' - s^* \leqslant 0$。从上述证明可知，y' 就是最优解。至此，我们证明了该定价子问题依旧满足第 4 章的定理 1。因此，可以参考第 4 章的算法进行求解，并且在解决定价子问题时，

对于每个配送中心 $j \in J$，仍旧可以在 $O(|I|^2 \log(|I|))$ 的时间复杂度内完成计算。关于列生成算法的详细步骤本章不再赘述。

5.5 数值实验

在本节中，我们将通过数值实验来验证所提出的供应链网络设计模型及其定价子问题的有效性。首先，我们将设定模型的参数，然后应用上一节设计的算法来解决不同规模的模型问题。我们将基于计算结果来评估算法的性能，并从中提炼管理启示。求解算法采用 MATLAB 编写。所有示例都是在配备 Intel Core i7-8700H CPU（2.60GHz）且运行 Windows 11（64 位操作系统）的计算机上运行的。

5.5.1 参数设定

本节主要参照现有文献以及对相关场景和业务的理解设定参数。部分参数用 $U[a, b]$ 随机生成，表示在区间 $[a, b]$ 上均匀分布。模型中各参数的具体设置如下：

（1）单位产品的年库存持有成本为 10；

（2）单位库存产品的碳排放量为固定值 0.01；

（3）备选配送中心的选址成本服从 $U[100000, 300000]$ 的均匀分布，并且配送中心的碳排放量与选址成本呈线性关系，具体来说，可以假设碳排放量与选址成本的比例为固定值，例如，0.001，即每增加 1 个单位的选址成本，相应增加 0.001 个单位的碳排放量；

（4）为了差异化在不同配送中心下订单的固定成本，设置在配送中心 j 下订单的固定成本服从 $U[100, 400]$ 的均匀分布；

（5）配送中心 j 的交货提前期 L_j 服从 $U[1, 10]$ 的均匀分布；

（6）标准正态偏差 $z_\alpha = 1.96$，即 97.5% 的服务水平；

（7）供应链各节点之间的距离：每对节点之间的距离将直接影响供应链的运输成本和碳排放量，假设节点之间的距离服从 $U[0, 500]$ 的均匀分布，根据前文构造的运输成本分段函数，不同距离所对应的运输成本设置如下：

$$v_{ij} = \begin{cases} 1, & 0 < d_{ij} \leqslant 10 \\ 2, & 10 < d_{ij} \leqslant 100 \\ 4, & 100 < d_{ij} \leqslant 200 \\ 6, & 200 < d_{ij} \leqslant 300 \\ 10, & 300 < d_{ij} \leqslant 500 \end{cases}$$

$$v_{sj} = \begin{cases} 1, & 0 < d_{sj} \leqslant 10 \\ 2, & 10 < d_{sj} \leqslant 100 \\ 4, & 100 < d_{sj} \leqslant 200 \\ 6, & 200 < d_{sj} \leqslant 300 \\ 10, & 300 < d_{sj} \leqslant 500 \end{cases}$$

同时，假设运输单位产品的碳排放量和运输距离呈线性关系，即可以假设碳排放量与运输距离的比例为固定值；

（8）需求数据：根据上节假设零售商需求服从泊松分布，因此可以使用该分布的参数（均值或方差）来生成每个零售商的需求量。假设零售商 i 的均值服从 $U[20000, 60000]$ 的均匀分布。

5.5.2　数值计算和算法性能

为了验证算法的有效性，我们以 50 个零售商为例进行了数值计算，结果如图 5-1 所示。观察结果可以发现，随着迭代次数的增加，目标函数值逐渐趋于稳定，并在相对较少的迭代次数内达到最优解。这一现象表明，所采用的算法展现出了快速收敛的特性，能够高效地定位到最优解。同时，这也意味着算法能够在较短的时间内确定满足约束条件的最优选址策略，显示出在实际应用中具有较高的实用性和可行性。

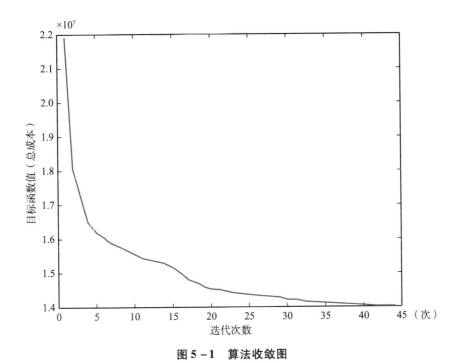

图 5 - 1　算法收敛图

为了验证算法的性能，我们对包含 10 ~ 150 个零售商规模的问题进行了测试，每个问题实例均随机生成并测试了 10 次。表 5 - 2 汇总了这些测试的结果，详细记录了算法在不同问题规模下的平均迭代次数、平均开设配送中心的数量、CPU 的平均运行时间以及平均生成列的数量。这些数据为我们提供了算法性能的量化指标，有助于深入理解算法在不同规模问题上的表现和效率。

通过分析表 5 - 2 的数据，我们可以观察到，随着供应链网络规模的扩大，所需的 CPU 时间和新增列的数量均呈现出显著的增长趋势。具体来说，在仅有 10 个零售商的小型供应链网络中，求解过程仅需大约 4 秒钟；而当网络扩展到 40 个零售商时，求解时间增加到大约 18 秒；在包含 100

个零售商的较大规模网络中，平均求解时间约为 270 秒；进一步扩展到 150 个零售商时，求解时间超过了 1400 秒。

表 5-2　　　　　　　　　　　算法性能

零售商数量（个）	平均迭代次数（次）	开设配送中心的平均数量（家）	CPU 平均运行时间（秒）	生成列的平均数量
10	2	2	3.71	24
40	26	5	18.37	367
100	99	12	270.18	1827
150	156	26	1430.83	2860

这一趋势表明，尽管本章所采用的算法在处理中小规模问题时表现出了高效率，但在处理大规模问题时，随着网络规模的增长，节点数量的指数级增加导致了求解难度的急剧上升，这无疑带来了一定的挑战。然而，通过增加计算资源的投入，可以在一定程度上缓解这一问题；同时，考虑到供应链网络设计问题通常对时效性的要求并不紧迫，该算法在实际应用中仍然具有较强的实用性。未来研究可以进一步探索如何提高该模型求解算法的效率，以更好地应对大规模问题的挑战。

5.5.3　碳交易价格对开设配送中心及碳排放量的影响

本章在碳限额与交易的政策背景下探讨供应链网络设计问题，因此，探讨碳交易价格对配送中心选址决策的影响尤为关键。为了深入剖析不同碳交易价格水平下配送中心开设数量的变化趋势，我们依据前述参数设定，选取了一个包含 50 个零售商的案例进行数值实验。

图 5-2 直观地呈现了在不同碳交易价格背景下，经过 10 次随机模拟后配送中心开设数量的分布特征。图中的中心点指示了开设配送中心数量的中位数，而箱体则包含了数据的中间 50% 范围，即四分位距。上须和下

须分别代表了开设配送中心数量的最大值和最小值。从图中可以明显观察到，随着碳交易价格的升高，配送中心数量的中位数呈现出上升趋势。这一现象与第 4 章碳税对供应链网络设计的影响较为一致。具体来说，在当前的参数条件下，当碳交易价格为零时，配送中心的平均开设数量大约为 5 个。随着碳交易价格的增加，这一数量显著上升。这一现象揭示了碳交易价格对配送中心开设数量的显著影响。可能的原因是，在运输过程中产生的碳排放量占据了成本的很大一部分，随着碳交易价格的上涨，为了降低因长距离运输而产生的高碳排放量，需要建立更多的配送中心以缩短平均运输距离。因此，碳交易价格的提高激励了企业通过优化配送网络来减少碳足迹。

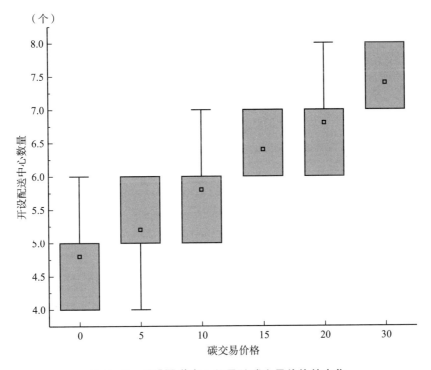

图 5 - 2　开设配送中心数量随碳交易价格的变化

为了探究碳交易对供应链网络的影响，我们对碳交易价格上升与总体碳排放量变化的关系进行了细致分析，如图 5 - 3 所示。分析结果揭示了一个显著的趋势：随着碳交易价格的逐步提升，总碳排放量呈现出明显的下降趋势。这一现象表明，碳交易价格的调整对于减少碳排放具有显著的促进作用。进一步结合图 5 - 3 的数据，我们可以推测，随着碳交易价格的提高，企业通过增加配送中心的数量，优化了运输和库存运营流程，从而有效减少了这些环节中的碳排放。这些减少的碳排放可抵消因增设配送中心而产生的额外排放，最终助力总碳排放量的降低。这一发现表明了碳交易机制在减少供应链碳排放方面的有效性。

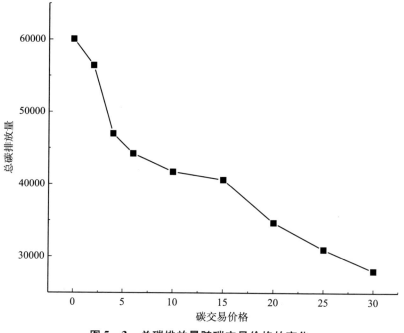

图 5 - 3　总碳排放量随碳交易价格的变化

5.6　结论与展望

本章深入探讨了在碳限额和交易机制下的供应链网络设计问题，构建了相应的优化模型和算法。通过实验数据，本研究揭示了碳交易价格对配送中心开设状态及总体碳排放量的影响，旨在帮助企业在供应链战略层面实现环境保护与经济效益的平衡。随着碳交易价格的上升，本章研究发现配送中心的数量呈现增长趋势。这种增长并非孤立现象，它直接或间接地影响着配送网络的运营效率和成本。在追求有效减少碳排放的同时，企业需要避免因增设配送中心而导致的运输路线冗余和运营成本上升。面临的主要挑战在于如何利用碳交易机制，促进供应链网络各节点之间的高水平协同，以实现可持续运营。同时，本研究也发现随着碳交易价格的提高，总碳排放量呈现明显的下降趋势。这表明较高的碳交易价格也可能会促使市场向低碳或零碳技术转移，从而进一步降低整体的碳排放水平。这一发现对于制定有效的碳减排政策具有重要意义，表明通过经济手段可以有效地激励减排行为。

然而，碳限额与交易机制仅是众多碳减排政策工具中的一个选项。鉴于不同政策工具对供应链网络的影响可能各有差异，未来的研究可以进一步探讨其他政策环境下供应链网络的优化，如碳补偿和碳抵消；同时，也值得探索多政策协同作用下的供应链网络设计。第 4～5 章的研究主要关注了供应链管理中的物流问题，且在处理库存成本时均采用了单级库存的假设。未来的研究可在低碳供应链网络设计中整合多级库存管理模型，以纳入配送中心和零售商之间的协同补货策略，从而更全面地考虑库存管理的复杂性。此外，除物流以外，资金流和信息流在供应链网络的各个环节同样扮演着至关重要的角色，这些问题将在后续章节中得到更深入的研究和探讨。

第 6 章

考虑信息流的低碳供应链网络设计

第 4 ~ 5 章分别讨论了碳税和碳交易机制影响下的低碳供应链网络设计问题。随着企业数字化转型的不断深化，供应链正逐渐呈现网络化和智能化的特征。特别地，区块链技术的引入将有望显著改善供应链成员之间的信任关系，提升交易效率，进而通过影响信息流重塑供应链网络的结构和配置。因此，本章将结合区块链技术的特点，提出一种创新的低碳供应链网络设计模型，并基于计算结果探讨低碳背景下区块链技术对供应链运作的影响。

6.1 引　　言

在供应链网络中建立有效的信息流可以帮助供应链参与者及时获取和共享关键信息，感知潜在风险，从而进行更精准的预测和计划，优化资源配置，在提升效率的同时降低供应链碳排放。然而，在实践中，由于供应链涉及多个参与方，包括供应商、制造商、零售商等，且各主体之间竞争与合作共存，信息不对称和失真普遍存在，使企业在决策时面临着较高的风险和不确定性（Zhou et al.，2017）。同时，供应链的高度复杂性决定了其需要及时收集和处理大量信息，但是供应链中的信息传递往往需要经过多个环节，因此时常面临着信息传递与处理效率低、响应不及时等问题，进而影响供应链运作效率。此外，供应链信息往往涉及敏感数据甚至商业机密，信息共享的安全性至关重要。例如，服装零售商在与供应商共享信息时往往持谨慎态度，因为他们意识到这些供应商可能同时为竞争对手提供服务。这种担忧源于一个事实：供应商在与多方合作的过程中，可能会有意或无意地泄露关键信息，从而对零售商的商业利益造成潜在威胁（Kong et al.，2013）。

区块链技术的兴起有望为上述供应链信息共享问题提供新的解决方案。作为一种去中心化的分布式账本技术，区块链能够在无需中间机构的情况下，实现交易和信息的可信共享。根据中国信息通信研究院 2023 年 12 月发布的《区块链白皮书》，全球区块链企业数量增长迅速，截至 2023 年 12 月已达到 10291 家。这些企业在 2023 年的前三季度共完成了 979 笔融资，总额高达 60.54 亿美元（中国信息通信研究院，2023）。可见，随着技术的不断进步和市场的逐步成熟，区块链在商业领域的应用潜力巨大，有望推动更多创新商业模式的出现。

区块链技术当前被广泛应用于提升数据的可信度和安全性，进而促进数据要素的供给流通与价值释放，提高交易效率，降低交易成本。例如，易葳录公司（Everledger）利用区块链为钻石鉴定和交易验证提供不可更改的记录，确保了各利益相关者能够信赖并使用这些信息（Choi，2019）。国际商业机器公司（IBM）和沃尔玛合作开发的区块链试点项目，通过追踪从墨西哥农场到美国商店的切片芒果，将追踪时间从近 7 天缩短到仅 2.2 秒（McKenzie，2018）。这不仅极大提升了追踪效率，还显著减少了对易腐商品的损耗。潘雄锋等（Pan et al.，2020）对中国 50 家上市区块链技术企业的数据进行了定量分析，研究表明区块链技术对于提高资产周转率、降低销售费用具有积极影响，并且企业资产规模的扩大是实施区块链技术的重要驱动因素。

上述案例展示了区块链技术在供应链管理领域的重要价值。作为一个分布式、可信任、去中心化的大规模协作平台，区块链天然适合于管理与协调供应商、分销商、零售商以及客户之间的复杂交互网络。它通过以下四个方面显著提升了供应链管理的效率和效果：

（1）信息透明与共享。区块链技术确保了供应链中所有参与者都能够实时访问相同的信息，从而提高了操作的透明度。

（2）可追溯性与验证。产品从生产到最终消费者的每一步都被记录在区块链上，确保了产品来源和真实性的可验证性。

（3）建立信任机制。区块链的不可篡改性质为供应链中的交易和记录提供了坚实的信任基础。

（4）提高效率与成本优化。通过自动化和智能合约，区块链减少了中间环节，加快了交易速度，降低了成本。

因此，区块链技术能够通过优化信息流，促进供应链各方之间的信任建立，提高交易效率，进而对供应链网络的结构和布局产生深远影响。本章将深入探讨如何利用区块链的这些特性和优势推动供应链网络的优化设计，实现可持续发展。

6.2　文　献　综　述

本节将对信息流和供应链网络设计以及区块链技术在供应链管理中的应用进行较全面的文献综述。通过对已有研究成果的回顾和分析，为后续章节的建模和优化提供理论基础。

6.2.1　信息流及其对供应链的影响

信息流在供应链管理中扮演着关键角色，它通过促进信息的共享和协作，有助于降低成本、提升效率、加强合作伙伴关系、提高客户满意度，并推动创新与持续改进。学术界和供应链管理者都已认识到信息共享的重要性，对此给予了广泛关注。张菊亮和陈剑（Zhang & Chen，2013）的研究指出通过信息共享，供应链成员能够更准确地预测需求、协调生产与库存，实现效率和利润的最大化。崔若濛等（Cui et al.，2015）对两阶段供应链中的信息共享价值进行了实证和理论评估，发现供应链中上下游的信息交互能够提高需求预测的准确性，降低安全库存，并改善各节点的服务水平。汗等（Khan et al.，2016）探讨了信息共享在可持续供应链中的影响，通过比较有信息共享和无信息共享情况下的最佳装运规模和买方价格，得出信息共享有助于供应链各方更好地协调资源和活动，从而降低成本并提高利润。张志文等（Zhang et al.，2020）基于供应商和制造商组成的两级供应链，建立了物流信息协作的演化博弈模型，分析了供应商、制造商及其组合的策略演化博弈，指出有效的物流信息协同战略能够提高企业在供应链中的成功机会。默罕默德里等（Moham-madali et al.，2022）对供应链参与者在不同信息条件下的决策结构和利润进行了建模和分析，发现在信息不对称的情况下，除能精准估计未知成本外，供应链利润通常会低于信息对称的情况。这些研究共同强调了信息流及其共享互通在供应链管理中的价值，并指出了实现信息共享的有效策略和挑战。

6.2.2 区块链技术及其在供应链中的应用

区块链技术本质上是一种分布式账本，它以去中心化的方式运作，确保了数据库的透明性和不可篡改性。每个区块都包含了一组交易记录，这些记录经过加密签名，确保了其不可撤销性。通过哈希算法，每个新区块与前一个区块相连，形成了一条极为安全且不可篡改的长链。

区块链技术的主要优势可以概括为以下几点（Lohmer & Lasch，2020；袁勇和王飞跃，2016）：

（1）去中心化。区块链技术不依赖于中央管理机构，而是允许所有参与者共同维护账本并对交易进行验证。这种设计有效避免了单点故障和中心化带来的风险。

（2）不可篡改性。区块链采用哈希加密算法来保证数据不可篡改。每个区块内嵌前一区块的哈希值，因此，任何对单个区块的篡改都会导致所有后续区块哈希值的连锁变化。

（3）可见性。在区块链系统中，信息从多个来源汇集并存储于区块链上，任何公共区块链的参与者都能够查看这些信息，确保了高度的可见性。

（4）高效性。区块链的去中心化特性和共识机制使其能够高效且迅速地处理交易。智能合约技术进一步增强了区块链的交易效率，通过自动执行预设条件的合约条款，减少了交易过程中的中介环节和时间延迟。

区块链因其上述技术特点，在供应链、金融、能源、农业、医疗保健等领域具有广泛的应用前景（Babich & Hilary，2020；Dutta et al.，2020）。聚焦到供应链管理领域，区块链将积极推动供应链各参与方之间的信息共享与协同。佩波利等（Perboli et al.，2018）指出，区块链技术显著提升了供应链的运作效率、可靠性和透明度，有助于减少供应链中的信息不对称现象，弱化牛鞭效应，降低物流成本，并优化供应链运营。克谢特里（Kshetri，2018）强调了区块链技术在提高供应链管理流程中的衡量效果和绩效方面的潜力，其中信息的透明性和可追溯性对于建立供应商之间的信任、提高交易效率和降低交易成本至关重要。刘志勇等（Liu et al.，2020）基于区块链开发了相应的技术和方法，支持跨境电子商务供应链中产品和交易的追溯。郑康宁等（Zheng et al.，2019）通过建立一个包含制造商、供应商和物流服务集成商的三级供应链模型，探讨了区块链技术促进信息共享的潜力，并研究了供应链参与者在该环境下面临的风险决策问题。高建彬等（Gao et al.，2022）针对复杂场景中的供应链协调问题，设计了一个区块链自适应框架，旨在激励参与者共同努力维持供应链平衡，加强成员

间的信任，并提高系统利润。丁溢等（Ding et al.，2025）研究了区块链和
供应链双链之间的相互关系并开展联合优化，提高了整个供应链网络的信
息交互及利润水平。

此外，区块链技术在供应链中的应用还涉及到打击仿冒品、企业融资、
最优定价等典型问题。樊治平等（Fan et al.，2020）探讨了在考虑消费者
溯源意识和区块链技术成本的情况下，供应链中区块链技术应用水平的问
题。沈滨等（Shen et al.，2022）研究了区块链技术如何打击供应链中的仿
冒者，指出虽然区块链可以提高透明度，但并不总是促使企业提高产品质
量。邱韫哲等（Qiu et al.，2022）分析了区块链技术支持的深层融资计划
对财务受限供应链的影响。在供应链金融中，区块链技术可以解决信息不
透明、信用机制缺乏等痛点，提供更加透明和高效的融资解决方案。萨姆
金等（Sumkin et al.，2021）的研究表明，对于钻石等耐用品，由于区块链
消除了零售商基于信息的价格歧视机会，区块链中的成员可能会减少负责
任的采购。

综上所述，区块链技术在供应链管理中的应用前景广阔，能够提高透
明度、增强信任、优化决策、提升效率，并可能对供应链网络的结构和布
局产生深远影响，同时也将带来很多新的机遇和挑战。随着技术的不断发
展和成熟，区块链有望成为推动供应链变革的关键技术之一。

6.2.3 区块链技术与可持续供应链

随着碳排放问题日益受到重视，学者们开始探索区块链技术在促进供
应链可持续发展方面的应用。蔡灿明和罗素媛（Choi & Luo，2019）通过
建立理论模型，探讨了数据质量与可持续时尚供应链战略运营之间的联系，
强调了高质量数据在实现可持续发展目标和有效管理供应链中的关键作
用。玛努帕蒂（Manupati，2020）将区块链技术应用于多级供应链的生
产分配问题，综合考虑了生产、分销和库存控制决策，通过构建混合整

数非线性规划模型来优化排放水平和运营成本。弗里德曼等（Friedman et al.，2022）则探讨了区块链技术在促进食品供应链可持续转型方面的潜力，强调了其在提升供应链公平性、食品可追溯性和环境可持续性等方面的重要价值。田雨等（2024）构建了由供应商、生产商与消费者构成的供应链碳信息披露模型，系统比较传统非对称披露与基于区块链的共享机制。研究发现，区块链可显著提升碳信息可信度、企业利润与消费者响应，但其效益受上链成本、市场不确定性、信息敏感度及披露意愿等多重约束。徐小平等（Xu et al.，2021）分析讨论了碳限额与碳交易机制下使用和不使用区块链技术的转售模式和代理模式下制造商的最优运营决策，表明区块链技术并非在任何情况下都可以提高利润，代理模式下的网络平台（如天猫）采用区块链技术至关重要；而对于转售模式下的线上平台，是否采用区块链技术，则取决于行业特点，其中具有负跨渠道效应的行业更应该采用区块链技术。比斯瓦斯等（Biswas et al.，2023）利用博弈模型分析了区块链应用的可追溯性与可持续性之间的权衡，认为区块链技术能够解决全球供应链的可追溯性问题，同时减轻交易成本的负面影响，但也指出了区块链技术在投资和实施成本以及环境成本方面的挑战。段永瑞等（Duan et al.，2022）研究了在采用区块链技术条件下，绿色产品定价和绿色度投资的最优策略，发现制造商采用区块链技术能够使零售商和消费者受益，并可能提高社会福利。然而，研究也发现，尽管区块链可以降低消费者的估值不确定性，但区块链支持的供应链需求并不一定高于传统供应链。这些研究表明，区块链技术在推动供应链实现可持续发展目标方面具有巨大潜力，但同时也需要考虑其实施成本和环境影响，以确保技术的可行性和有效性。

6.2.4 文献述评

众多学者已经对区块链技术在供应链管理中的应用及其潜在影响进

行了探讨。随着对碳排放问题的关注不断增强和相关政策的陆续出台，可持续供应链管理已成为研究的新焦点。区块链技术因其独特优势，在推动供应链可持续发展方面发挥着关键作用，学者们正积极探索如何在可持续供应链中利用这一技术。尽管现有文献已经初步探讨了区块链技术与供应链管理的结合，包括信息流的影响、区块链技术的具体应用，以及碳排放的协同，但在供应链网络设计中整合区块链技术以实现整体优化的研究仍然较少。许多研究侧重于供应链的特定方面或领域，或者利用区块链的特性如透明度来解决现有问题，而对于整个供应链网络中物流和信息流的联合优化，尤其是同时考虑区块链技术和碳排放因素并对其进行综合优化的研究则更为鲜见。因此，本章将在现有研究的基础上，进一步探讨在碳中和背景下，以区块链为代表的信息流在供应链管理中的重要作用及其优化问题。这不仅是对现有研究的扩展，也是对新兴技术应用的深入探索，旨在为实现供应链的可持续发展提供新的视角和解决方案。

6.3　问题描述与模型构建

本节建立了考虑信息流的低碳供应链网络设计优化模型。该模型以最大化利润为目标，考虑了多个成本因素，包括选址成本、运输成本、区块链技术部署和使用成本、补货成本、安全库存成本以及碳税成本等。

6.3.1　问题描述与基本模型

本章旨在设计一个集成区块链技术的低碳供应链网络，如图 6 - 1 所示。

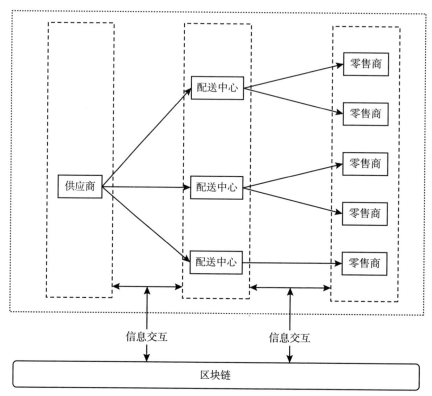

图 6 - 1 使用区块链技术的供应链网络

　　使用区块链技术的供应链网络包括一个外部供应商、若干可选的配送中心以及若干零售商。为了满足终端消费者的需求，零售商需从配送中心补货，配送中心则由外部供应商补充库存。此问题的关键决策包括确定配送中心的最优数量和位置，以及各配送中心所服务的零售商。为了优化供应链网络的信息流，本模型考虑引入区块链技术，因此需要决定整个供应链网络中区块链技术的部署水平，即采用区块链系统处理供应链运营相关信息和业务的能力（Chang et al.，2021）。因此，对于包含 m 个配送中心的集合 W（索引为 j）和包含 n 个零售商的集合 R（索引为 i），本节定义了以下三个决策变量：

　　$X_j \in \{0, 1\}^{|W|}$：对于每个潜在的配送中心 $j \in W$，定义 0 - 1 变量 X_j，

表示配送中心 j 是否被选中开设。如果 $X_j = 1$，则表示配送中心 j 被选中并服务于零售商；否则，X_j 为 0。

$Y_{ij} \in \{0, 1\}^{|R| \times |W|}$：对于每个零售商 $i \in R$ 和每个配送中心 $j \in W$，定义 0 - 1 变量 Y_{ij}，表示零售商 i 是否从配送中心 j 补充库存。如果 $Y_{ij} = 1$，则表示零售商 i 只从配送中心 j 补充库存；否则，Y_{ij} 为 0。

$\tau_j \in J$：对于每个配送中心 $j \in W$，定义 $\tau_j \in J$，表示配送中心 j 和它所服务的零售商之间的区块链部署水平。其中 J 是预定义的目标区块链部署水平的集合，τ_j 从集合 $J = \{t_1, \cdots, t_l, \cdots, t_k \mid t_l \in [0, 1]\}$ 中选择。从实际应用角度来看，在离散集合上定义 τ_j，而非采用连续值，更具合理性。

假设所有零售商均采用单一采购策略，即每个零售商只由一个配送中心提供服务，并将集合 R 中由配送中心 j 提供服务的零售商子集记为 S。通常当某种产品（如有机食品或贵重商品）的可追溯性非常重要时，在供应链中部署区块链技术将会对其需求产生积极影响。本节定义了一个非递减的凹函数 $\lambda_i(\tau_j)$，用于表示零售商 i 在区块链部署水平 τ_j 的情况下每年的期望需求，其中，$i \in R$，$j \in W$。基于上述决策变量和参数，各项收入和成本描述如下。

$p_i \lambda_i(\tau_j)$：零售商 i 获得的收入，p_i 是零售商 i 的产品销售价格。

$F_j + tE_j$：配送中心 j 的固定设施选址成本，包含选址成本 F_j 以及设施建设过程中产生的碳排放成本 tE_j，其中 t 是碳税税率。该成本独立于配送中心所服务的需求量。

$\Phi_j\left(h_j(\tau_j) \sum_{i \in S} \lambda_i(\tau_j)\right)$：在配送中心 j 和一组零售商之间部署区块链技术的成本。假设区块链技术可在整个供应链网络中差异化部署，即不同配送中心与零售商组合的区块链部署水平可有所不同。在实际应用中，差异化的区块链解决方案需要的费用通常与其使用规模有关（IBM，2022），这很大程度上取决于区块链技术的部署水平及其处理的信息量。前者可用以 τ_j 为变量的递增函数 $h_j(\tau_j)$ 表示，因为采用部署水平更高的区块链通常需要更高的成本；后者则通过总需求来近似，因为信息量通常与交易总量密切相关（Choi，2020；Fan et al.，2022；Wang et al.，2021）。

$\sum_{i \in S} \varphi_{ij} \lambda_i(\tau_j)$：配送中心 j 和它所服务的零售商之间总的运输和碳排放成本，φ_{ij} 包括运送单位商品的物流成本及其产生的碳排放成本。

$\Gamma_j(k_j(\tau_j) \sum_{i \in S} \lambda_i(\tau_j))$：表示考虑碳排放的补货成本，包括订货成本、库存持有成本以及库存持有过程中产生的碳排放成本。$k_j(\tau_j)$ 描述了配送中心 j 每次从外部供应商补充库存时的订货成本，是区块链部署水平 τ_j 的递减函数，其逻辑在于区块链技术所带来的信息透明度、去中介化和交易自动化等优势将提高整体效率，从而降低订购成本。

$\Omega_j(g_j(\tau_j) \sum_{i \in S} \sigma_i^2)$：表示考虑碳排放的安全库存成本，包括安全库存成本及库存持有过程中产生的碳排放成本。σ_i^2 表示零售商 i 需求的方差，假设每个零售商的需求独立。$g_j(\tau_j)$ 是与区块链部署水平 τ_j 有关的一个系数，可调节库存水平。在给定区块链部署水平 τ_j 下，配送中心的安全库存成本是非递减凹函数，这体现了风险共担的价值。随着区块链部署水平提高，供应链信息透明度提升，信任机制进一步强化，需求不确定性将有所下降，因此安全库存也将随之降低。

基于上述定义与分析，本节将集成区块链技术的低碳供应链网络设计问题表示成如下模型 P_{6-1}：

$$
P_{6-1} \quad \text{maximize} \quad \sum_{j \in W} \left\{ \sum_{i \in R} p_i \lambda_i(\tau_j) Y_{ij} - (F_j + t E_j) X_j - \sum_{i \in R} \varphi_{ij} \lambda_i(\tau_j) Y_{ij} \right.
$$

$$
- \Phi_j \left[\sum_{i \in R} h_j(\tau_j) \lambda_i(\tau_j) Y_{ij} \right] - \Gamma_j \left[\sum_{i \in R} k_j(\tau_j) \lambda_i(\tau_j) Y_{ij} \right]
$$

$$
\left. - \Omega_j \left[\sum_{i \in R} g_j(\tau_j) \sigma_i^2 Y_{ij} \right] \right\} \tag{6-1}
$$

$$
\text{subject to} \quad \sum_{j \in W} Y_{ij} = 1, \forall i \in R \tag{6-2}
$$

$$
X_j > Y_{ij}, \quad \forall i \in R, j \in W \tag{6-3}
$$

$$
X_j \in \{0, 1\}, \quad \forall j \in W \tag{6-4}
$$

$$
Y_{ij} \in \{0, 1\}, \quad \forall i \in R, j \in W \tag{6-5}
$$

$$
\tau_j \in J, \quad \forall j \in W \tag{6-6}
$$

在目标函数（6-1）中，除第二项外，所有其他项均与区块链技术的部署水平相关。具体而言，第一项用于计算总收入；第二项和第三项的结构与无容量设施选址问题（UFLP）模型相似；其余的三个非线性项代表了区块链部署成本、考虑碳排放的补货成本和安全库存成本。

定义 6.1　设 $S = \{1, \cdots n\}$，$f: 2^n \rightarrow \mathbb{R}$。如果对于所有子集 X，$Y \subseteq S$，$f(X) + f(Y) \geqslant f(X \cap Y) + f(X \cup Y)$，则集合函数 f 是次模函数。

给定 τ_j 时，目标函数（6-1）中的区块链部署成本、考虑碳排放的补货成本和安全库存成本所对应的成本函数均为典型的非递减凹函数，因此显然是次模函数。

6.3.2　模型示例

上节提出一个一般性的建模框架，适用于具有相似成本结构的各种具体情境。基于这一框架，本节将以经典的单级库存供应链网络设计理论为基础（Shen et al.，2003），构建一个集成区块链技术的低碳供应链网络设计模型。本节所用参数符号如表 6-1 所示。

表 6-1　　　　　　　　　　　　　参数符号说明

符号	说明
F_j	在零售商 j 处设立配送中心的年均分摊固定成本
E_j	配送中心 j 建设过程中产生的年均分摊碳排放量
d_j	从外部供应商到配送中心 j 的每单位产品运输成本
e_j	从外部供应商到配送中心 j 的每单位产品运输碳排放量
d_{ij}	从配送中心 j 到零售商 i 的单位产品运输成本
e_{ij}	从配送中心 j 到零售商 i 的单位产品运输碳排放量
α	服务水平，即需要满足的零售商订单的百分比
z_α	保持目标服务水平 α 的服务系数

符号	说明
L_{ij}	从配送中心 j 到零售商 i 的交货提前期
h	单位库存年均持有成本
e	单位库存年碳排放量
t	每单位碳排放量征收的税率
θ	单位运输成本的权重系数
γ	单位库存持有成本的权重系数
β	方差的权重系数

据前文所述，需求是 τ_j 的非减凹函数。因此，在此示例中表示为 $\lambda_i(\tau_j) = a_i + u\sqrt{\tau_j} - vp_i$，其中是 a_i 零售商 i 不采用区块链技术之前的需求水平，u 和 v 是系数，分别表示区块链部署水平和价格对需求的影响程度。为了更好地聚焦区块链技术在供应链网络设计中的应用，本节假设价格是外生的。值得注意的是，本章所提出的求解算法也适用于其他形式的需求函数。

用 $C_{j,s}$ 表示配送中心 j 向集合 S 中的零售商提供服务的总成本，具体包括以下五个方面。

（1）选址成本：$F_j + tE_j$，包括了确定生产或仓储设施位置的各种费用和成本，同时也包括配送中心在建设过程中产生的碳税成本。

（2）区块链部署成本：$\Phi_j\left(h_j(\tau_j)\sum_{i\in S}\lambda_i(\tau_j)\right) = \sqrt{h_j(\tau_j)\left[\sum_{i\in S}\lambda_i(\tau_j)\right]}$，涵盖与供应链网络中的区块链部署水平相关的各类成本，包括但不限于安装、维护、协调和培训成本。该成本为非减凹函数，以反映其随着区块链技术在供应链网络中更广泛和深入的使用而增加。

（3）运输成本：$\sum_{i\in S}\theta\left[(d_j + d_{ij}) + t(e_j + e_{ij})\right]\lambda_i(\tau_j)$，$d_j + d_{ij}$ 是指单位产品从外部供应商通过配送中心 j 到达零售商 i 的总物流成本，$t(e_j + e_{ij})$ 是指单位产品从外部供应商通过配送中心 j 到达零售商 i 的总碳税成本。为简洁起

见，定义 $\varphi_{ij} = \theta \left[(d_j + d_{ij}) + t(e_j + e_{ij}) \right]$。因此，年运输成本为 $\sum_{i \in S} \varphi_{ij} \lambda_i(\tau_j)$。

（4）补货成本：$\Gamma_j \left(k_j(\tau_j) \sum_{i \in S} \lambda_i(\tau_j) \right) = \sqrt{2\gamma k_j(\tau_j)(h + te) \left[\sum_{i \in S} \lambda_i(\tau_j) \right]}$，这从 EOQ 模型的基础上拓展而来，包括订货成本、库存持有成本以及库存持有过程中产生的碳排放成本。该成本用非减凹函数刻画，以体现规模经济。由于本章以单级库存为背景，零售商的库存量较小可忽略不计（Shen et al.，2003；Shen et al.，2005）。

（5）安全库存成本：$\Omega_j \left(g_j(\tau_j) \sum_{i \in S} \sigma_i^2 \right) = \gamma z_\alpha (h + te) \sqrt{\beta g_j(\tau_j) \sum_{i \in S} L_{ij} \sigma_i^2}$，假设每个零售商的需求独立且符合正态分布，配送中心 j 的总需求方差为 $\beta g_j(\tau_j) \sum_{i \in S} L_i \sigma_i^2$。$z_\alpha$ 是由目标服务水平 α 决定的系数。为简化计算，假设每个配送中心 j 对所服务的零售商交货提前期均相同（$I_{ij} = L_j$，$\forall i \in R$），安全库存成本可表示为 $\gamma z_\alpha (h + te) \sqrt{\beta L_j g_j(\tau_j) \sum_{i \in S} \sigma_i^2}$。

基于上述分析可写出该问题的数学模型 P_{6-2}：

$$P_{6-2} \quad \text{maximize} \quad \sum_{j \in W} \Big[\sum_{i \in R} p_i \lambda_i(\tau_j) Y_{ij} - (F_j + tE_j) X_j - H_j(\tau_j) \sqrt{\sum_{i \in R} \lambda_i(\tau_j) Y_{ij}}$$

$$- \sum_{i \in R} \varphi_{ij} \lambda_i(\tau_j) Y_{ij} - K_j(\tau_j) \sqrt{\sum_{i \in R} \lambda_i(\tau_j) Y_{ij}}$$

$$- R_j(\tau_j) \sqrt{\sum_{i \in R} \sigma_i^2 Y_{ij}} \Big] \tag{6-7}$$

$$\text{subject to} \quad \sum_{j \in W} Y_{ij} = 1, \quad \forall i \in R \tag{6-8}$$

$$Y_{ij} - X_j \leqslant 0, \quad \forall i \in R, j \in W \tag{6-9}$$

$$X_j \in \{0, 1\}, \quad \forall j \in W \tag{6-10}$$

$$Y_{ij} \in \{0, 1\}, \quad \forall i \in R, j \in W \tag{6-11}$$

$$\tau_j \in J, \quad \forall j \in W \tag{6-12}$$

其中，

$$\varphi_{ij} = \theta \left[(d_j + d_{ij}) + t(e_j + e_{ij}) \right]$$

$$H_j(\tau_j) = \sqrt{h_j(\tau_j)}$$

$$K_j(\tau_j) = \sqrt{2\gamma(h+te)k_j(\tau_j)}$$

$$R_j(\tau_j) = \gamma z_\alpha(h+te)\sqrt{\beta g_j(\tau_j)L_j}$$

6.4 模型求解

本节将对模型 P_{6-2} 求解。首先对模型进行适当变换，随后基于其数学性质提出相应的求解策略和算法。

6.4.1 用二进制变量替换 τ_j

本节引入二元变量 $Z_{j,\tau}$ 来表示（6-1）中决策变量 τ_j 的离散性。定义 $Z_{j,\tau} \in \{0,1\}^{|W| \times |J|}$ 为配送中心 j 与其服务的零售商之间的区块链部署水平指标，即 $Z_{j,\tau}=1$ 表示配送中心 j 及其服务的零售商之间所采用的区块链部署水平为 τ；否则为 0，对每个 $j \in W$ 和每个 $\tau \in J$，其中 $J = \{t_1, \cdots, t_l, \cdots, t_k \mid t_l \in [0,1]\}$，$k = |J|$。基于这些新的二元变量，模型 P_{6-2} 可以转换成下面的模型 P_{6-3}。

P_{6-3} maximize $\sum\limits_{j \in W} \big[\sum\limits_{\tau \in J} \sum\limits_{i \in R} p_i \lambda_i(\tau) Y_{ij} Z_{j,\tau} - (F_j + tE_j) X_j$

$- \sum\limits_{\tau \in J} \Phi_j(\sum\limits_{i \in R} h_j(\tau)\lambda_i(\tau)Y_{ij})Z_{j,\tau} - \sum\limits_{\tau \in J} \sum\limits_{i \in R} \varphi_{ij}\lambda_i(\tau)Y_{ij}Z_{j,\tau}$

$- \sum\limits_{\tau \in J} \Gamma_j(\sum\limits_{i \in R} k_j(\tau)\lambda_i(\tau)Y_{ij})Z_{j,\tau}$

$- \sum\limits_{\tau \in J} \Omega_j(\sum\limits_{i \in R} g_j(\tau)\sigma_i^2 Y_{ij})Z_{j,\tau} \big]$ (6-13)

subject to $\sum\limits_{j \in W} Y_{ij} = 1, \ \forall i \in R$ (6-14)

$X_j = \sum\limits_{\tau \in J} Z_{j,\tau}, \ \forall j \in W$ (6-15)

$X_j \geqslant Y_{ij}, \ \forall i \in R, j \in W$ (6-16)

$X_j \in \{0,1\}, \ \forall j \in W$ (6-17)

$$Y_{ij} \in \{0, 1\}, \quad \forall i \in R, j \in W \qquad (6-18)$$

$$Z_{j,\tau} \in \{0, 1\}, \quad \forall j \in W, \tau \in J \qquad (6-19)$$

6.4.2 将非线性项转换为相应的约束条件

模型 P_{6-3} 中的目标函数（6-13）包含了多个非线性项，这对设计高效的求解算法构成了巨大挑战。根据阿塔姆特拉克和纳拉亚南（Atamtrk & Narayanan，2008）以及舒嘉等（Shu et al.，2015）的研究，多面体拟阵割平面法（polymatroid cutting plane）是解决此类问题的有效手段。本节基于这一思想，通过整合相似项并将非线性项转化为相应的约束条件，从而构建强多面体拟阵不等式。因此，最大化问题 P_{6-3} 转化为下面的最小化问题 P_{6-4}。

$$P_{6-4} \quad \text{minimize} \quad \sum_{j \in W} \left[(F_j + t E_j) X_j + \sum_{\tau \in J} t_{j,\tau} + \sum_{\tau \in J} t'_{j,\tau} + \sum_{\tau \in J} t''_{j,\tau} + \sum_{\tau \in J} t'''_{j,\tau} \right]$$

$$(6-20)$$

$$\text{subject to} \quad t_{j,\tau} \geq q_{j,\tau} - M(1 - Z_{j,\tau}), \quad \forall j \in W, \tau \in J \qquad (6-21)$$

$$q_{j,\tau} \geq \Phi_j \left(\sum_{i \in R} h_j(\tau) \lambda_i(\tau) Y_{ij} \right), \forall j \in W, \tau \in J \qquad (6-22)$$

$$t'_{j,\tau} \geq q'_{j,\tau} - M(1 - Z_{j,\tau}), \quad \forall j \in W, \tau \in J \qquad (6-23)$$

$$q'_{j,\tau} \geq \Gamma_j \left(\sum_{i \in R} k_j(\tau) \lambda_i(\tau) Y_{ij} \right), \forall j \in W, \tau \in J \qquad (6-24)$$

$$t''_{j,\tau} \geq q''_{j,\tau} - M(1 - Z_{j,\tau}), \quad \forall j \in W, \tau \in J \qquad (6-25)$$

$$q''_{j,\tau} \geq \Omega_j \left(\sum_{i \in R} g_j(\tau) \sigma_i^2 Y_{ij} \right), \forall j \in W, \tau \in J \qquad (6-26)$$

$$t'''_{j,\tau} \geq \sum_{i \in R} (\varphi_{ij} - p_i) \lambda_i(\tau) Y_{ij} - M(1 - Z_{j,\tau}), \quad \forall j \in W, \tau \in J$$

$$(6-27)$$

$$t'''_{j,\tau} \geq -M Z_{j,\tau}, \quad \forall j \in W, \tau \in J \qquad (6-28)$$

$$\sum_{j \in W} Y_{ij} = 1, \quad \forall i \in R \qquad (6-29)$$

$$X_j = \sum_{\tau \in J} Z_{j,\tau}, \quad \forall j \in W \qquad (6-30)$$

$$X_j \geq Y_{ij}, \quad \forall i \in R, \ j \in W \tag{6-31}$$

$$t_{j,\tau}, \ t'_{j,\tau}, \ t''_{j,\tau} \geq 0, \quad \forall j \in W, \ \tau \in J \tag{6-32}$$

$$q_{j,\tau}, \ q'_{j,\tau}, \ q''_{j,\tau} \geq 0, \quad \forall j \in W, \ \tau \in J \tag{6-33}$$

$$X_j \in \{0, 1\}, \quad \forall j \in W \tag{6-34}$$

$$Y_{ij} \in \{0, 1\}, \quad \forall i \in R, \ j \in W \tag{6-35}$$

$$Z_{j,\tau} \in \{0, 1\}, \quad \forall j \in W, \ \tau \in J \tag{6-36}$$

可以发现，目标函数（6-20）在重构后已被线性化，而所有的非线性特征现在都转移到了约束条件（6-22）、约束条件（6-24）和约束条件（6-26）中。所有这些约束条件都是 $t \geq f(S)$ 的形式，其中 $f(S)$ 代表相应的次模成本函数，分别为 $\Phi_j(h_j(\tau) \sum_{i \in S} \lambda_i(\tau) Y_{ij})$，$\Gamma_j(k_j(\tau) \sum_{i \in S} \lambda_i(\tau) Y_{ij})$，$\Omega_j(g_j(\tau) \sum_{i \in S} \sigma_i^2 Y_{ij})$。

为阐释多面体拟阵割平面法，本节首先定义了下凸包络面（convex lower envelope）LE_f 和次模多面体（submodular polyhedron）P_f。随后，提出了开发极值扩展多面体不等式的必要条件与充分条件，并将其应用于替代非线性次模约束，以简化问题求解过程。

定义 6.2 给定一个次模函数 f，$f(\emptyset) = 0$，二元向量函数 $f(y)$ 等价于次模函数 $f(S)$，其中 $y_i = 1 \Longleftrightarrow i \in S \subseteq I$。把函数 f 的下凸包络定义为 $LE_f := \mathrm{conv}\{(y, t) \in \{0, 1\}^n \times R : f(y) \leq t\}$。

定义 6.3 给定一个次模函数 f，$f(\emptyset) = 0$，定义一个多面体 $P_f := \{x : x \in R^n, \ \forall S \subseteq I, \ x(S) \leq f(S)\}$，其中 $x(S) = \sum_{i \in S} x_i$。

根据阿塔姆特拉克和纳拉亚南（Atamtrk & Narayanan，2008）的研究，对于 $(y, t) \in LE_f \Longleftrightarrow x \in P_f$，不等式 $\sum_{i \in I} x_i y_i \leq t$ 是有效的。因此，对于一个非线性次模约束 $t \geq f(S)$，可以用极值扩展的多面体拟阵不等式 $\sum_{i \in I} x_i y_i \leq t$，$x \in P_f$ 代替。

对于 $t \geq f(S)$ 形式的次模约束，给定一个可行的解 (y^*, t^*)，可以通过求解子问题 $(p) : \zeta = \max\{\sum_{i \in I} x_i y_i^* : x \in P_f\}$ 来确定是否存在违反极值

扩展的多面体拟阵不等式的情况。如果 $\zeta = \sum\limits_{i \in I} x_i^* y_i^* > t^*$，则点 $(y^*,$ $t^*)$ 违反了极端扩展多矩阵不等式 $\zeta = \sum\limits_{i \in I} x_i^* y_i \leq t$，将该不等式加入主模型。算法 6.1 给出了通用的多面体拟阵割平面算法。

算法 6.1　多面体拟阵割平面算法

1： 　初始化：从初始问题中删除非线性次模约束，得到主问题（MP）
2： 　do
3： 　　　　$(y^*, t^*) \leftarrow \arg \mathrm{MP}$
4： 　　　　$x_i^* \leftarrow \operatorname{argmax}\left\{\sum\limits_{i \in I} x_i y_i^* : x \in P_f\right\}$
5： 　　　　$\zeta \leftarrow \sum\limits_{i \in I} x_i^* y_i^*$
6： 　　　　cut $\leftarrow 0$
7： 　　　　if $\zeta > t^*$ then
8： 　　　　　　添加约束 $\sum\limits_{i \in I} x_i^* y_i \leq t$ 至 MP
9： 　　　　　　cut ++
10： 　　　　end if
11： 　while cut > 0
12： 　return (y^*, t^*)

　　子问题 (p) 可以通过埃德蒙兹（Edmonds，1971）提出的贪心算法有效解决，详细步骤在算法 6.2 中给出。

算法 6.2　贪心算法

输入：y_i^*，$x \in P_f$
输出：x_i^*
1： 降序排列 y_i^*
2： 用 $p_{(i)}$ 代表序列 y_i^*，并且 $y_{p(1)}^* \geq y_{p(2)}^* \geq \cdots \geq y_{p(|I|)}^*$
3： $S_{p(0)} \leftarrow \emptyset$
4： $f(S_{p(0)}) \leftarrow 0$
5： for $i = 1, 2, \cdots, |I|$ do
6： 　$S_{p(i)} \leftarrow \{p_{(1)}, p_{(2)}, \cdots p_{(i)}\}$
7： 　$x_{p(i)}^* \leftarrow f(S_{p(i)}) - f(S_{p(i-1)})$
8： end for
9： return x_i^*，$\forall i \in I$

综合上述求解方法，模型 P_{6-4} 的求解方法详见算法 6.3。

算法 6.3　模型 P_{6-4} 的综合多面体拟阵割平面算法

1: 初始化：从 ψ_x 中移除约束条件（22）、约束条件（24）和约束条件（26），得到主问题（MP）。
2: 　do
3: 　　$(X_j^*,\ Y_{ij}^*,\ Z_{j\tau}^*,\ t_{j\tau}^*,\ t_{j\tau}'^*,\ t_{j\tau}''^*,\ q_{j\tau}^*,\ q_{j\tau}'^*,\ q_{j\tau}''^*,\ t_{j\tau}'''^*)\ \forall i \in R,\ \forall j \in W,\ \forall \tau \in J \leftarrow \arg MP$
4: 　　cut$\leftarrow 0$
5: 　　for $j = 1,\ 2,\ \cdots,\ |W|$ do
6: 　　　　if $X_j^* = 0$ then
7: 　　　　　　continue
8: 　　　　end if
9: 　　　　for $\tau = 1,\ 2,\ \cdots,\ |J|$ do
10: 　　　　　　降序排列 Y_{ij}^*
11: 　　　　　　用 $p_{(i)}$ 代表序列 Y_{ij}^*，并且 $Y_{p(1)j}^* \geqslant Y_{p(2)j}^* \geqslant \cdots \geqslant Y_{p(|I|)j}^*$
12: 　　　　　　$S_{p(0)} \leftarrow \varnothing$
13: 　　　　　　for $i = 1,\ 2,\ \cdots,\ |R|$ do
14: 　　　　　　　　$S_{p(i)} \leftarrow \{p_{(1)},\ p_{(2)},\ \cdots p_{(i)}\}$
15: 　　　　　　　　$\pi_{p(i)j}^* \leftarrow \Phi_j(S_{p(i)}) - \Phi_j(S_{p(i-1)})$
16: 　　　　　　　　$\pi_{p(i)j}'^* \leftarrow M_j(S_{p(i)}) - M_j(S_{p(i-1)})$
17: 　　　　　　　　$\pi_{p(i)j}''^* \leftarrow \Omega_j(S_{p(i)}) - \Omega_j(S_{p(i-1)})$
18: 　　　　　　end for
19: 　　　　　　if $\sum_{i \in R} \pi_{ij}^* Y_{ij}^* > q_{j\tau}^*$ then
20: 　　　　　　　　添加约束 $\sum_{i \in R} \pi_{ij}^* Y_{ij} \leqslant q_{j\tau}$ 至 MP
21: 　　　　　　　　cut $++$
22: 　　　　　　end if
23: 　　　　　　if $\sum_{i \in R} \pi_{ij}'^* Y_{ij}^* > q_{j\tau}'^*$ then
24: 　　　　　　　　添加约束 $\sum_{i \in R} \pi_{ij}'^* Y_{ij} \leqslant q_{j\tau}'$ 至 MP
25: 　　　　　　　　cut $++$
26: 　　　　　　end if
27: 　　　　　　if $\sum_{i \in R} \pi_{ij}''^* Y_{ij}^* > q_{j\tau}''^*$ then
28: 　　　　　　　　添加约束 $\sum_{i \in R} \pi_{ij}''^* Y_{ij} \leqslant q_{j\tau}''$ 至 MP
29: 　　　　　　　　cut $++$
30: 　　　　　　end if
31: 　　　　end for
32: 　　end for
33: 　while cut > 0
34: return $(X_j^*,\ Y_{ij}^*,\ Z_{j\tau}^*,\ t_{j\tau}^*,\ t_{j\tau}'^*,\ t_{j\tau}''^*,\ q_{j\tau}^*,\ q_{j\tau}'^*,\ q_{j\tau}''^*,\ t_{j\tau}'''^*)\ \forall i \in R,\ \forall j \in W,\ \forall \tau \in J$

6.5 数值实验

本节将对所提出的考虑信息流的低碳供应链网络设计问题进行数值计算，探究所提出算法的性能，并进行灵敏度分析，以研究不同因素对供应链网络设计的影响。模型求解代码采用 Java 编写。所有的问题实例在配置 Intel Xeon 8260 CPU 和 64G 内存、运行 64 位 Windows 10 操作系统的计算机上通过 CPLEX 12.8.0 进行求解。

6.5.1 参数设置

企业中与供应链运营和信息化建设相关的数据通常难以获取，本节基于现有文献以及对相关业务的理解设置参数，进行数值实验。

假设外部供应商、可供选择的配送中心和零售商的位置在 $[0，50] \times [0，50]$ 的空间内均匀分布，假定运输成本和运输过程中产生的碳排放与平面上的欧几里得距离成正比。区块链部署水平对需求的权重系数 u 和价格对需求的权重系数 v 分别设为 5 和 0.2，少数特殊情况除外。其他权重系数 γ，β，θ 最初都设置为 1。

参照张等（Chang et al.，2021）的研究，本节设定 $k_j(\tau_j) = K_j(1 - \bar{a}\tau_j)$，$h_j(\tau_j) = 10 + \bar{b}\,\tau_j^3$，$g_j(\tau_j) = 1 - \bar{c}\tau_j$，其中 τ_j 表示配送中心 j 的区块链部署水平，K_j 在 $[200，300]$ 的均匀分布中随机生成。参数 $\bar{a}$、$\bar{b}$、$\bar{c}$ 是表示相关变量之间关系的系数，它们分别在 $[0.5，0.8]$，$[800，1000]$ 和 $[0.8，0.9]$ 的均匀分布中随机生成。

可选的区块链部署水平 τ 从 $J = \{0，0.1，0.2，0.3，0.4，0.5，0.6，0.7，0.8，0.9，1.0\}$ 的集合中选择，其中包括 11 个可选水平将范围划分为 10 个相等的区间。为了描述整个供应链网络的区块链平均部署水平，定

义 $\bar{\tau} = \sum\limits_{j \in W} \sum\limits_{\tau \in J} x_j Z_{j,\tau} \tau$。

　　与第 4 章相似，建立配送中心产生的碳排放量与其规模有关，可用成本来近似计算配送中心建设过程中的碳排放量。模型中的其他参数符号说明和数值设定如表 6 - 2 所示，其中 $U[a, b]$ 表示在区间 $[a, b]$ 上均匀分布。

表 6 - 2   **参数设置**

符号	说明	数值设定
F_j	在零售商 j 处设置配送中心的年均分摊固定成本	$U[1000, 1500]$
d_j	从外部供应商到配送中心 j 的每单位产品运输成本	0.45
K_j	配送中心 j 不使用区块链技术时的订单成本	$U[200, 300]$
d_{ij}	从配送中心 j 到零售商 i 的单位产品运输成本	0.5
e_j, e_{ij}	每单位产品运输产生的碳排放量	0.5
z_α	保持目标服务水平 α 的服务系数	1.96
L_j	配送中心 j 的交货提前期	$U[3, 5]$
h	年均单位库存持有成本	$U[2, 8]$
e	单位库存年碳排放量	2
t	碳排放税率	0.3
a_i	不考虑区块链部署时零售商 i 的基本需求	$U[100, 125]$
p_i	零售商 i 的产品销售价格	$U[18, 25]$
σ_i^2	零售商 i 的需求方差	$U[4, 10]$

6.5.2　算法性能

　　本节将通过不同的算例来测试算法的性能。测试中使用的随机实例覆盖了从包含 5 个可选配送中心和 10 个零售商的小规模场景到包含 20 个可选配送中心和 100 个零售商的较大规模场景。每种规模的供应链网络将生成 20 个随机实例。

表 6-3 展示了本章所用算法的性能。其中，第一列和第二列分别展示了可选配送中心和零售商的数量，第三列记录了求解所需的平均 CPU 时间，第四列记录了在求解过程中平均增加的割数，最后一列则统计了在每种实例规模下平均开设的配送中心数量。表 6-3 中的数据显示，随着供应链网络规模的扩大，"CPU 时间"和"增加割数"均逐步增长。特别地，在配送中心数量固定的情况下，随着零售商数量的增加，所需的 CPU 时间和新增割的数量都显著上升。例如，当供应链网络包含 5 个配送中心和 10 个零售商时，求解时间大约仅需 0.4 秒；而当网络扩展至 10 个配送中心和 50 个零售商时，求解时间增加到大约 11 秒；进一步扩展到 20 个配送中心和 100 个零售商时，求解时间上升至 3000 余秒。新增割的数量也呈现出相似的增长趋势。这些结果表明，所采用的算法在处理中小规模问题时效率较高，但面对大规模问题时，随着供应链网络节点的增加，求解难度相应提高，对计算资源的需求也随之快速增长。

表 6-3 算法性能

可选配送中心数量	零售商数量	CPU 时间（秒）	增加割数	开设配送中心数量
5	10	0.44	16.8	3.2
5	20	1.33	35.7	5.0
5	50	2.66	50.7	7.0
5	100	41.42	129.1	17.1
5	200	38.60	98.0	13.2
10	20	2.06	38.4	5.0
10	50	10.85	62.1	9.1
10	100	105.41	111.3	11.7
10	150	2135.12	408.3	3.5
20	20	4.74	36.3	4.4
20	50	94.18	75.4	9.9
20	100	3062.78	236.4	2.4

6.5.3 引入区块链技术对供应链网络设计的影响

本节将引入区块链技术前后的供应链网络设计数值结果进行对比，以分析区块链技术的影响。将传统模型的区块链部署水平设定为 $J=\{0.0\}$，即未使用区块链技术；本章提出的新模型中设为 $J=\{0.3,0.5,0.7\}$。

表 6-4 展示了比较结果。该表前两列标示了不同的供应链网络规模，针对每种规模均生成 20 个随机实例以供分析。第三列、第四列与第五列、第六列分别对比了引入区块链技术前后配送中心的开设数量和供应链网络的总利润；第七列量化了区块链技术部署所带来的利润变化。第三列和第五列数据显示，两种情况下得出的开设配送中心数量有所差异但总体较为相近，表明区块链技术的引入对供应链网络设计有一定影响但不是特别显著。这可能是因为物流成本、市场需求等因素在配送中心的选址中发挥了更加直接和重要的影响，而信息流的优化主要通过提升透明度、数据可靠性和信任度等方面对供应链网络设计产生间接作用。然而，在利润方面，通过对比第四列和第六列可以看出，引入区块链技术虽然需要增加额外成本，但最终却能通过提高供应链效率增加总体利润，增幅在 $5\%\sim15\%$。

表 6-4   引入区块链技术的供应链网络设计模型与传统模型的结果比较

配送中心数量	零售商数量	引入区块链的供应链网络设计		未引入区块链的供应链网络设计		利润变化（%）
		开放配送中心数量	供应链利润	开放配送中心数量	供应链利润	
5	10	1.2	1944.83	1.2	1687.59	15
5	20	1.4	6086.74	1.4	5515.45	10
5	50	2.1	12687.91	2.0	11765.84	8

续表

配送中心数量	零售商数量	引入区块链的供应链网络设计		未引入区块链的供应链网络设计		利润变化（%）
		开放配送中心数量	供应链利润	开放配送中心数量	供应链利润	
5	100	2.1	60455.57	2.1	57645.29	5
5	200	2.5	129386.70	2.5	123460.00	5
10	20	1.7	8633.17	1.7	8029.43	8
10	50	1.9	32641.25	1.7	31156.61	5
10	100	2.6	61382.15	2.6	58415.08	5
10	150	3.5	103681.30	3.3	99041.52	5
20	20	1.4	12438.28	1.3	11773.73	6
20	50	1.9	33549.74	1.9	31946.92	5
20	100	2.4	97109.17	2.9	90554.31	7

6.5.4 灵敏度分析

本节将基于包含 10 家可选配送中心和 20 个零售商的供应链网络开展数值实验，深入分析区块链部署水平、碳税税率水平、单位运输成本、单位库存持有成本、需求波动性等对供应链网络设计的影响，以期更好地提供决策支持。

表 6-5 揭示了区块链部署水平对考虑信息流的低碳供应链网络设计的影响。由于区块链部署水平 τ 是离散的，为了分析其对各种网络设计决策的影响，本节首先构建了 10 个不同的决策区间，然后在每个区间内均确定一个最优的 τ。如表 6-5 所示，这些区间分别定义为 $[0, 0.1]$，$[0.1, 0.2]$，$\cdots$，$[0.9, 1.0]$，按升序表示区块链部署水平。对于每个区间，生成 20 个随机实例，每个实例的供应链网络规模为 10 家配送中心和 20 个零售商。表格第一列表示区块链的部署水平，第二列代表开设配送中心的数

量，第三列至第六列表示不同成本在总成本中占的比例，最后一列表示供应链网络总利润。显然，随着区块链技术的部署水平提升，供应链中该技术的部署和使用成本会有所增加。与此同时，库存持有成本、安全库存成本和碳税成本却呈现出下降趋势。这与预期一致，即区块链技术可以通过优化信息流降本增效，通过数智化赋能绿色低碳发展。在利润方面，从表 6 - 5 的最后一列数据可以发现，随着区块链部署水平的提高，供应链的总利润起初有所增加，但在达到某一高点后开始有所下降。这一现象表明，当区块链技术在供应链系统中的部署水平达到某个阈值时，供应链网络中物流和信息流的整合效应达到最佳状态；之后进一步增加区块链技术的投入可导致边际效益递减，很难带来额外的利润增长。

表 6 - 5 区块链部署水平对供应链网络设计的影响

τ 的决策区间	开设配送中心数量	库存持有成本（%）	区块链成本（%）	安全库存成本（%）	碳税成本（%）	供应链总利润
0.0 ~ 0.1	1.4	5.96	0.44	0.82	25.12	2831.54
0.1 ~ 0.2	1.4	5.72	0.55	0.78	25.00	2949.75
0.2 ~ 0.3	1.4	5.48	0.76	0.73	24.87	3019.89
0.3 ~ 0.4	1.4	5.26	1.01	0.69	24.75	3061.17
0.4 ~ 0.5	1.4	5.04	1.31	0.65	24.65	3083.14
0.5 ~ 0.6	1.4	4.80	1.63	0.60	24.53	3092.64
0.6 ~ 0.7	1.4	4.55	2.02	0.56	24.42	3091.98
0.7 ~ 0.8	1.4	4.25	2.49	0.50	24.28	3083.91
0.8 ~ 0.9	1.4	3.92	3.00	0.44	24.14	3071.63
0.9 ~ 1.0	1.4	3.57	3.53	0.36	23.99	3060.33

表 6 - 6 揭示了碳税对考虑信息流的低碳供应链网络设计的影响。结果表明，随着碳税税率的提高，企业开设的配送中心数量呈下降趋势，而区块链部署水平则有所上升。同时，供应链网络的利润显著减少。这

一现象的可能原因是，增加的碳税直接推高了企业的碳排放成本，同时也影响了包括选址、库存、运输等在内的生产和运营成本。选址成本的相对上升导致配送中心开设数量减少；而碳税的提高迫使企业在设计供应链网络时更加关注碳排放问题。为了降低成本，企业可能会寻求技术创新，如增加区块链技术的部署，以提高供应链的透明度和效率，从而缓解成本上升的压力。尽管企业可能采取措施减少碳排放，但如果无法将增加的成本转嫁给消费者，碳税的增长仍将对供应链网络的利润产生负面影响。这些发现不仅揭示了碳税对企业运营成本和供应链网络利润的影响，而且也强调了合理设定碳税水平对于企业长远发展的重要性。

表 6-6　　　　　　　　　碳税对供应链网络设计的影响

碳税税率（t）	开放配送中心数量	选址成本（%）	运输成本（%）	库存持有成本（%）	安全库存成本（%）	碳税成本（%）	区块链平均部署水平	供应链网络总利润
0	1.2	9.31	73.66	6.32	0.72	0.00	0.46	1310.93
0.04	1.1	9.67	75.12	6.18	0.70	5.07	0.45	1085.53
0.08	1.1	10.79	75.30	6.19	0.70	9.37	0.46	867.98
0.12	1.0	10.53	77.22	5.94	0.70	13.10	0.46	658.62
0.16	1.0	11.53	77.39	6.00	0.71	16.81	0.46	460.81
0.20	1.0	12.52	77.57	6.01	0.72	20.29	0.48	263.21
0.24	1.0	13.52	77.74	6.07	0.73	23.55	0.48	65.76

图 6-2 揭示了单位运输成本对考虑信息流的低碳供应链网络设计的影响。随着单位运输成本的增加，利润和区块链平均部署水平 $\bar{\tau}$ 均呈下降趋势。然而，值得注意的是，$\bar{\tau}$ 的下降幅度相对较低。这一现象表明，尽管运输成本的显著增加导致企业总利润空间缩小，企业在资源配置和成本优化过程中，并未将区块链技术的投资作为首要削减的对象。尽管区块链技

术的应用往往伴随着较高的成本，类似于其他信息化改革，企业似乎更倾向于维持其在区块链技术方面的投资，以期在长期内获得更大的效益和竞争优势。

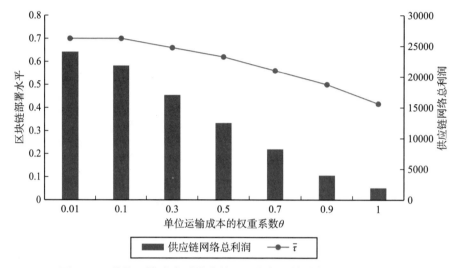

图 6 - 2　单位运输成本对供应链总利润与区块链部署水平的影响

图 6 - 3 展示了单位库存持有成本对考虑信息流的低碳供应链网络设计的影响。随着单位库存持有成本的上升，供应链网络的总利润呈现下降趋势。然而，有趣的是，这种成本的增加并未对供应链网络中的区块链技术投资产生负面影响。相反，企业似乎更倾向于增加对区块链技术的投资。这一现象背后的一个关键原因可能是，通过强化区块链技术的应用，可以显著提高供应链的透明度，减少运营中的不确定性，同时能够实现更高效的采购和库存管理，从而有助于降低库存水平。这在一定程度上可以抵消因单位库存持有成本上升而对供应链利润造成的负面影响。因此，尽管库存持有成本的增加对利润构成压力，企业仍然认识到区块链技术在优化供应链管理中的长期价值，并愿意为此投入更多资源。

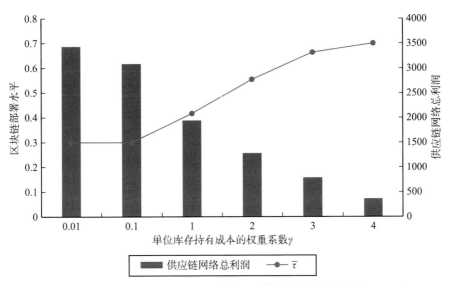

图 6 - 3　单位库存持有成本对供应链总利润与区块链部署水平的影响

图 6 - 4 展示了需求波动对考虑信息流的低碳供应链网络设计的影响。需求波动的幅度对安全库存水平有直接影响，进而波及整个供应链的成本和

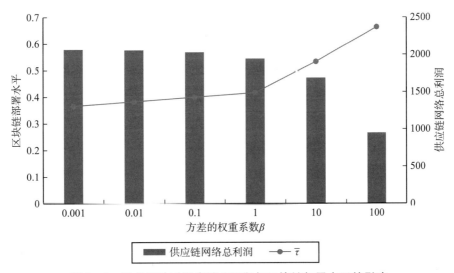

图 6 - 4　需求波动对供应链总利润与区块链部署水平的影响

利润。图中结果表明，随着需求波动增大，供应链网络的总体利润逐渐下降，但区块链的部署水平却呈现上升趋势。这种趋势背后的重要原因是区块链技术能够对需求波动产生抑制作用。通过提高供应链的透明度和信息共享能力，区块链技术有助于企业更准确地预测和响应市场变化，从而减少因需求波动带来的不确定性和风险。因此，这一结果再次表明区块链技术在提高供应链韧性和适应性方面的重要价值，值得企业在设计低碳供应链网络时予以重视。

6.6 结论与展望

本章提出了一种融合区块链的低碳供应链网络设计优化模型，旨在实现物流和信息流的协同优化。研究首先深入分析了区块链技术下信息流的特点，并在供应链中引入了区块链部署水平的概念。在模型构建阶段，综合考虑了设施选址、运输、库存以及区块链部署成本，同时将碳排放作为一个关键因素纳入考量，目标是最大化整个供应链网络的总利润。本章通过一个数值实验案例来展示该模型在典型应用场景中的有效性并分析管理启示。由于模型的目标函数包含多个非线性项，直接使用求解器求解存在困难。为了克服这一挑战，研究中通过合并相似项并将非线性项转化为约束条件，构建了强多面体拟阵不等式，从而将原问题转化为可解的形式，并采用多面体拟阵割平面法来求解转换后的问题。数值实验结果表明，该算法能够有效处理中小规模问题。此外，数值实验还深入分析了多个关键参数对低碳供应链网络设计的影响，具体总结如下。

（1）区块链技术的应用。区块链技术在低碳供应链网络中的运用，不仅能够提升运营效率和增强对扰动的适应能力，还能通过增强供应链数据的真实性和可追溯性，提高各参与方之间的信任度。数值实验的结果证实，在供应链网络设计中融入区块链技术，能够有效提升供应链的整体利润。然而，供应链网络应根据自身需求，选择适宜的区块链应用水平。并非所有企业都应当进行最广泛和深入的区块链部署和应用，这也凸显了对区块链部署水平进行优化的重要性。

（2）可持续供应链管理。在低碳供应链网络设计中，将碳排放因素纳入优化体系是实现可持续发展目标的一个关键步骤。数值实验结果表明，面对碳税税率的上升，企业倾向于实施多元化策略以缓解成本压力，例如，通过减少配送中心的数量或提高区块链部署水平来提高运营效率。通过这些措施，企业不仅能够应对碳税带来的挑战，还能在保护环境的同时维持合理的经济效益。这些发现既强调了在供应链管理中平衡环境和经济因素的重要性，也指明了实现这一目标的可行路径。

（3）成本控制与运营决策：在供应链管理领域，成本控制与运营决策是两个至关重要的组成部分。数值实验的结果表明，运输成本、库存持有成本等核心运营因素对决策过程具有显著的影响。具体而言，运输成本的上升可能会侵蚀供应链对区块链技术的投入，以降低整体成本；而在单位库存成本较高的情况下，企业则可能更倾向于投资区块链技术，以期利用区块链的信息化优势减少库存成本。这些发现表明，不同的成本因素对运营决策具有差异化的影响，企业在供应链管理中应当采用系统化的思维方式，综合考量各种成本因素，以作出更优的决策。

本章的研究有助于管理者深化对供应链网络设计相关决策的理解，并将促进低碳供应链网络的有效实施。然而，该研究也存在一定的局限性。具体而言，本章主要探讨了碳税政策对供应链网络设计的影响，而现实中还存在多种不同的碳排放政策。因此，未来的研究可以更广泛地探讨不同碳排放政策对供应链网络设计的具体影响，以提供更全面的策略建议。此外，尽管本章提出的算法在解决中小规模问题时表现出较高的效率，但在处理大规模问题时，其性能仍有提升空间。未来的研究可以致力于开发更高效的算法，以满足大规模供应链网络设计的复杂需求。这不仅将推动理论的发展，还能为供应链管理实践提供更强大的工具，支持更广泛的应用场景。通过这些努力，我们可以期待在供应链管理领域实现更高效、更绿色的解决方案。

第 7 章

考虑资金流的低碳供应链网络设计

资金流的有效管理对于供应链的稳定性和效率至关重要，它不仅影响单个企业，还对整个供应链网络的健康和竞争力产生深远影响。上一章探讨了低碳供应链网络设计中物流和信息流的协同作用。本章将以企业实践中常见的商业信用为背景，侧重于探讨资金流对低碳供应链网络设计的影响，并构建相应的优化模型。资金流的引入将完全改变低碳供应链网络设计优化模型的结构，因此需要设计相适应的算法。研究结果将为供应链管理提供新的视角和策略，为低碳供应链网络的设计提供更全面的解决方案。

7.1 引　言

在由零售商和上游供应商组成的简单供应链网络中，经典的经济订货批量（EOQ）模型通常基于一个关键假设：零售商拥有无限的资金流动性，且能够确保立即支付货款。这意味着在模型中，物流和资金流是同步发生的。然而，在实际操作中，零售商可能会因为资金流动性的限制或为了提升资金使用效率，选择延长账期，以此来优化现金流管理。对于供应商来说，虽然延迟收款会占用资金，但也有助于扩大交易规模。特别是在买方市场中，如果行业内的主要供应商普遍接受延迟付款，其他供应商为了保持市场竞争力，往往也不得不被动接受这种支付条件。例如，2024 年京东集团的应付账款周转天数约为 60 天，这意味着京东在商品售出后，可以在这段时间内使用这笔资金进行其他投资，从而获得额外的收益。这种策略在零售业中很常见，如亚马逊和沃尔玛等大型零售商也会利用延长账期来管理现金流。当然，在某些情况下，供应商也可能会要求其客户预付货款。

企业在日常经营和商品交易过程中，因延期付款或预收货款而产生的信贷关系，被称为商业信用。本章将重点探讨零售商向上游供应商延期付款的情况。在这种安排下，零售商在信用期限内无须支付额外利息，但如果超过约定的期限，可能需要支付罚金。商业信用深刻影响着企业之间的资金流和物流，在低碳供应链管理中扮演着重要角色。通过加强与零售商的合作关系，商业信用有助于降低不确定性，增强供应链的稳定性。此外，由于资金流动性的变化可能会影响商品价格、成本和企业的补货策略，商业信用也间接影响着供应链的碳排放水平。因此，供应链中物流与资金流的有效协调不仅能提升供应链的运作效率，还能在资源有限的情况下，推动供应链低碳目标的实现。

在当前降本增效和碳中和的大背景下，这一精细化管理思想和工具的应用具有显著的时代价值。本章将详细分析零售商延期付款商业信用模式对供应链运作的具体影响，并探讨如何通过优化供应链中的资金流来提高整体绩效和降低碳排放。研究将评估不同策略，并提出实现供应链协调和可持续发展的建议。

7.2　文　献　综　述

随着市场需求和技术进步的快速变化，供应链网络设计领域不断融入新的视角、模型和方法。本节将基于现有研究概述商业信用和市场选择这两个重要因素对供应链网络设计的影响，并探讨它们对未来研究的启示。

7.2.1　考虑商业信用的供应链决策

商业信用作为一种供应链金融工具，在优化库存管理和促进供应链协调方面扮演着至关重要的角色。戈亚尔（Goyal，1985）以单一供应商和单一客户为背景，在经济订货批量（EOQ）模型中首次引入商业信用，为后续研究奠定了坚实的基础。黄（Huang，2003）和张（Chang，2004）分别探讨了在两级供应链中存在延迟支付情况下的 EOQ 模型，将商业信用的应用拓展到了更复杂的供应链环境中。邓等（Teng et al.，2009）对黄（Huang，2003）的模型进行了修正和扩展，提出了适用于多种商业信用情景下的 EOQ 模型。张等（Zhang et al.，2019）基于成本最小化原则，为不同信用状况的顾客提供差异化商业信用策略，进而确定零售商在各种条件下的最佳订货方法。

除了与订货和库存相结合以外，相关研究还关注在商业信用背景下的供应链决策。周和周（Zhou & Zhou，2013）基于斯塔克尔伯格模型研究了最优商业信用策略，发现如果零售商能够无条件获得商业信用，则可能会减少订货量。里斯等（Ries et al.，2016）探讨了累进利息方案下的商业信用支付政策，指出较长的信用期限有助于降低零售商的累计总成本以及现金转换周期。杨和伯奇（Yang & Birge，2017）则开发了一个模型来刻画企业库存管理和商业信用项目之间的相互作用，并强调商业信用可以作为一种风险分担机制，促进供应链成员之间的协作。金等（Jin et al.，2018）聚焦于资金受限零售商的决策过程，指出适当的延迟付款可能对整个供应链有利。贾吉等（Jaggi et al.，2019）针对易腐品的研究表明，当需求取决于展示库存时，合理的贸易信贷安排对于提高销售效率至关重要。罗和商（Luo & Shang，2019）考虑了一家面临延迟付款惩罚成本的企业，在非递减需求条件下推荐采用短视策略作为应对措施。萨卡尔等（Sarkar et al.，

2015）则提出了一种新情境——即供应商向零售商提供全额商业信用，但零售商仅向客户提供部分信用。贾涛等（2011；2013）和林峰等（2018）在两级商业信用框架下分别研究了商业信用额度与预付顾客之间关系的问题。

近年来，一些研究开始尝试在供应链网络设计优化中融合商业信用。钟等（Zhong et al.，2017）提出了一个同时考虑物流和资金流的供应链网络设计模型，旨在最小化选址、运输、库存和资金成本。丁等（Ding et al.，2021）则对一个由外部供应商、多个配送中心和多个零售商组成的供应链网络进行优化设计，为其确定配送中心选址和零售商分配，同时还集成了多级库存管理策略及信用期限等因素，以更好地提升整体利润和运营效率。

7.2.2 考虑市场选择的供应链网络设计

早期的供应链网络设计模型假设所有客户需求都必须满足。吉恩斯（Geunes，2004）指出了这一假设的局限性，并基于 EOQ 提出了一个综合考虑库存成本和市场收入的优化模型。申（Shen，2005）进一步发展了这一思想，提出了一个以利润最大化为目标的供应链网络设计模型，其中企业在决定服务哪些客户时拥有更大的灵活性。巴卡尔（Bakal，2008）在吉恩斯的基础上，进一步研究了需求对价格敏感情况下的市场选择问题。范登休维尔（Van den Heuvel，2012）则专注于在采购或生产存在规模效应时的市场选择决策。舒等（Shu et al.，2011）在吉恩斯确定性需求市场选择模型的基础上，提出了一个在客户需求不确定情况下的单配送中心多零售商市场选择模型，该模型整合了需求选择和单级库存管理决策，并采用了高效的算法来求解。在此基础上，舒等（Shu et al.，2013）进一步探讨了集成需求选择和多级库存控制的问题，通过引入需求选择决策，扩展了经典的确定性单配送中心多零售商模型。此外，塔埃等（Taaffe et al.，2008）、查哈尔等（Chahar et al.，2009）和斯特林卡等（Strinka et al.，2013）在报童模型的基础上研究了单产品市场选择问题。阿卜杜勒 - 阿尔（Abdel-Aal，2017）则在条件风险价值（Conditional Value at Risk，CVaR）框架下，针对不同市场进入情景，研究了考虑市场选择的风险规避型多产品报童问题。

7.2.3 文献述评

本节文献综述涵盖了供应链管理领域中两个重要的研究主题：商业信用和市场选择。首先，考虑商业信用的 EOQ 模型通过引入资金流和信用期等现实因素，构建了新的理论模型并得到了新的商业洞察，为理解和优化零售商和供应商之间的资金流和物流提供了新的视角，使得供应链库存管理理论更贴近企业实务。其次，市场选择模型研究将运营与市场相结合，通过考虑市场需求的不确定性和价格敏感性，为供应链的市场战略决策提供了新的分析工具。这些模型有助于企业在多个潜在市场中作出更合理的市场选择和运营决策。

然而，尽管前述研究开拓并深化了供应链网络设计领域，但关于商业信用的研究往往集中于单个企业的订货批量决策或供应链运营优化，而置于整体供应链网络设计中的探讨极为鲜见。同时，市场选择缺乏灵活性也往往与市场竞争的实际状况不符。此外，将低碳理念融入供应链网络设计，已经成为全球气候问题日益严峻背景下越来越受到关注的新视角。因此，本章将构建一个综合考虑物流和资金流、符合市场竞争和低碳要求的供应链网络设计模型，旨在为企业提供更加全面的决策支持，并推动可持续发展。

7.3　问题描述与模型构建

在本节中，我们将首先描述研究的问题并定义相关的参数。接着，我们将基于 EOQ 创建一个综合考虑碳税和商业信用的经济订货批量模型，并对这个模型进行分析和求解，以确定最佳的订货策略。在该模型的基础上，我们将进一步构建考虑下游客户市场选择的低碳供应链网络设计模型。

7.3.1 问题描述与参数定义

我们将以一个由核心企业及其上游供应商和下游客户（如经销商、零售商）构成的供应链网络为背景构建优化模型。如图 7-1 所示，某核心企业所在的供应链网络涵盖了一个外部供应商和多个潜在客户。该企业采用 (Q, r) 补货策略，其中供应商以成本价 C 将产品批发给企业，企业再以市场价 P 将产品向市场销售。假设市场需求服从均值和方差已知的正态分布，为确保目标服务水平，企业必须维持一定的安全库存，以降低缺货风险。同时，上游供应商为核心企业提供商业信用，允许企业在信用期 M 结束时支付一个订货周期内的全部货款。相应地，企业也为下游客户提供了延迟支付期 N，客户在该期限过后开始支付商品费用。信用期 M 和 N 已知，并且由于是买方市场，设定 $M < N$。此外，供应链需要努力控制整体的碳排放量。本模型旨在确定核心企业的最优订货策略和选择服务的客户群体，以便在综合考量成本和碳排放后，实现净利润的最大化。本章所用参数符号如表 7-1 所示。

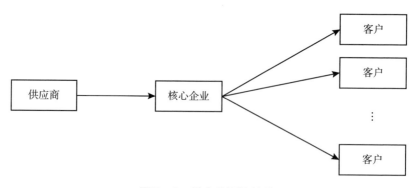

图 7-1　供应链网络结构

表 7 – 1   **参数和变量符号说明**

符号	说明
I	地理上分散在一个地区的有限客户集合，以 i 为索引
c	核心企业向上游供应商购买单位产品的价格
p_i	核心企业向客户 i 出售单位产品的售价
λ_i	客户 i 的年平均需求，$\forall i \in I$
σ_i^2	客户 i 的年需求方差，$\forall i \in I$
K	核心企业向上游供应商订货时的固定订货成本
d_i	核心企业运输产品至下游客户 i 的距离
L	核心企业从上游供应商补货的提前期
M	由上游供应商授予核心企业的商业信用期
N	核心企业向下游客户 i 提供的商业信用期
α	服务水平
z_α	保持服务水平的服务因子，即标准正态偏差使得 $P(z \leq z_\alpha) = \alpha$
$v(d_i)$	从核心企业运送单位产品到下游客户 i 的成本
r	核心企业因下游延迟支付导致的单位时间单位资金机会成本
h	核心企业单位产品的年均库存持有成本，未包含资金成本
s	核心企业单位产品库存占用资金的年机会成本，$s = cr$
h'	核心企业的综合年均单位库存持有成本，$h' = h + s$
e	核心企业因向上游延迟支付资金而产生的单位资金年收益，$e < r$
e_{oi}	核心企业运输单位产品至下游客户 i 的碳排放量
e_h	持有单位产品库存的年碳排放量
t	每单位碳排放量征收的税率
β	运输成本的权重系数
γ	库存持有成本的权重系数
θ	需求方差的权重系数
δ	核心企业资金投资收益率的权重系数
ρ	运营成本项的权重系数
z_i	0 – 1 决策变量，表示客户 i 是否被选择

7.3.2 考虑碳排放与商业信用的 EOQ 模型

经典的经济批量订货模型假设企业在收到货物后立刻支付全部货款。然而，在现实商业环境中，许多企业为了增强市场竞争力和提高销售额，会提供商业信用服务，允许客户延期支付，形成应收账款。这种做法导致了物流和资金流的不同步，买方可以通过延期支付来降低资金成本，而卖方则因赊销而面临现金流风险，因此在成本结构上与经典 EOQ 模型存在显著差异。

本节借鉴邓等（Teng et al.，2009）的研究，构建一个考虑物流和资金流异步情况下的订货模型。首先定义两个信用期（credit period）：M 和 N。其中，M 指的是上游供应商给予核心企业的延迟支付期，而 N 则表示核心企业为其下游客户提供的延迟支付期限。假设为了吸引更多客户，核心企业允许 N 大于 M，此时企业将承担更多的资金成本和风险。具体来说，如图 7 − 2 所示，在每个订货周期内，企业必须在时间点 M 向上游供应商支付全部货款，而下游客户则在信用期 N 结束后开始向企业支付商品货款，并持续至时间点 $N + T$，届时结清全部货款 D。

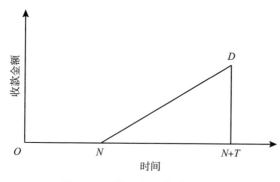

图 7 − 2　核心企业的收款进度

在上述情况下，核心企业所面临的资金成本可通过图 7 − 3 来直观展示。在 M 到 N 的时间段内，核心企业已经向上游供应商付清了全部货款，而下游客户尚未开始还款，因此企业在这段时间内将承担由于资金占用而产生的机会成本。具体来说，单位时间段内的资金机会成本可以用高度 ME 来表示，而总的资金成本则对应于矩形 $ANME$ 的面积。进入 N 到 $N+T$ 的阶段，随着下游客户开始逐步偿还货款，企业的资金成本也随之降低。这一变化在图中表现为随着下游还款进度的推进，单位时间的资金成本逐渐减少。在这段时间内，企业承担的资金成本可以用三角形 $AN(N+T)$ 的面积来表示。

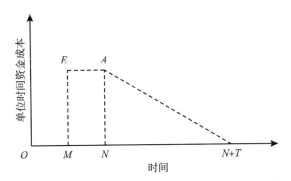

图 7-3 核心企业单位时间（年）资金成本的变化

在一个订货周期内，由于核心企业单位时间（年）单位资金机会成本为 r，因此每单位商品库存占用资金的年机会成本 $s=cr$。本节将分析不同时间区间的资金成本。其中，在时间区间 $[M, N]$ 内（见图 7-3），企业需向上游供应商为数量 $\sum_{i \in I} \lambda_i T$ 的商品支付采购费用，因此这段时间的资金成本为四边形 $ANME$ 的面积：

$$cr \sum_{i \in I} \lambda_i T(N-M) \qquad (7-1)$$

在时间区间 $[N, N+T]$ 内，企业会逐步收到下游客户为购买商品所偿还的资金，直至在时间点 $N+T$ 时全部收完。在该时间段内，下游客户平均未支付购买费用的商品数量为 $\sum_{i \in I} \lambda_i T/2$，因此资金成本为三角形 $AN(N+T)$

的面积：

$$cr \sum_{i \in I} \frac{\lambda_i T^2}{2} \qquad (7-2)$$

综上所述，在一个订货周期内，核心企业的资金总成本为：

$$cr \sum_{i \in I} \frac{\lambda_i T[2(N-M)+T]}{2} \qquad (7-3)$$

该企业的单位时间资金成本为：

$$cr \sum_{i \in I} \frac{\lambda_i[2(N-M)+T]}{2} \qquad (7-4)$$

当我们将碳税制度纳入供应链决策中时，单位时间单位商品的实际库存持有成本还要考虑碳排放成本 $e_h t$，则企业单位时间的资金 – 库存成本 $\Omega(T)$ 为：

$$\Omega(T) = \frac{K}{T} + Th \sum_{i \in I} \frac{\lambda_i}{2} + cr \sum_{i \in I} \frac{\lambda_i[2(N-M)+T]}{2} + Te_h t \sum_{i \in I} \frac{\lambda_i}{2}$$

$$= \frac{K}{T} + T(h + cr + e_h t) \sum_{i \in I} \frac{\lambda_i}{2} + cr \sum_{i \in I} \lambda_i(N-M) \qquad (7-5)$$

通过对 T 求导可得：

$$\Omega'(T) = -\frac{K}{T^2} + (h + cr + e_h t) \sum_{i \in I} \frac{\lambda_i}{2} = 0 \qquad (7-6)$$

进而可以计算最优订货周期和订货量：

$$T^* = \sqrt{\frac{2K}{[(h + cr + e_h t) \sum_{i \in I} \lambda_i]}} \qquad (7-7)$$

$$Q^* = D \times T = \sum_{i \in I} \lambda_i \times \sqrt{\frac{2K}{(h + cr + e_h t) \sum_{i \in I} \lambda_i}} = \sqrt{\frac{2K \sum_{i \in I} \lambda_i}{h + cr + e_h t}}$$

$$(7-8)$$

将企业的最优订货周期 T^* 代入资金 – 库存成本函数 $\Omega(T)$ 中，可以得到企业在需求为 $\sum_{i \in I} \lambda_i$ 时的资金 – 库存成本：

$$\Omega^* = \sqrt{2K(h + cr + e_h t)\sum_{i \in I}\lambda_i + cr\sum_{i \in I}\lambda_i(N - M)} \qquad (7-9)$$

7.3.3 成本分析与模型构建

在上一小节中，我们构建了一个融合碳税与商业信用的 EOQ 模型，并推导出了最优订货策略。本节将继续深入研究，构建一个可灵活选择下游客户的供应链网络设计模型。我们首先提出以下假设：

（1）核心企业的上游供应链上只存在一个供应商，供应商的供应能力可以完全满足企业的需求；

（2）核心企业采用经济订货批量向上游供应商订货；

（3）供应链上的产品为单一商品，且下游客户处于优势地位；

（4）核心企业不存在库存容量限制；

（5）各下游客户的需求相互独立且服从正态分布，该分布的均值和方差已知；

（6）核心企业采用（Q, r）策略进行库存管理，并储备安全库存以应对需求不确定性。

基于上述假设，接下来对利润以及各项成本展开具体分析。

销售利润：$\sum_{i \in I}(p_i - c)\lambda_i z_i$，为企业所服务下游客户的利润总和。

运输成本：$\sum_{i \in I}\beta v(d_i)\lambda_i z_i + \sum_{i \in I}\beta e_{oi} t\lambda_i z_i$，企业的运输成本包括从企业到下游客户之间的商品运输成本以及相应的碳排放成本，其中 $v(d_i)$ 为运输距离为 d_i 的单位商品运输成本。

资金－库存成本：$\sqrt{2K[\gamma(h + e_h t) + \delta cr]\sum_{i \in I}\lambda_i z_i} + \delta cr\sum_{i \in I}\lambda_i(N - M)z_i$，该表达式是基于上一小节考虑商业信用的经济批量订货模型推导得出，其涵盖了订货成本、周转库存持有成本、资金成本以及碳排放成本。

安全库存成本：$\gamma(h + e_h t)z_\alpha\sqrt{L\sum_{i \in I}\theta\sigma_i^2 z_i}$。由于每个零售商的需求独立

且正态分布，因此 $L\sum_{i\in I}\theta\sigma_i^2 z_i$ 是企业所服务下游客户的总需求方差，z_α 是由目标服务水平 α 所决定的服务系数。

运营成本：$\rho\sqrt{\sum_{i\in I}\lambda_i z_i}$，该成本指企业正常运营所产生的成本，与需求高低有关。该成本为单调递增凹函数，以体现边际成本逐渐降低。

基于上述假设条件以及对利润和各项成本的具体分析，我们可以建立模型 P_{7-1}：

$$P_{7-1} \quad \text{maximize} \quad \sum_{i\in I}\{(p_i-c)-\beta[\upsilon(d_i)+e_{oi}t]\}\lambda_i z_i$$

$$-\sqrt{2K[\gamma(h+e_h t)+\delta cr]\sum_{i\in I}\lambda_i z_i}$$

$$-\delta cr\sum_{i\in I}\lambda_i(N-M)z_i-\gamma(h+e_h t)z_\alpha\sqrt{L\sum_{i\in I}\theta\sigma_i^2 z_i}$$

$$-\rho\sqrt{\sum_{i\in I}\lambda_i z_i} \quad (7-10)$$

$$\text{subject to} \quad z_i\in\{0,1\}, \quad \forall i\in I \quad (7-11)$$

该模型旨在通过在市场中筛选出最合适的客户，以最大化净利润。经过简化并整理同类项后，我们可以得到模型 P_{7-2}：

$$P_{7-2} \quad \text{maximize} \quad -\sum_{i\in I}e_i z_i-\sqrt{\sum_{i\in I}k_i z_i}-\sqrt{\sum_{i\in I}g_i z_i} \quad (7-12)$$

$$\text{subject to} \quad z_i\in\{0,1\}, \quad \forall i\in I \quad (7-13)$$

其中，

$$e_i=-\{p_i-c-\beta[\upsilon(d_i)+e_{oi}t]-\delta cr(N-M)\}\lambda_i \quad (7-14)$$

$$k_i=\{2K[\gamma(h+e_h t)+\delta cr]+\rho^2\}\lambda_i \quad (7-15)$$

$$g_i=\gamma^2(h+e_h t)^2 z_\alpha^2 L\theta\sigma_i^2 \quad (7-16)$$

最终可进一步转化为模型 P_{7-3}：

$$P_{7-3} \quad \text{minimize} \quad \sum_{i\in I}e_i z_i+\sqrt{\sum_{i\in I}k_i z_i}+\sqrt{\sum_{i\in I}g_i z_i} \quad (7-17)$$

$$\text{subject to} \quad z_i\in\{0,1\}, \quad \forall i\in I \quad (7-18)$$

其中，

$$e_i = -\left\{ p_i - c - \beta\left[v(d_i) + e_{oi}t \right] - \delta cr(N - M) \right\} \lambda_i \qquad (7-19)$$

$$k_i = \left\{ 2K\left[\gamma(h + e_h t) + \delta cr \right] + \rho^2 \right\} \lambda_i \qquad (7-20)$$

$$g_i = \gamma^2 \left(h + e_h t \right)^2 z_\alpha^2 L\theta\sigma_i^2 \qquad (7-21)$$

7.4 模型求解

本节简要介绍模型的求解思路。首先，在对模型进行变换后分析其数学结构；其次，确定模型的最优解存在于其可行解凸包的极点上；再次，通过使用参数线性规划技术给出最优解的性质；最后，利用低 VC 维特性设计算法，遍历所有可能的极点，以确定模型的最优解。

首先，定义 $I^- = \{ i \in I \mid e_i < 0 \}$，$e_s = \sum_{i \in s} e_i$，$k_s = \sum_{i \in s} k_i$，$g_s = \sum_{i \in s} g_i$，$S \subseteq I$。进一步地，引入了一个新的可分离函数：$f(a, b, c) := a + \sqrt{b} + \sqrt{c}$，该函数每一项单独分离出来都为一个凹函数。因此，模型 P_{7-3} 的目标函数（7-17）可写为：$\min_{s \subseteq I} f(e_s, k_s, g_s)$。根据舒等（Shu et al., 2011）的研究结果可知，$\min_{s \subseteq I} f(e_s, k_s, g_s)$ 的最优解集 S^* 一定满足：$S^* \subseteq I^-$，即：$\min_{s \subseteq I} f(e_s, k_s, g_s) = \min_{s \subseteq I^-} f(e_s, k_s, g_s)$。

定义模型 P_{7-3} 的可行解集 $\{ (e_s, k_s, g_s) \mid S \subseteq I^- \}$ 的凸包为 H。由于可行解集 $\{ (e_s, k_s, g_s) \mid S \subseteq I^- \}$ 是有限的，那么凸包 H 是一个凸多面体。又因为 $f(a, b, c)$ 是一个凹函数，则模型 P_{7-3} 的最优解在集合 $S \subseteq I^-$ 的凸包 H 的极点上，即：$\min_{s \subseteq I} f(e_s, k_s, g_s) = \min_{(e,k,g) \in H} f(e, k, g)$。

根据上述分析可知，遍历所有极点并比较各极点对应的目标函数值便可以求出模型 P_{7-3} 的最优解。因此，现在的焦点在于寻找集合 S 的凸包 H 的所有极点。这需要对于每一种可能的实数组合 (a', b', c') 下的每一个 i，去判断 $a'e_i + b'k_i + c'g_i < 0$ 是否成立。若不等式成立，则点 i 属于最优解

集 S^*。

因为 $e_i < 0$，则 $a'e_i + b'k_i + c'g_i < 0 \Leftrightarrow a' + b'\dfrac{k_i}{e_i} + c'\dfrac{g_i}{e_i} > 0$，我们定义 $x_i = -\dfrac{k_i}{e_i} > 0$，$y_i = -\dfrac{g_i}{e_i} > 0$，则 $S^* = \{i \in I^- \mid b'x_i + c'y_i < a'\}$，那么集合的每一个元素都代表着二维空间的一个点 (x_i, y_i)，而在每一种实数组合 (a', b', c') 下，$b'x + c'y = a'$ 对应着二维空间的一条线，并且这条线将整个集合元素在平面内的点分为两部分。尽管这种实数组合存在无限可能，但是不同的参数可能会导致相同的集合划分。通过改变实数组合获得的不同的集合分区的数量是有限的，理论上最多有 2^I 种可能性，这也就意味着极点的数量是有限的，但有些元素点无法在空间中使用一个平面把他们单独划分出来。总体来看，不同的集合划分情况将远远小于 2^I 种情况，瓦普尼克等（Vapnik et al.，1971）在其研究中证明最多需要寻找 $O(n^3)$ 种可能性就可以找到最优解集 S^*。

根据以上思路，求解模型 P_{7-3} 的关键在于如何以更高的效率去划分出不同的集合以快速寻找凸包的极点。因此，我们设计了如下算法步骤：

步骤一　如图 7-4 所示，随机选取两点 p 和 q 构成一条直线 $b'x_i + c'y_i = a'$，则所有的点相对位置可划分为五个集合：在直线 pq 一侧的点加入集合 $R_p = \{i \in I^- \mid b'x_i + c'y_i < a'\}$，在直线 pq 另一侧的点加入集合 $R_q = \{i \in I^- \mid b'x_i + c'y_i > a'\}$，在直线 pq 上的点依据其与点 p 和点 q 的相对位置分别加入集合 I_1，I_2，或 I_3。

步骤二　S^* 可能的候选集合如下：

R_p，$R_p \cup I_1$，$R_p \cup I_1 \cup \{p\}$，$R_p \cup I_1 \cup \{p\} \cup I_2$，$R_p \cup I_1 \cup \{p\} \cup I_2 \cup \{q\}$，$R_p \cup I_1 \cup \{p\} \cup I_2 \cup \{q\} \cup I_3$；

R_q，$R_q \cup I_1$，$R_q \cup I_1 \cup \{p\}$，$R_q \cup I_1 \cup \{p\} \cup I_2$，$R_q \cup I_1 \cup \{p\} \cup I_2 \cup \{q\}$，$R_q \cup I_1 \cup \{p\} \cup I_2 \cup \{q\} \cup I_3$。

步骤三　遍历所有候选集合以选择使目标函数 $f(e_s, k_s, g_s)$ 取得最小值的集合 $S^*(p, q)$。

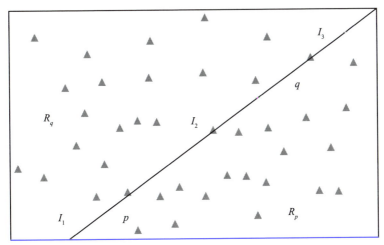

图 7 - 4　算法示意图

步骤四　遍历所有的（p，q）组合以使目标函数 $f(e_s$，k_s，$g_s)$ 取得最小值并找到最优解集 S^*。

算法伪代码如算法 7.1 所示。

算法 7.1

1：初始化：R_p，R_q，I_1，I_2，I_3，$S^* \leftarrow \emptyset$，$num \leftarrow 0$，$I^-[\quad]$
2：for $i = 1$，2，$\cdots$，$|I|$ do
3：　　$h_i' \leftarrow -(p_i - \beta v(d_i) - \delta cr(n - m))\lambda_i$
4：　　if $h_i' < 0$ then
5：　　　　$I^-[num] \leftarrow i$
6：　　　　$num ++$
7：　　　　$h_{num} \leftarrow h_i'$
8：　　　　$k_{num} \leftarrow (2K(\gamma h + \delta cr) + \rho^2)\lambda_i$
9：　　　　$p_{num} \leftarrow \gamma^2 h^2 z_\alpha^2 L\theta\sigma_i^2$
10：　　　　$x_{num} \leftarrow -\dfrac{k_{num}}{h_{num}}$
11：　　　　$y_{num} \leftarrow -\dfrac{p_{num}}{h_{num}}$
12：　　end if
13：end for
14：def：$\overrightarrow{pq} \leftarrow (x_q - x_p$，$y_q - y_p)$

15： def： $\cos(\vec{p}, \vec{q}) \leftarrow \dfrac{x_p x_q + y_p y_q}{\sqrt{x_p^2 + y_p^2}\ \sqrt{x_q^2 + y_q^2}}$

16： for $p = 1, 2, \cdots, num - 1$ do

17：   for $q = p + 1, p + 2, \cdots, num$ do

18：   if $x_p \neq x_q$ then

19：   if $y_p \neq y_q$ then

20：   def： $F(x, y) \leftarrow (y - y_p)/(y_q - y_p) - (x - x_p)/(x_q - x_p)$

21：   else

22：   def： $F(x, y) \leftarrow y - y_p$

23：   end if

24：   else

25：   if $y_p \neq y_q$ then

26：   def： $F(x, y) \leftarrow x - x_p$

27：   else

28：   continue

29：   end if

30：   end if

31：   for $t = 1, 2, \cdots, num$ do

32：   if $t = p$ then

33：   continue

34：   end if

35：   if $t = q$ then

36：   continue

37：   end if

38：   if $F(x_t, y_t) > 0$ then

39： $R_p \leftarrow R_p \cup \{I^-[t]\}$

40：   end if

41：   if $F(x_t, y_t) < 0$ then

42： $R_q \leftarrow R_q \cup \{I^-[t]\}$

43：   end if

44：   if $F(x_t, y_t) = 0$ then

45：   if $\cos(\overrightarrow{pq}, \overrightarrow{pt}) = -1$ then

46： $I_1 \leftarrow I_1 \cup \{I^-[t]\}$

47：   else

48：   if $\cos(\overrightarrow{qp}, \overrightarrow{qt}) = 1$ then

49： $I_2 \leftarrow I_2 \cup \{I^-[t]\}$

50：   else

51： $I_3 \leftarrow I_3 \cup \{I^-[t]\}$

52：   end if

53：   end if

54：   end if

55：   end for

56：   for $S = R_p, R_p \cup I_1, R_p \cup I_1 \cup p, R_p \cup I_1 \cup p \cup I_2, R_p \cup I_1 \cup p \cup I_2 \cup q, R_p \cup I_1 \cup p \cup I_2 \cup q$ do

57：   if $f(h_S, k_S, p_S) < f(h_{S*}, k_{S*}, p_{S*})$ then

58: $\quad\quad\quad S^* \leftarrow S$
59: $\quad\quad$ end if
60: $\quad\quad$ end for
61: $\quad\quad$ for $S = R_q$, $R_q \cup I_1$, $R_q \cup I_1 \cup p$, $R_q \cup I_1 \cup p \cup I_2$, $R_q \cup I_1 \cup p \cup I_2 \cup q$, $R_q \cup I_1 \cup p \cup I_2 \cup q$ do
62: $\quad\quad\quad$ if $f(h_S, k_S, p_S) < f(h_{S*}, k_{S*}, p_{S*})$ then
63: $\quad\quad\quad\quad S^* \leftarrow S$
64: $\quad\quad\quad$ end if
65: $\quad\quad$ end for
66: $\quad$ end for
67: end for
68: return S^*, $f(h_{S*}, k_{S*}, p_{S*})$

7.5 数值实验

本节将对上节提出的算法进行数值计算，以验证其性能。在此基础上，将进一步开展灵敏度分析，研究不同参数对供应链网络设计的影响，总结管理启示。本节算法采用 C++ 编写代码，并在配备 Intel Core i7-9750H CPU（2.60GHz）且运行 64 位 Windows 10 操作系统的计算机上运行。为减少参数随机性带来的误差，每种规模的问题均在不同的随机数种子下生成 20 个实例，并取计算结果的均值进行分析。

7.5.1 参数初始化

本节将对参数进行初始化设置，其中 $U[a, b]$ 表示在区间 $[a, b]$ 上均匀分布。除服务权重因子外，其余权重因子默认为 1，各参数具体设置如下：

（1）核心企业向上游供应商购买商品的单位批发价 c：500；

（2）核心企业向客户 i 出售商品的市场价 p_i：$U[550, 600]$；

（3）下游客户 i 的年平均需求 λ_i：$U[250, 500]$；

（4）客户 i 年需求的标准差 σ_i：$U[0, 250]$；

（5）核心企业的固定订货成本 K：1000；

（6）核心企业到下游客户 i 的运输距离 d_i：$U[70，150]$；

（7）从核心企业运送单位产品到下游客户 i 的单位成本 $v(d_i)$：

$$v(d_i) = \begin{cases} 1，& 0 < d_i \leqslant 40 \\ 10，& 40 < d_i \leqslant 60 \\ 15，& 60 < d_i \leqslant 80 \\ 30，& 80 < d_i \leqslant 100 \\ 50，& d_i > 100 \end{cases}$$

（8）核心企业的补货提前期 L：0.1；

（9）核心企业每年每单位产品的库存持有成本 h：30；

（10）上游供应商给予核心企业的商业信用期 M：0.1；

（11）核心企业向下游客户 i 提供的商业信用期 N：0.2；

（12）核心企业因下游延迟支付导致的单位时间（年）单位资金机会成本 r：20%；

（13）下游客户的目标满意度（服务水平）α：97.5%；

（14）服务水平 α 对应的服务因子 z_α：1.96；

（15）核心企业运输单位产品到下游客户 i 的碳排放量 b_i：$d_i \times 0.05$；

（16）每单位库存的年碳排放量 e_h：20；

（17）每单位碳排放的税率 t：1。

7.5.2　结果分析

本节首先通过数值实验对算法性能进行分析。随后，通过对不同参数的灵敏度分析，我们将深入探讨供应链网络设计中的关键因素如何影响企业的运营效率和利润表现，相关结论有望为企业在复杂市场环境中的决策提供参考。

7.5.2.1 算法性能分析

表 7 – 2 和表 7 – 3 展示了下游潜在客户规模从 50～1000 的算法性能和成本分析,包括"CPU 时间(秒)""选择客户数量""净利润""各项占总收入比例"等的平均值。从"CPU 时间(秒)"可以看出,随着客户规模的扩大,算法的求解时间有所增加,但在客户规模达到 1000 时,算法仍能在 10 秒内找到最优解,具有良好性能。此外,"选择客户数量"和"净利润"也随规模扩大而增长。特别是"净利润""选择客户占比""客户平均利润"三项指标随潜在客户规模的扩大而提高,反映了存在规模经济效应。表 7 – 3 进一步显示,随着规模扩大,"库存 – 资金"成本、"安全库存"成本、"运营"成本和"碳排放"成本占比相对减少,而服务的客户数量增加导致"运输"成本占比上升,同时"企业补货周期"缩短,订货频率提高。

7.5.2.2 商业信用期灵敏度分析

表 7 – 4 展示了 200 个潜在客户规模的供应链网络上下游商业信用期 M 和 N 的灵敏度分析。当核心企业给予下游客户的商业信用期 M 不超过其从上游供应商获得的商业信用期 N 时,我们可得出以下结论。

表 7 – 2　　　　　　　　　　　　算法性能

下游潜在客户	CPU 时间(秒)	选择客户数量(个)	选择客户占比(%)	净利润(元)	客户平均利润(元)
50	0.004	34	68.0	184039	3681
100	0.012	73	73.0	489638	4896
200	0.056	151	75.5	1134212	5671
300	0.197	227	75.7	1772351	5908
500	0.625	380	76.0	3184920	6370
750	2.019	578	77.1	5007415	6677
1000	7.236	777	77.7	6890161	6891

表 7 – 3   **企业补货周期与各项占比**

下游潜在客户	企业补货周期（天）	各项占总收入比例（%）					
		运输	库存 – 资金	安全库存	运营	碳排放	利润
50	12.8	44.2	17.7	1.5	16.1	9.4	11.0
100	8.6	45.9	16.2	1.0	11.1	8.6	17.2
200	6.0	46.5	15.1	0.7	7.9	8.1	21.7
300	4.9	47.1	14.7	0.6	6.4	7.8	23.3
500	3.8	47.1	14.2	0.5	5.0	7.6	25.8
750	3.1	47.0	13.9	0.4	4.0	7.4	27.3
1000	2.7	47.0	13.7	0.3	3.5	7.3	28.2

表 7 – 4   **200 个潜在客户的供应链网络上下游商业信用期灵敏度分析**

M	N	最优解			各项占总收入比例（%）					
		净利润	客户数量	补货周期	运输	库存 – 资金	安全库存	运营	碳排放	利润
0	0	1743871	174	5.6	49.9	2.5	0.7	7.5	8.4	31.0
0	0.05	1427712	162	5.8	48.1	8.9	0.7	7.7	8.2	26.4
0	0.1	1134212	151	6.0	46.5	15.1	0.7	7.9	8.1	21.7
0	0.15	866256	133	6.4	44.3	21.1	0.8	8.2	7.9	17.8
0	0.2	632970	115	6.9	41.9	26.9	0.8	8.6	7.8	14.0
0.05	0.2	866256	133	6.4	44.3	21.1	0.8	8.2	7.9	17.8
0.10	0.2	1134212	151	6.0	46.5	15.1	0.7	7.9	8.1	21.7
0.15	0.2	1427712	162	5.8	48.1	8.9	0.7	7.7	8.2	26.4
0.20	0.2	1743871	174	5.6	49.9	2.5	0.7	7.5	8.4	31.0

随着 N 的延长，核心企业向下游客户提供更长的商业信用期，这将导致核心企业承担更高的资金成本，使得"净利润"下降，选择的"客户数量"减少，"库存 – 资金"成本占比显著上升。相反，当 M 增加时，意味着核心企业承担的资金损失减少，情况则呈现相反趋势。

值得注意的是，当 $M = N = 0$ 时，这代表未涉及商业信用的市场选择模型。与提供商业信用相比，木提供商业信用时，核心企业的"净利润"更高，选择的"客户数量"更多，且"库存 – 资金"成本占比更低。

此外，我们还发现了一个有趣的现象：只要保持 M 与 N 的差值（$M - N$）不变，最优解将维持稳定。此现象是因为 $M - N$ 反映了核心企业承受资金成本的时间长短，只要该时间差恒定，核心企业的资金成本不变，最优解保持不变。若其时间间隔增加，将对核心企业"净利润"和选择的"客户数量"产生负面影响。

7.5.2.3 碳税灵敏度分析

表 7 – 5 展示了 200 个潜在客户规模下的碳税 t 的灵敏度分析结果。随着碳税 t 下降，核心企业的"净利润"和选择的"客户数量"均呈现出明显的增长趋势。与此同时，"碳排放"成本在总成本中的占比大幅下降，而利润占比则显著提升。核心企业选择的"客户数量"增加，将导致运输成本在总成本中的占比有所上升，并且补货周期也相应缩短。然而，碳税的变化对"库存 – 资金"成本、"安全库存"成本以及"运营"成本在总成本中的占比影响并不显著。

表 7 – 5   **200 个潜在客户下的碳税灵敏度分析**

碳税 (t)	最优解			各项占总收入比例（%）					
	净利润	客户数量	补货周期	运输	库存 – 资金	安全库存	运营	碳排放	利润
3	589057	107	7.1	40.5	15.0	0.8	9.0	21.5	13.1
2	835608	130	6.5	43.7	15.0	0.8	8.3	15.1	17.1
1	1134212	151	6.0	46.5	15.1	0.7	7.9	8.1	21.7
0.1	1438579	164	5.8	48.4	15.2	0.7	7.6	1.0	27.0
0.01	1470669	165	5.7	48.5	15.2	0.7	7.6	0.2	27.7
0	1474248	165	5.7	48.5	15.2	0.7	7.6	0.0	27.9

值得注意的是，尽管降低碳税可能在短期内对企业的财务表现产生积极影响，但从长远来看，合理的碳税政策能够促使企业更加关注环境保护，推动可持续发展。这有助于企业在未来赢得更好的市场声誉和社会责任评价。此外，鉴于全球对气候变化的日益关注，企业应当积极考虑如何通过技术创新和管理优化来降低碳排放，以应对未来可能的碳税政策调整，从而在低碳经济环境中保持竞争优势。

7.5.2.4 市场需求灵敏度分析

表 7-6 展示了潜在客户规模分别为 100 和 200 的客户需求灵敏度分析，并考虑了客户需求分别为 $0.75\lambda_i$、$1.00\lambda_i$、$1.25\lambda_i$ 的三种不同情境。通过对比"净利润"和"客户数量"，我们可以清晰地看到，随着客户需求的不断增长，两种不同市场规模下核心企业的"净利润"和"客户数量"均呈现出增加的趋势。这一结果表明，客户需求的提升有助于企业实现更高的盈利，并吸引更多的客户群体。

表 7-6   需求灵敏度分析

下游潜在客户	需求	最优解			各项占总收入比例（%）					
		净利润	客户数量	补货周期	运输	库存-资金	安全库存	运营	碳排放	利润
100	$0.75\lambda_i$	326914	72	10.1	45.4	16.7	1.4	12.9	9.1	14.5
	$1.00\lambda_i$	489638	73	8.6	45.9	16.2	1.0	11.1	8.6	17.2
	$1.25\lambda_i$	657058	75	7.6	46.2	15.8	0.8	9.9	8.4	18.9
200	$0.75\lambda_i$	793007	149	7.0	46.2	15.6	1.0	9.1	8.4	19.8
	$1.00\lambda_i$	1134212	151	6.0	46.5	15.1	0.7	7.9	8.1	21.7
	$1.25\lambda_i$	1481735	152	5.4	46.6	14.9	0.6	7.0	7.9	23.1

另外，从"运输"和"补货周期"两列数据中，我们可以进一步发现，

随着客户需求的持续攀升，补货周期明显缩短，意味着企业需要更加频繁地进行补货操作。这种补货频率的增加，直接导致了运输成本在总成本中所占比例的提升。这一发现揭示了需求增长所带来的挑战：企业需要更加迅速地响应顾客需求，缩短补货周期，这也相应地增加了运输成本的压力。

7.5.2.5 市场需求波动灵敏度分析

表 7 - 7 展示了潜在客户规模分别为 100 和 200 的客户需求标准差的灵敏度分析，深入探讨了客户需求标准差分别为 $0.75\sigma_i$、$1.00\sigma_i$、$1.25\sigma_i$ 三种不同水平下的具体影响。通过观察 "净利润" "客户数量" "利润" 占比以及 "安全库存" 占比等，我们得出以下结论。

表 7 - 7　　　　　　　　市场需求波动灵敏度分析

下游潜在客户	需求	最优解			各项占总收入比例（%）					
		净利润	客户数量	补货周期	运输	库存 - 资金	安全库存	运营	碳排放	利润
100	$0.75\sigma_i$	499265	74	8.6	45.9	16.2	0.8	11.1	8.5	17.6
	$1.00\sigma_i$	489638	73	8.6	45.9	16.2	1.0	11.1	8.6	17.2
	$1.25\sigma_i$	480033	73	8.6	45.8	16.2	1.3	11.1	8.8	16.8
200	$0.75\sigma_i$	1147927	151	6.0	46.5	15.1	0.5	7.9	8.0	22.0
	$1.00\sigma_i$	1134212	151	6.0	46.5	15.1	0.7	7.9	8.1	21.7
	$1.25\sigma_i$	1120522	150	6.0	46.4	15.1	0.9	7.9	8.2	21.5

随着客户需求标准差的不断增大，市场需求的不确定性也随之显著增强。在两种市场规模下，核心企业的 "净利润" "利润" 占比以及所选择的 "客户数量" 均呈现出明显的下降趋势。这一变化表明，在需求不确定性加剧的背景下，企业的经营效益和客户基础均受到了不同程度的冲击。

与此同时，"安全库存" 成本占比也呈现出一定程度的上升态势。这主要是由于需求不确定性的增加迫使企业不得不提高库存水平，以更好地应对潜在的市场波动。然而，这一举措也相应地增加了企业的安全库存成本，进一步对企业的财务状况造成了压力。因此，在面对日益复杂多变的市场环境时，企业需要密切关注市场需求的变化趋势，并采取相应的风险管理措施，以确保企业的稳健发展。

7.5.2.6　核心企业资金机会成本灵敏度分析

表 7-8 展示了在 200 个潜在客户规模下，核心企业的单位时间单位资金机会成本 r 的灵敏度分析。表中"δ"列代表其权重因子的大小。分析结果显示，随着资金机会成本 r 的降低，"库存-资金"占比显著降低，核心企业因商业信用而产生的额外支出减少。同时，"净利润"和所选择的"客户数量"均呈现增长趋势，这表明降低资金的机会成本能够有效缓解商业信用带给企业的冲击。

表 7-8　　200 个潜在客户下的核心企业资金机会成本 r 灵敏度分析

δ	最优解			各项占总收入比例（%）					
	净利润	客户数量	补货周期	运输	库存-资金	安全库存	运营	碳排放	利润
2	620214	114	6.9	41.8	27.9	0.8	8.7	7.8	13.1
1	1134212	151	6.0	46.5	15.1	0.7	7.9	8.1	21.7
0.5	1435520	162	5.8	48.1	8.4	0.7	7.7	8.2	27.0
0.1	1693289	172	5.6	49.6	2.7	0.7	7.5	8.3	31.2
0.01	1753509	174	5.6	49.9	1.4	0.7	7.5	8.4	32.1
0	1760249	175	5.6	50.0	1.2	0.7	7.5	8.4	32.2

7.5.2.7　库存持有成本灵敏度分析

表 7-9 以潜在客户规模为 200 个作为案例对库存持有成本进行灵敏度

分析。表中"γ"列代表其权重因子的大小。分析结果显示，随着库存持有成本的不断增加，核心企业的"净利润"、市场所选的"客户数量"以及利润占比均呈现出下降趋势。这直接表明增加库存持有成本会对企业的盈利能力及市场份额带来不利影响。

表 7 – 9　　　　　　　200 个潜在客户下的库存持有成本灵敏度分析

γ	最优解			各项占总收入比例（%）					
	净利润	客户数量	补货周期	运输	库存 – 资金	安全库存	运营	碳排放	利润
0.01	1196102	152	6.0	46.6	14.8	0.0	7.8	6.7	24.1
0.1	1190460	152	6.0	46.6	14.9	0.1	7.8	6.9	23.7
0.5	1165414	151	6.0	46.5	15.0	0.4	7.8	7.5	22.7
1	1134212	151	6.0	46.5	15.1	0.7	7.9	8.1	21.7
2	1072236	149	6.0	46.2	15.4	1.4	7.9	9.0	20.0
3	1011116	147	6.1	46.0	15.7	2.2	7.9	9.8	18.4

进一步观察发现，随着库存持有成本的增加，"库存 – 资金"占比和"安全库存"占比也在逐步上升。这反映出库存持有成本的增加会导致更多资金被库存占用，并且企业需要投入更多的安全库存成本以应对不确定性。

基于上述六项数值分析，我们得出以下结论：随着潜在客户规模的增大，订货频率相应增加，同时客户的平均利润也呈现增长态势，彰显了规模效应对经营业绩的积极影响。此外，商业信用期的调整与碳税政策的变动，对企业的利润水平、订货策略以及各项成本构成均产生了显著的影响，这进一步凸显了将商业信用因素及碳排放成本纳入市场选择模型中的必要性和重要性。

进一步观察发现，客户平均需求的提升与需求波动的减小，均有助于企业利润的增长。相反，资金的机会成本与库存持有成本的增加，则会对企业的利润产生抑制作用。这些观察结果与实际情况吻合，不仅为企业的经营管理提供了有益的启示，同时也进一步验证了所建模型的准确性和实用性。

7.6　结论与展望

在低碳经济时代，供应链管理面临着新的挑战。除了传统的物流和信息流管理，资金流的有效管理也变得至关重要。商业信用作为一种常见的资金管理方式，对供应链的稳定性和效率有着深远的影响。在此背景下，本章探讨的考虑商业信用和市场选择的低碳供应链网络设计问题颇具创新与现实意义。

本章以一家核心企业为例，结合碳税与商业信用的资金成本，构建了一个考虑碳排放与商业信用的经济订货批量（EOQ）模型，用以求解企业的资金 – 库存成本及其订货策略。在此基础上，进一步拓展了包含市场选择因素的供应链网络设计模型，旨在通过建立非线性整数规划模型来最大化企业利润，并明确其服务市场的范围。借助模型的特性，设计了一套相应的求解算法。通过数值实验，不仅展示了算法的有效性，还呈现了最优市场选择、成本与利润的分布情况以及补货周期等关键信息。对各参数的灵敏度分析进一步揭示了市场规模、信用期限、碳税水平、需求波动性和库存成本等因素对供应链网络设计的影响，从而验证了模型的实际应用价值，并总结得出以下管理启示。

商业信用策略对供应链资金流影响深远，进而关系到供应链各环节的运营决策。一方面，企业通过延长对上游供应商的信用期，可以优化库存结构，减少库存资金的占用，提高资金使用效率，从而释放更多资金用于商业运营和业务拓展。另一方面，虽然延长对下游客户的信用期可以扩大销售规模，但也会增加资金成本和坏账风险。因此，企业在制定信用政策时，必须综合考虑库存成本和资金周转情况，建立有效的信用评估体系，以降低坏账风险，并确保库存优化策略的有效实施。通过找到上游和下游信用期之间的最佳平衡点，企业可以提升自身的盈利能力和市场竞争力。

同时，在碳税政策背景下，企业应当细致分析并平衡该政策所带来的短期和长期效应。短期内，碳税下降会带来企业净利润和客户数量的增长，同时降低碳排放成本的占比。但从长远来看，合理的碳税政策将激励企业更加注重环保和可持续发展。企业在考虑碳税政策变化时，需要全面评估其对财务和运营的影响，并探索通过技术创新和管理优化来降低碳排放，以维持其竞争力。

总体而言，本章的研究深入分析了市场选择背景下商业信用与碳排放成本的相互作用，增强了模型的现实适用性。然而，当前研究也有一定的局限性，它主要考虑了买方市场条件下上游信用期短于下游的特定情况。未来的研究可以放宽这一假设，将上游信用期长于下游的情况纳入研究范围，以更全面地揭示考虑市场选择的供应链网络设计的复杂性。同时，商业信用包含多种支付形式，目前的研究仅涉及延迟支付，未来的研究可以进一步拓展到对预支付等其他方式的探讨。

第 8 章

考虑路径－多级库存的低碳供应链网络设计

前述章节分别从物流、信息流、资金流等多个维度，深入分析了低碳供应链网络设计的不同场景。这些研究不仅拓宽了该领域的学术视野，也提出了一系列创新的管理策略。它们覆盖了供应链网络设计的核心领域，包括设施选址、市场选择、区块链部署等战略层面的决策，以及库存管理、商业信用等战术层面的决策。本章将在碳中和的大背景下，进一步拓宽研究范围，提出一个集成路径规划和多级库存管理的低碳供应链网络设计优化模型。该模型通过对库存管理、配送路径等关键要素进行联合决策，旨在实现供应链整体绩效的最大化。同时，本章还将探讨这些决策如何影响供应链的碳排放，并探索如何通过优化这些决策来推动供应链向更可持续的方向发展。通过这种多角度、系统化的建模与分析，我们希望为低碳供应链管理领域提供新的理论支撑和实践指导。

8.1 引　　言

供应链网络是企业运营的基础架构，其精细设计能够显著提升从原材料采购到产品生产、分销,直至最终消费全流程的效率,确保供需双方的高效对接。据研究,库存成本在供应链总运营成本中占据了相当大的比重,比例高达 30% 甚至更多(邵靖宇,2017)。因此,有效的库存控制对于供应链网络设计至关重要,其核心目标是在满足客户需求的同时,制定合理的补货策略以降低库存成本。同时,供应链网络的设计也直接影响物流配送的效率和运输过程中的碳排放量。在设计过程中考虑配送路径规划,对于提升物流效率和减少碳排放具有重要意义。车辆路径问题(vehicle routing problem,VRP)致力于优化配送路线,根据客户需求制定最优配送方案,减少总行驶里程,并尽可能在满载条件下减少所需车辆的数量,降低运输成本。此外,优化配送路线还能有效减少能源消耗和尾气排放,为环境保护和实现"双碳"目标作出贡献(庞燕等,2019)。

然而,库存控制和路径规划之间存在一种"效益悖反"现象。从配送策略的角度来看,如果供应商选择减少每次补货量并增加补货频率,虽然有助于降低客户的库存成本,但可能会导致运输成本的上升;反之,如果增加每次补货量并减少补货频率,虽然能够降低运输成本,却会增加库存成本。因此,在供应链网络设计中对库存控制和路径规划进行联合决策,可以更高程度地实现供应链整体的优化。

另外,在全球范围内,对供应链低碳管理的需求正日益增强。运输和仓储环节是供应链中主要的碳排放源,其运营方式对环境的影响不容忽视。金和莱诺克斯(King & Lenox,2001)的研究揭示了供应链系统的库存水平与碳排放水平之间存在密切联系。邦尼和贾比尔(Bonney & Jaber,2010)进一步指出,在环境政策与绿色理念的要求下,有必要重新评估供应链的库存分布,以减少对环境造成的影响。领先企业已经开始采取行动。比如,京东致力于将绿色基础设施与数字技术深度融合,推进仓储、包装、运输和回收等多个环节协同共建绿色供应链(京东,2023)。

综上所述,本章旨在深入研究考虑路径 – 两级库存的低碳供应链网络设计优化问题。首先,本章在现有研究基础上,引入多级库存补货策略,并将碳排放成本纳入计算，构建全面系统的优化模型。这一模型涵盖了库存管理、路径规划等方面的联合决策，显著增加了问题的复杂性。为了解决这一挑战，本章借鉴现有研究，针对小规模问题开发了分支定价求解算法。对于规模较大的问题，本章采用了基于节约算法的启发式方法进行模型求解。最后，通过一系列数值实验，本章验证了算法的性能，并从中得出了有价值的管理启示。

8.2　文　献　综　述

前面的章节已经对供应链网络设计优化的文献进行了详尽的讨论。因此，本节将集中探讨与本章有关的两个核心领域：多级库存管理和低碳供应链下的库存－路径问题。本节将通过系统的文献回顾和分析，提炼出关键的理论洞见，为后续章节中的模型构建和优化工作奠定坚实的理论基础。

8.2.1　考虑多级库存管理的供应链网络设计优化

传统的库存管理策略主要聚焦于单一企业的内部库存。然而，在供应链环境中，企业间的相互依赖性使得对整个供应链的库存进行优化变得至关重要。多级库存模型正是在这种背景下应运而生，它涉及上下游供应链主体的协同补货。与单级库存模型相比，多级库存模型的特点在于它同时考虑了上下游的库存持有成本，旨在确定上下游各自的最优库存补充策略，这是一个极具挑战性的复杂问题（Roundy，1985）。国内外学者对此进行了深入研究，并提出了一些有效的模型和方法。

克拉克和斯卡夫（Clark & Scarf，1960）率先提出了多级库存的概念，将库存控制的视角从单一企业扩展到多个供应链层次，为后续研究奠定了基础。在单源供应的前提下，多级供应链网络可视为多个单一配送中心多零售商子网络的组合。基于罗迪（Roundy，1985）的研究，张和舒（Teo & Shu，2004）首次在集合覆盖模型的框架下提出了考虑多级库存管理的供应链网络设计优化问题。该研究采用分支定价方法，可在 $O(n\log n)$ 的时间复杂度内求解中等规模的定价子问题。迪贝塔等（Diabat et al.，2015）以及迪贝塔和理查德（Diabat & Richard，2015）采用拉格朗日松弛方法求解多级库存供应链网络设计优化模型。舒等（Shu et al.，2015）进一步证明了该算法与列生成算法的等价性。此外，学者还探索了近似求解算法，如舒等（Shu et al.，2010）针对具有三角不等式运输成本的多级库存供应链网络设计优化问题，提出了 1.861-近似算法，时间复杂度为 $O(mn^2\log n)$；李等（Li et al.，2013）也针对类似问题提出了 3-近似算法。

在多样化的应用场景中，多级库存供应链网络设计优化研究持续深入。罗柄恩等（Romeijn et al.，2007）提出了一个包含选址决策和两级库存成本的供应链设计问题，并在此基础上引入了容量约束，同时考虑了配送中心拥堵成本的影响，使得多级库存供应链网络设计优化模型更加贴近实际业务环境。尤和格罗斯曼（You & Grossmann，2010）在客户需求不确定的情况下，研究了多级供应链和库存系统的优化设计，提出了基于拉格朗日松弛和分段线性近似的空间分解算法。舒等（Shu et al.，2013）进一步考察了需求稳定性和产品种类多样性对多级库存供应链网络设计的影响，并在后续研究中考虑了安全库存，同时开发了割平面算法来求解中等规模的问题（Shu et al.，2015）。李等（Li et al.，2019）在模型中增加了碳排放成本，考虑库存持有和补货活动的碳排放量，实现了库存成本和碳排放最小化的目标。丁等（Ding et al.，2021）在深入分析商业信用对供应链运营影响的基础上对模型进行了拓展，并采用多面体拟阵割平面算法有效求解了这一问题。

8.2.2 库存－路径问题与低碳供应链管理

库存－路径问题（IRP）是供应链网络设计中的一个重要问题，旨在确定最佳的库存分配和路径调度，以实现经济效益的最大化或成本的最小化。这一问题融合了库存管理和运输路径调度两大决策领域，是一个 NP-hard 的组合优化问题。IRP 的早期研究主要围绕车辆路径问题（VRP）的模型变体展开，这些变体在原有 VRP 的基础上增加了对库存持有成本的考量。贝尔等（Bell et al.，1983）探讨了在零售商需求随机且必须满足工业气体行业运营条件的车辆路径规划问题，并在此后发表了一系列理论、方法和应用方面的相关研究。由于 IRP 模型求解难度极大，学者们不断探索和改进其求解方法。阿切蒂等（Archetti et al.，2017）提出了一种三阶段数学方法，将混合整数线性规划与禁忌搜索相结合，为大量开放实例提供了新的求解方案。奇察兹等（Chitsaz et al.，2019）提出了另一种依赖于不同子问题迭代解的三阶段分解方法，进一步改进了 IRP 问题的已知上界。马努萨基斯等（Manousakis et al.，2021）在 IRP 问题中引入了一种新的两商品流模型，并提出了一组新的有效不等式，在此基础上开发了一种分支切割算法。

随着对 IRP 的理解不断加深，诸多研究发现在实际的供应链管理中，许多需求并非一次性事件，而是需要配送中心在特定时间段内周期性地完成。布迪亚和普林斯（Boudia & Prins，2009）研究了一个多周期生产－分配问题，以最小化生产、库存和运输成本之和为目标，通过模因算法求解。他们的研究突破了传统的先生产后运输两阶段决策模式，提出了一种可同时处理生产和运输决策的方法。科埃略等（Coelho et al.，2012）采用自适应大邻域搜索算法，求解客户需求随时间变化的动态 IRP 问题。王甲海等（Wang et al.，2019）的研究聚焦于带时间窗的周期性车辆路径问题（period vehicle routing problem with time windows，PVRPTW），他们定义了一个包含五个目标的典型多目标 PVRPTW 模型，并构建了新的非对称多目标 PVRPTW 实例。该研究提出了一种模因算法来解决这一复杂的多目标优化问题。

近年来，随着全球关注焦点从传统的供应链管理转向低碳供应链管理，学者们开始深入分析碳排放及相关政策对供应链网络及其各个环节的影响，并在低碳理念的指导下考虑路径调度、库存补货等决策。例如，埃尔赫利等（Elhedhli et al.，2012）将碳排放成本纳入目标函数，构建了一个绿色供应链设计模型。研究结果表明，考虑碳排放成本会改变供应链设计的最优方案，凸显了在设计供应链网络时考虑碳排放成本的重要性。蒂瓦里等（Tiwari et al.，2015）研究了考虑碳排放的绿色车辆路径问题，采用基于距离的方法来计算碳排放量，并同时优化了每辆车从仓库到配送中心的最小行驶距离以及车辆的碳排放总量。程等（Cheng et al.，2017）综合考虑环境影响和异质车辆因素，建立了一个绿色 IRP 模型，将燃料消耗和二氧化碳排放等成本纳入成本优化目标。米歇尔等（Micheli et al.，2018）同时考虑客户需求的不确定性、综合排放模型和异构车队构建了 IRP 模型，并讨论了在碳限额、碳税、碳交易和碳补偿等四种排放政策下最优决策的变化及对经济和环境的影响。谢尔扎迪等（Shirzadi et al，2021）研究了考虑新鲜农产品分销的 IRP 模型，其中既包括常见的运输和库存持有成本，还涵盖了产品过期和客户不满所导致的成本，并对温室气体排放水平进行了控制。这些研究不仅推动了低碳供应链管理的理论与实践发展，也为供应链管理领域提供了新的研究方向和解决方案。

8.2.3 文献评述

本节通过系统的文献综述，提炼了相关领域的关键研究成果，并分析了现有模型的优势与不足。在库存路径规划（IRP）问题的研究中，由于库存管理和路径规划各自固有的复杂性，文献中经常将库存决策简化，以确保模型的可解性。例如，一些研究可能会预设备选的补货周期集合，并构建线性的库存成本模型。然而，这种做法可能无法保证获得最佳的路径和库存优化策略，因为实际中的库存成本往往是非线性的，而且预设备选补货周期集合也有很大的主观性。因此，本章的研究基于罗迪（Roundy，1985）提出的单配送中心多零售商模型，深入分析了配送中心和零售商之间的两级库存持有成本和补货成本。在此基础上，进一步引入碳税来量化供应链中的碳排放成本，构建了一个考虑路径规划和两级库存的低碳供应链网络设计优化模型。在该模型中，补货周期被作为决策变量进行优化求解，以期在考虑碳排放成本的同时，实现供应链网络设计的最优化。

8.3 问题描述与模型构建

本章主要探索将车辆路径规划与多级库存管理相结合的低碳供应链网络设计优化问题。因此，本节内容将首先概述基础的 VRP 模型，接着回顾罗迪（Roundy，1985）提出的多级库存管理模型，并最终实现这两个模型的融合。

8.3.1 路径规划模型

基础的车辆路径问题（VRP）是带容量限制的车辆路径问题（CVRP）。给定一个仓库和多个零售商，该问题基本设定如下：

（1）所有零售商都由容量有限的相同车辆组成的车队提供服务；

（2）每个零售商只能被一辆车服务；

（3）车辆是有容量限制的；

（4）每辆车都从仓库出发，访问一部分零售商，并在不违反容量限制的情况下返回站点。

VRP 模型采用的符号表示和说明如表 8 – 1 所示。

表 8 – 1   路径规划模型的变量和参数符号说明

符号	说明
M	可用车辆的集合
N	仓库和零售商的集合，0 代表仓库
λ_i	零售商 i 的单位时间需求率
c_{ij}	从节点 i 到节点 j 的运输成本

续表

符号	说明
W	车辆容量
X_{ijm}	如果车辆 m 直接从 i 到 j，则 $X_{ijm}=1$；否则，$X_{ijm}=0$
Y_{im}	如果零售商 i 的订单是由车辆 m 配送，则 $Y_{im}=1$；否则，$Y_{im}=0$
R	所有可用路径的集合
c_r	路径 r 的运输成本
a_{ir}	如果零售商 i 在路径 r 中，则 $a_{ir}=1$；否则，$a_{ir}=0$
Y_r	如果路径 r 被选中，则 $Y_r=1$；否则，$Y_r=0$

根据上述参数，可以构造出 VRP 问题的弧 – 流模型 P_{8-1}：

$$P_{8-1} \quad \text{minimize} \quad \sum_{m \in M} \sum_{i \in N} \sum_{j \in N} c_{ij} X_{ijm}$$

$$\text{subject to} \quad \sum_{i \in N} \lambda_i Y_{im} \leqslant W, \quad \forall m \in M$$

$$\sum_{m \in M} Y_{im} = 1, \quad \forall i \in N \backslash \{0\}$$

$$\sum_{m \in M} Y_{im} = |M|, \quad i = 0$$

$$Y_{im} \in \{0, 1\}, \quad \forall i \in N, \ m \in M$$

$$\sum_{i \in N} X_{ijm} = Y_{jm}, \quad \forall j \in N, \ m \in M$$

$$\sum_{j \in N} X_{ijm} = Y_{im}, \quad \forall i \in N, \ m \in M$$

$$\sum_{i,j \in S} X_{ijm} \leqslant |S| - 1, \quad \forall S \subseteq N \backslash \{0\}, \ 2 \leqslant |S| \leqslant N - 1, \ m \in M$$

$$X_{ijm} \in \{0, 1\}, \quad \forall i \in N, \ j \in N, \ m \in M$$

为了便于求解，定义 c_r 为路径 r 的运输成本，可以将该模型转换为集合划分模型 P_{8-2}：

$$P_{8-2} \quad \text{minimize} \quad \sum_{r \in R} c_r Y_r$$

$$\text{subject to} \quad a_{ir} Y_r = 1, \quad \forall i \in N \backslash \{0\}$$

$$\sum_{r \in R} Y_r = |M|$$

$$Y_r \in \{0, 1\}, \quad \forall r \in R$$

8.3.2　多级库存管理模型

假设供应链网络结构确定，即已知配送中心选址以及配送中心与零售商的分配关系，且配送中心向零售商单源供货，供应链库存优化模型可简化为多组单一配送中心和多零售商之间的多级库存优化问题。与单级库存系统不同，多级库存系统不仅考虑配送中心的库存，同时也考虑零售商的库存，因而必然涉及两者间的库存协调机制，这也是此类问题建模的关键。针对单一配送中心多零售商的两级库存协同优化，迄今为止尚未完全解决。罗迪（Roundy，1985）的研究基于静态（stationary）库存补充整数比策略（integer-ratio policy）建立了该问题的凸规划模型，并证明了其松弛模型既是其自身的下界，也是原始问题的下界。罗迪（Roundy）进一步提出易于操作的二次幂策略（power-of-two policy），证明其对应的库存成本在最优库存成本的 1.02 倍以内，并可在 $O(n\log n)$ 时间内求解。张和贝茨马斯（Teo & Bertsimas，2001）也通过随机取整方法得出了类似结论。该方法被广泛应用于需求确定且不考虑延迟交货的多级库存系统建模中。接下来，本节将具体阐述该库存模型的原理。

考虑一个配送中心（编号为 0）向多个零售商供货的情形，零售商的编号为 $i = 1, 2, \cdots, n$，并做出以下假设：

（1）每个零售商都需要满足一个确定的需求；

（2）配送中心每次向外部供应商下订单时都会产生固定订货成本，该成本与订单数量无关；

（3）每个零售商每次向配送中心下订单时都会产生固定的订货成本，该成本与订单数量无关；

（4）配送中心和零售商都持有库存，且零售商的库存持有成本大于配送中心的库存持有成本；

（5）不允许缺货或滞后供货。

该模型的符号表示和符号说明如表 8 – 2 所示。

表 8 – 2 多级库存管理模型的变量和参数符号说明

符号	说明
K_0	配送中心的固定订货成本
h_0	配送中心每年每单位产品的库存持有成本
K_i	零售商 i 的固定订货成本
h_i	零售商 i 每年每单位产品的库存持有成本
λ_i	零售商 i 的单位时间需求率
T_0	配送中心的补货周期
T_i	零售商 i 的补货周期
h_i'	零售商 i 的单位级库存持有成本，$h_i' = h_i - h_0$

首先，二次幂策略 $T = \{T_0, T_1, \cdots, T_n\}$ 满足零库存策略，即在期初和期末的库存水平均为 0。如果直接考虑配送中心的库存水平变化，则无法呈现出类似 EOQ 模型的锯齿状变化特征。为了解决这一问题，可以引入系统库存和级库存持有成本的概念：零售商的系统库存定义为零售商 i 的库存加上配送中心分配给零售商 i 的库存，零售商 i 的单位级库存持有成本定义为 $h_i' = h_i - h_0$。引入这些概念可以将配送中心的库存变化也构造成锯齿状特征，以便建模和计算。其次，计算配送中心和零售商的两级库存持有成本：

$$\frac{1}{2}h_i'\lambda_i T_i + \frac{1}{2}h_0\lambda_i\max\{T_0, T_i\} \tag{8 – 1}$$

详细证明过程可参见罗迪（Roundy，1985）的研究成果。因此，可以计算出库存补货成本和持有成本：

$$\frac{K_0}{T_0} + \sum_{i\geqslant 1}\left(\frac{K_i}{T_i} + \frac{1}{2}h_i'\lambda_i T_i + \frac{1}{2}h_0\lambda_i\max\{T_0, T_i\}\right) \tag{8 – 2}$$

8.3.3　路径 – 多级库存的低碳供应链网络设计模型

　　基于上述分析，本节考虑两级库存补货决策和路径决策，构造路径 – 两级库存供应链网络模型。该网络由一个外部供应商，一个配送中心和多个零售商组成，主要的碳排放源有运输过程和库存持有过程，碳排放成本按照其归属分配到相应的成本项目中。第一项决策是多级库存的补货策略，在这里本章同时考虑配送中心和零售商的两级库存成本以及由此产生的碳排放成本，配送中心和零售商对其上游节点都有一个补货周期，需要确定这些周期，使得库存补货成本最小化。第二项决策是路径优化决策，对于配送中心，需要确定一条或者多条路径，将产品有计划地配送给所有零售商，因此产生运输成本。该供应链网络模型的目标是最小化网络的运输成本以及库存补货成本之和。

　　本节的基本假设如下：

　　（1）每个零售商的需求恒定；

　　（2）配送中心每次向外部供应商下订单时都会产生固定的订货成本，该成本与订单数量无关；

　　（3）每个零售商每次向配送中心下订单时都会产生固定的订货成本，该成本与订单数量无关；

　　（4）配送中心和零售商都持有库存，且零售商的库存持有成本大于配送中心的库存持有成本；

　　（5）每条路径上的所有零售商的补货周期均相等，统一定义为该条路径的补货周期；

　　（6）不允许缺货或滞后供货。

　　本章模型所用参数和变量的符号表示及说明如表 8 – 3 所示。

表 8 – 3 参数和变量符号说明

符号类型	符号	说明
集合	I	所有零售商的集合,由 i 索引
	R	所有可用路径的集合,以 r 为索引
参数	K_0	配送中心的固定订货成本
	h_0	配送中心每年每单位产品的库存持有成本
	K_i	零售商 i 的固定订货成本
	h_i	零售商 i 每年每单位产品的库存持有成本
	λ_i	零售商 i 的单位时间需求率
	d_r	路径 r 的单位产品运输成本
	e_r	路径 r 的单位产品运输碳排放
	a_{ir}	如果零售商 i 在路径 r 中,则 $a_{ir}=1$,否则,$a_{ir}-0$
	W	车辆容量
	e	持有单位库存产生的碳排放
	t	碳税税率
决策变量	T_0	配送中心的补货周期
	T_r	路径 r 的补货周期
	Y_r	如果选择了路径 r,则 $Y_r=1$;否则,$Y_r=0$

不同于以往的研究,补货形式不再被假定为直接运输,因此路径和库存管理决策之间存在着更直接的关系,该网络的成本由运输成本和库存补货成本组成。I 是所有零售商的集合,R 是基于这一集合,产生的所有可用路径的集合,a_{ir} 表示零售商 i 是否在路径 r 中。显然,每个路径 r 中的零售商具有相同的补货周期 T_r。可以得到运输成本和两级库存补货和持有成本如下:

(1)运输成本。对于单一配送中心、多零售商的网络结构,路径决策与传统的 VRP 基本一致,在此基础上考虑运输路程中产生的碳排放,本章假设运输过程中的碳排放与距离正相关,忽略其他因素。因此,可以刻画出该网络的运输模型 P_{8-3}：

$$P_{8-3} \quad \text{minimize} \quad \sum_{r \in R} \sum_{i \in I} (d_r + te_r) \lambda_i a_{ir} Y_r$$

$$\text{subject to} \quad \sum_{r \in R} a_{ir} Y_r = 1, \forall i \in I$$

$$Y_r \in \{0, 1\}, \forall r \in R$$

（2）库存补货和持有成本。显然，运输成本中路径的选取和库存补货策略是相互影响的。每当一条路径被选取，这条路径上的所有零售商可以被近似认为有相同的补货周期，同时假设持有每单位库存会产生固定的碳排放。据此可以构造出该网络的多级库存管理模型 P_{8-4}：

$$P_{8-4} \quad \text{minimize} \quad \sum_{r \in R} \sum_{i \in I} \left[\frac{K_i}{T_r} + \frac{1}{2}(h_i - h_0) \lambda_i T_r + \frac{1}{2}(h_0 + te) \right.$$

$$\left. \lambda_i \max(T_0, T_r) \right] a_{ir} Y_r + \frac{K_0}{T_0}$$

$$\text{subject to} \quad \sum_{r \in R} a_{ir} Y_r = 1, \quad \forall i \in I$$

$$T_0 > 0$$

$$T_r > 0, \quad \forall r \in R$$

$$Y_r \in \{0, 1\}, \quad \forall r \in R$$

基于上述分析，考虑路径 - 两级库存的供应链网络设计问题可以表示为模型 P_{8-5}：

$$P_{8-5} \quad \text{minimize} \quad \sum_{r \in R} \sum_{i \in I} \left[\frac{K_i}{T_r} + \frac{1}{2}(h_i - h_0) \lambda_i T_r + \frac{1}{2}(h_0 + te) \right.$$

$$\left. \lambda_i \max(T_0, T_r) \right] a_{ir} Y_r + \frac{K_0}{T_0} + \sum_{r \in R} \sum_{i \in I} (d_r + te_r) \lambda_i T_r a_{ir} Y_r$$

$$\text{subject to} \quad \sum_{r \in R} a_{ir} Y_r = 1, \forall i \in I$$

$$T_0 > 0$$

$$T_r > 0, \forall r \in R$$

$$Y_r \in \{0, 1\}, \forall r \in R$$

8.4 模型求解

本节将探讨上一节提出模型的求解策略。首先,我们将分析模型的数学特性,并探讨与其相适应的求解方法。其次,基于分支定价算法的框架,并融入启发式算法等策略,提出一套有效的求解算法。这一方法旨在提高求解过程的效率,同时确保求解结果的准确性。

8.4.1 分支定价算法简述

对于一个一般的整数规划问题 F:

$$P_{8-6} \quad \text{minimize} \quad c^T x$$
$$\text{subject to} \quad Ax = b$$
$$x \geqslant 0$$
$$x \in \mathbb{Z}^n$$

通常可以如算法 8.1 所示构建分支定价框架。

算法 8.1　分支定价框架

1: 初始化:设置树节点集合 $N = \{\text{root node}\}$,上界 $UB = -\infty$
2: while N 非空
3: 　选择可用的子问题 F_i 并将 F_i 从 N 中移除
4: 　用部分列构建限制的 F_i
5: 　while 定价子问题找到可行的列
6: 　　求解限制子问题 F_i
7: 　end while
8: 　if F_i 不可行或 $b(F_i) > UB$
9: 　　剪枝:删除 F_i
10: 　else
11: 　　if F_i 得到整数解
12: 　　　剪枝:更新上界 UB 并记录为最优可行解

13： else
14： 分支：将子问题 F_i 分解为子问题并加入树节点集合 N
15： end if
16： end if
17： end while

图 8-1 表示算法中问题分支的一个简单示例。

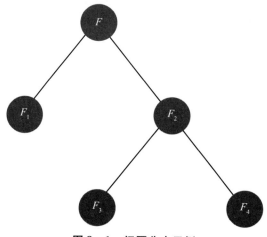

图 8-1　问题分支示例

以模型 P_{8-2} 为例，由于该模型的决策变量数量极多，可以采用分支定价算法求解。首先，给出相应的线性松弛问题如下：

$$P_{8-7} \quad \text{minimize} \quad \sum_{r \in R} c_r Y_r$$

$$\text{subject to} \quad \sum_{r \in R} a_{ir} Y_r = 1, \quad \forall i \in N \backslash \{0\}$$

$$y_r \geqslant 0, \quad \forall r \in R$$

该线性松弛问题的对偶问题如下：

$$P_{8-8} \quad \text{maximize} \quad \sum_{i \in N \backslash \{0\}} \pi_i$$

$$\text{subject to} \quad \sum_{i \in N \backslash \{0\}} a_{ir} \pi_i \leqslant c_r, \quad \forall r \in R$$

$$\pi_i \geqslant 0, \quad \forall i \in N \backslash \{0\}$$

此时，寻找有效列的目标等价于寻找检验数为负的路径，即：

$$\bar{c}_r = c_r - \sum_{i \in N \setminus \{0\}} a_{ir} \pi_i \tag{8-3}$$

搜索当前检验数最小的路径，如果存在，将其加入备选列中；反之，则已经取得了最优解。定义 x_{ij} 为一个 $0-1$ 变量，表示弧 (i, j) 是否在路径中，那么路径的成本 c_r 可以被表示为：

$$c_r = \sum_{i \in N} \sum_{j \in N} c_{ij} x_{ij} \tag{8-4}$$

可以得到分支定价算法中的定价子问题如下：

$$
\begin{aligned}
\mathrm{P}_{8-9} \quad & \text{minimize} \quad \sum_{i \in N} \sum_{j \in N} (c_{ij} - \pi_{ij}) x_{ij} \\
& \text{subject to} \quad \sum_{j \in N \setminus \{0\}} x_{0j} - 1 \\
& \sum_{i \in N} x_{ij} = \sum_{k \in N} x_{jk}, \quad \forall j \in N \\
& W(1 - x_{ij}) + y_i \geq y_j + d_j, \quad \forall i \in N, \ j \in N \setminus \{0\} \\
& y_i \leq W, \quad \forall i \in N \\
& X_{ij} \in \{0, 1\}, \quad \forall i \in N, \ j \in N
\end{aligned}
$$

该子问题本质上是一个从仓库到仓库，且带有容量约束的最短路径问题，可以直接使用求解器或者特定算法完成求解。

8.4.2 多级库存优化模型求解

多级库存优化模型的目标就是找到一个二次幂策略 T，最小化公式（8-2）的成本。为了解决这个问题，参考罗迪（Roundy，1985）的研究，首先可以将二次幂的假设松弛，也就是最小化所有向量 $T \geq 0$ 时公式（8-2）的成本。

对于一个固定的 T_0，考虑以下问题：

$$b_i(T_0) = \inf_{T_i > 0} \left\{ \frac{K_i}{T_i} + \frac{1}{2} h_i' \lambda_i T_i + \frac{1}{2} h_0 \lambda_i \max\{T_0, \ T_i\} \right\} \tag{8-5}$$

为了解决这一问题，定义：

$$\tau_i' = \sqrt{\frac{2K_i}{(h_0 + h_i')\lambda_i}} \qquad (8-6)$$

$$\tau_i = \sqrt{\frac{2K_i}{h_i'\lambda_i}} \qquad (8-7)$$

必定有 $\tau_i' \leqslant \tau_i$，对任意 i 都成立。可以得到：

$$b_i(T_0) = \begin{cases} \sqrt{2K_i(h_0 + h_i')\lambda_i}, & T_0 < \tau_i' \\ \dfrac{K_i}{T_0} + \dfrac{1}{2}(h_0 + h_i')\lambda_i T_0, & \tau_i' \leqslant T_0 \leqslant \tau_i \\ \sqrt{2K_i h_i'\lambda} + \dfrac{1}{2}h_0\lambda_i T_0, & \tau_i < T_0 \end{cases} \qquad (8-8)$$

也就是说，如果 $T_0 < \tau_i'$，最优解为 $T_i^* = \tau_i'$；如果 $\tau_i' \leqslant T_0 \leqslant \tau_i$，最优解为 $T_i^* = T_0$；如果 $\tau_i < T_0$，最优解为 $T_i^* = \tau_i$。

接着，对任意 $T_0 > 0$，考虑以下问题：

$$B(T_0) = \frac{K_0}{T_0} + \sum_{i \geqslant 1} b_i(T_0) \qquad (8-9)$$

显然，公式（8-2）可以表示成以下形式：

$$\frac{K(T_0)}{T_0} + M(T_0) + H(T_0)T_0 \qquad (8-10)$$

其中，对任意 $T_0 > 0$，$K(T_0)$，$M(T_0)$ 和 $H(T_0)$ 都是关于 T_0 的恒定的系数。定义集合 $G(T_0) = \{i: T_0 < \tau_i'\}$，$E(T_0) = \{i: \tau_i' \leqslant T_0 \leqslant \tau_i\}$，$L(T_0) = \{i: \tau_i < T_0\}$，如果这些集合不发生变化，则 $K(T_0)$，$M(T_0)$ 和 $H(T_0)$ 也保持不变。为了最小化公式，考虑由 τ_i' 和 τ_i 构成的 $2n$ 个区间，如果 T_0 落在某一个特定的区间上，设置：

$$T_i^* = \begin{cases} \tau_i', & i \in G(T_0) \\ T_0, & i \in E(T_0) \\ \tau_i, & i \in L(T_0) \end{cases} \qquad (8-11)$$

只有当 T_0 穿过分割点 τ_i' 和 τ_i 时，集合 G，E，L 才会发生改变。将 T_0 从左往右遍历每个区间，计算出最优解 T_0^* 和 T_i^*，并检验 T_0^* 是否落在该区间上，如果是，则将该组解作为备选解。遍历完所有区间后，进行比较，从备选解中选出成本最优的解作为最终解。最后，根据二次幂策略，将 T_0^* 和 T_i^* 进行调整，最终成本误差可以控制在 2% 以内。

8.4.3 应用分支定价算法求解

为了求解考虑路径 – 两级库存的低碳供应链网络设计模型，首先分析其数学性质，假设 T_0 是给定的，模型 P_{8-5} 等价于：

$$P_{8-10} \quad \text{minimize} \quad \sum_{r \in R} \sum_{i \in I} \left[\frac{K_i}{T_r} + \frac{1}{2}(h_i - h_0)\lambda_i T_r + \frac{1}{2}(h_0 + te) \right.$$

$$\left. \lambda_i \max(T_0, T_r) + (d_r + te_r)\lambda_i T_r \right] a_{ir} Y_r$$

$$\text{subject to} \quad \sum_{r \in R} a_{ir} Y_r = 1, \forall i \in I$$

$$T_r > 0, \forall r \in R$$

$$Y_r \in \{0, 1\}, \forall r \in R$$

$$C_r = \sum_{i \in I} \left[\frac{K_i}{T_r} + \frac{1}{2}(h_i - h_0)\lambda_i T_r + \frac{1}{2}h_0\lambda_i \max(T_0, T_r) + (d_r + te_r)\lambda_i T_r \right] a_{ir} Y_r$$

$$(8-12)$$

模型 P_{8-10} 可以被表示为一个集合划分模型：

$$P_{8-11} \quad \text{minimize} \quad C_r Y_r$$

$$\text{subject to} \quad \sum_{r \in R} a_{ir} Y_r = 1, \quad \forall i \in I$$

$$T_r > 0, \quad \forall r \in R$$

$$Y_r \in \{0, 1\}, \quad \forall r \in R$$

该模型与基于路径的 VRP 模型具备相似的数学性质，因此，可以使用第 8.4.1 节介绍的分支定价框架求解。

此时，恢复 T_0 是一个连续可变决策变量的假设，与第 8.4.2 节类似，需要考虑 T_0 变化对模型带来的影响，尝试划分出多个区间，使得在每个区间上，T_0 的变化不会影响模型的求解。基于第 8.4.2 节的分析，可以构造出模型（P_{8-11}）的区间分割点：

$$\tau'_r = \sqrt{\sum_{i \in I} \frac{2a_{ir}K_i}{h_i\lambda_i}}, \quad \forall\, r \in R \qquad (8-13)$$

$$\tau_r = \sqrt{\sum_{i \in I} \frac{2a_{ir}K_i}{(h_i - h_0)\lambda_i}}, \quad \forall\, r \in R \qquad (8-14)$$

将 τ'_r 和 τ_r 进行排序，作为正数区间的分割点，在每个子区间上，T_0 的变化不会给模型求解带来影响。但是，在计算分割点时，每条可行路径对应着 2 个分割点，最终的子区间数量为 $2^{|I|+1}+1$，而非之前的 $2|I|+1$，导致遍历每个区间求解复杂度急剧提升，无法实现大规模问题的快速求解。接下来，本节将基于此目标，提出一个启发式求解算法，在尽量保障解可靠性的同时，提高运算效率。

8.4.4 应用启发式算法求解

关于路径规划问题，过往文献提出了各类启发式求解方法。本节的算法旨在尽量提升运算效率，因此，选取了克拉克和莱特（Clarke & Wright, 1964）提出的节约算法（saving algorithm）作为基本框架，该启发式算法是许多车辆路径规划求解算法的基础。节约算法的思路如下：考虑一个配送中心和多个零售商，假设最初为每个零售商都规划了一条单独的路径，即配送中心—零售商—配送中心的顺序。那么，经过零售商 i 的路径的总距离为 $2d_i$，其中 d_i 是从配送中心到零售商 i 的距离。可以得到，此方法所有路径的总距离为 $2\sum_{i \in I} d_i$。接下去，选择一些路径进行合并。如果合并两条路径，即让一条路径同时经过零售商 i 和零售商 j，该路径的总距离变为 $d_i + d_{ij} + d_j$，其中 d_{ij} 是零售商 i 和零售商 j 之间的距离。因此，得到合并零售商 i 和零售商 j 能节约的距离为 s_{ij}：

$$s_{ij} = 2d_i + 2d_j - (d_i + d_j + d_{ij}) = d_i + d_j - d_{ij} \qquad (8-15)$$

根据公式（8 – 15）可以猜想：节约距离 s_{ij} 越大，则越希望合并零售商 i 和零售商 j 的两条路径。

基于上述思路，提出了针对考虑路径 – 两级库存的供应链网络设计优化模型的求解算法。与单一的路径优化问题不同，本章模型的成本项包括运输成本、库存补货和持有成本，设计算法时需要考虑到路径改变时，库存补货和持有成本的变化。

首先，考虑运输成本。令 d_{0i} 表示产品从配送中心到零售商 i 的运输成本，d_{ij} 表示产品在零售商 i 和零售商 j 之间运输的成本，将零售商 i 和零售商 j 合并到同一路径中节约的成本为 s_{ij}：

$$s_{ij} = 2d_{0i} + 2d_{0j} - (d_{0i} + d_{0j} + d_{ij}) = d_{0i} + d_{0j} - d_{ij} \qquad (8-16)$$

其次，考虑库存补货和持有成本，在给定运输路径网络的情况下，将每条路径上的零售商看作一个整体，则一条路径可以被认为是一个"大规模零售商"，基于第 8.4.2 节，可以给出供应链网络的库存补货策略：第一，计算配送中心的补货周期 T_0；第二，基于给定的路径网络，计算每条路径的补货周期 T_r。

这一步骤的核心思想与第 8.4.2 节类似，将 T_0 划分为足够小的区间集合，当 T_0 在每个区间内变化时，可以唯一地确定路径 r 上所有零售商的补货周期 T_r。将此类区间表示为 $[a, b]$，其中 $0 < a < b$。a 和 b 就是算法中需要寻找的划分区间的间隔点。

将路径的集合 R 分为三个子集：G、E 和 L，根据定义，它们不能相互重叠，令：

$$T_r^G = \tau_r' = \sqrt{\sum_{i \in I} \frac{2a_{ir}K_i}{h_i \lambda_i}}, \quad \forall r \in R \qquad (8-17)$$

$$T_r^L = \tau_r = \sqrt{\sum_{i \in I} \frac{2a_{ir}K_i}{(h_i - h_0)\lambda_i}}, \quad \forall r \in R \qquad (8-18)$$

将获得的 T_r^G 和 T_r^L 的值作为区间的划分点，区间 $[0, +\infty]$ 可以被这些点划分为 $2n + 1$ 个子区间。遍历每个子区间，可以唯一确定每个 T_r，用

它们推导出相应的 T_0，最后检查 T_0 是否在这个区间内，如果是，则将当前解作为备选解。在遍历完所有区间后，在备选解中选出最优解。完整的流程可见算法 8.2。

算法 8.2　确定补货周期

1：初始化：$C^* \leftarrow +\infty$
2：用 T_r^G 和 T_r^L 构建向量 $breakpoint$
3：以非递减顺序对向量 $breakpoint$ 进行排序并得到一系列区间
4：for $[a, b]$ in $breakpoint$
5：　for $r \in R$
6：　　为每条路径 r 分出类别，并计算相应的补货周期 T_r
7：　end for
8：　$T_0 \leftarrow \left[\dfrac{2(K_0 + \sum\limits_{r \in E} \sum\limits_{i \in I} a_{ir} K_i)}{\sum\limits_{r \in E} \sum\limits_{i \in I} a_{ir} h_i \lambda_i + \sum\limits_{i \in L} \sum\limits_{i \in I} a_{ir} h_0 \lambda_i} \right]^{\frac{1}{2}}$
9：　if $T_0 \in [a, b]$ and $C < C^*$
10：　　$C^* \leftarrow C,\ T_0^* \leftarrow T_0$ and $T_r^* \leftarrow T_r$,
11：　end if
12：end for
13：返回：$C*,\ T_0*$ and T_r^*

该算法除了能够求得最优的多级库存补货策略外，还揭示了一个必然的结果——对任意的一条路径 r，其最优的库存补货周期最大为：

$$T_r^{\max} = T_r^L = \tau_r = \sqrt{\sum_{i \in I} \frac{2 a_{ir} K_i}{(h_i - h_0) \lambda_i}}, \quad \forall r \in R \qquad (8-19)$$

库存补货周期决定了每次订货的数量，与每条路径的容量限制直接相关，即单位时间需求之和乘以补货周期需要限制在路径的最大容量之内。

根据以上对两项成本项的分析，可进一步总结考虑路径 – 两级库存的供应链网络设计优化模型的启发式求解算法，具体流程可见算法 8.3。

算法 8.3　考虑路径 – 两级库存的低碳供应链网络设计优化模型的求解算法

1：从每个零售商采用各自单独路径访问的初始解开始
2：对所有零售商组合 (i, j) 计算节约列表 $S = \{s_{ij}: s_{ij} = d_{0i} + d_{j0} - d_{ij} \geq 0\}$
3：以非递减顺序对节约列表 S 进行排序
4：寻找节约列表 S 中的第一个可行弧 (i, j)，满足
　　（1）i 和 j 在不同路径上；
　　（2）i 和 j 是各自路径的起点或终点；
　　（3）i 和 j 所在路径的需求之和乘以最大补货周期不超过容量约束 W.
5：将弧 (i, j) 加入当前解并从节约列表 S 中删除，删除弧 $(0, i)$ 和 $(j, 0)$
6：重复步骤 4~5 直到没有满足要求的弧 (i, j)
7：用算法 8.2 确定最优的多级库存补货策略

8.5　数值实验

本节基于数值实验分析求解算法的效果，并讨论管理启示。求解算法采用 C++ 编写。所有示例均在配备 i7-9750H CPU（2.6 GHz）、运行 64 位 Windows 10 操作系统的计算机上运行。

8.5.1　参数设置

与供应链和物流相关的数据对于企业而言较为敏感，很难获得。因此，本节参照过往文献以及对相关业务运营的理解，随机生成参数，进行数值实验分析。随机参数生成主要基于均匀分布，这一方法在以往的研究中也得到了广泛使用。假设备选配送中心和零售商的位置均匀分布在一个 $[0, 100] \times [0, 100]$ 的正方形区域上，运输成本与该区域中的欧几里得距离成正比，每单位产品的每单位运输距离碳排放为 0.5。其他参数设置如表 8 – 4 所示。

表 8 – 4　　　　　　　　　　　　　参数设置

符号	说明	数值设定
$|I|$	零售商数量	10，20，30，40
K_0	配送中心的固定订货成本	400

续表

符号	说明	数值设定
h_0	配送中心每年每单位产品的库存持有成本	40
K_i	零售商 i 的固定订货成本	$U[200, 500]$
h_i	零售商 i 每年每单位产品的库存持有成本	$U[50, 100]$
λ_i	零售商 i 的单位时间需求率	$U[500, 1000]$
W	车辆容量	2000
e	零售商与配送中心每年每单位持有库存碳排放	2
t	碳税税率	0.05

注：$U[a, b]$ 表示第一列对应的输入参数是在 $[a, b]$ 范围内采用均匀分布生成，为每种规模的供应链网络生成 20 个实例。

8.5.2 碳税税率对低碳供应链网络设计优化的影响

表 8 - 5 揭示了碳税税率对考虑路径 - 两级库存的供应链网络设计优化决策的影响。表中第一列的系数表示模型中碳税税率的权重变化，即输入碳税税率 = 原始碳税税率 × 权重系数。第二列表示零售商的数量，分别设定为 10，20，30，40。第三列、第四列和第五列分别表示考虑路径 - 两级库存的低碳供应链网络设计优化模型中零售商的平均补货周期、模型中的碳税成本和总成本，第六列、第七列和第八列则表示对比模型中零售商的平均补货周期、模型中的碳税成本和总成本，即第 8.3.2 节中的多级库存管理模型。本节其余实验结果都会采用与表 8 - 5 相同的结构。结果显示，碳税税率与网络总成本正相关，碳税税率的增加会作用到各项成本之中，进而导致总成本的增加。

图 8 - 2 揭示了碳税对配送中心库存补货周期的影响。观察结果表明，碳税税率的变化对补货周期的影响相对较小。尽管如此，碳税的存在对供应链网络决策仍有一定的影响，但这种影响目前还不算显著。随着未来碳税率的逐步提高，其对供应链决策的影响预计将逐渐增强。

表 8 – 5 　　　碳税对考虑路径 – 两级库存的供应链网络设计优化决策的影响

权重	零售商数量	零售商平均补货周期[a]	碳税成本[a]	供应链总成本[a]	零售商平均补货周期[b]	碳税成本[b]	供应链总成本[b]
0.75	10	5.28	2476	317779	4.59	3039	354873
	20	5.18	7712	770355	4.59	7714	841565
	30	5.11	8136	1074473	4.53	12389	1154727
	40	5.05	14463	1509069	4.51	12581	1615093
1	10	5.22	3374	318591	4.57	4083	355883
	20	5.13	10142	772042	4.50	10447	843988
	30	5.06	11085	1076566	4.45	16697	1158472
	40	5.02	18852	1513088	4.43	17084	1618543
1.25	10	5.15	4201	319469	4.50	5098	356961
	20	5.10	12655	775176	4.42	13262	847204
	30	5.01	14056	1079608	4.42	20966	1163582
	40	4.99	23241	1518816	4.34	21105	1623934

注：a 代表考虑路径 – 两级库存的供应链网络设计优化模型的求解结果；b 代表对标模型的求解结果。

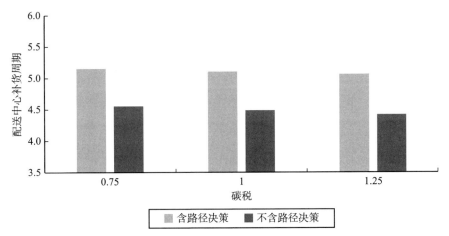

图 8 – 2 　碳税税率对配送中心库存补货周期的影响

8.5.3 需求率对低碳供应链网络设计优化的影响

表 8 - 6 揭示了需求对考虑路径 – 两级库存的供应链网络设计优化决策的影响。表中第一列的系数表示模型中需求率的权重变化，即输入需求率 = 原始需求率 × 权重系数。其余列表示的内容与表 8 - 5 相同。可以观察到，当单位时间需求率固定不变时，随着零售商数量的增加，零售商的平均补货周期通常呈下降趋势。一种可能的猜测是，如果服务的零售商数量增加，企业将面临更大的运转压力和风险，因此要减小间隔，加速流转效率。随着单位时间需求率的增加，零售商的平均库存补货周期也呈现下降的趋势。考虑路径 – 两级库存的供应链网络设计优化模型与对标模型相比，零售商平均补货周期更久，表明加入路径优化决策可以在一定程度上缓解企业运转的压力。此外，该模型虽然无法实现精确求解，但当前次优解得到的供应链网络总成本就已经显著小于对比模型，这进一步验证了路径优化决策在供应链网络的设计中会起到重要作用。

表 8 - 6　　需求对考虑路径 – 两级库存的供应链网络设计优化决策的影响

权重	零售商数量	零售商平均补货周期[a]	碳税成本[a]	供应链总成本[a]	零售商平均补货周期[b]	碳税成本[b]	供应链总成本[b]
0.75	10	6.12	2976	189191	5.36	2349	210471
	20	5.99	5695	401307	5.25	5523	440517
	30	5.90	7000	561892	5.18	7767	598830
	40	5.83	9529	772583	5.15	12794	830478
1	10	5.22	3374	318591	4.57	4083	355883
	20	5.13	10142	772042	4.50	10447	843988
	30	5.06	11085	1076566	4.45	16697	1158472
	40	5.02	18852	1513088	4.43	17084	1618543

续表

权重	零售商数量	零售商平均补货周期[a]	碳税成本[a]	供应链总成本[a]	零售商平均补货周期[b]	碳税成本[b]	供应链总成本[b]
1.25	10	4.55	6831	454874	4.01	5119	500246
	20	4.48	14439	1111946	3.93	15365	1195286
	30	4.44	17426	1485565	3.91	17386	1594226
	40	4.42	29111	2187571	3.90	33860	2315506

注：a 代表考虑路径 – 两级库存的供应链网络设计优化模型的求解结果；b 代表对标模型的求解结果。

图 8 – 3 揭示了需求率对配送中心库存补货周期的影响。无论是否在供应链网络设计中考虑路径优化决策，配送中心的平均库存补货周期都随着单位时间需求率提高而减少。这可能是多方面的原因造成的，如：由于需求数量过高，需要提高补货频率以减轻库存压力；同时，频繁补货导致的成本上升也可能被更高的需求量所抵消。

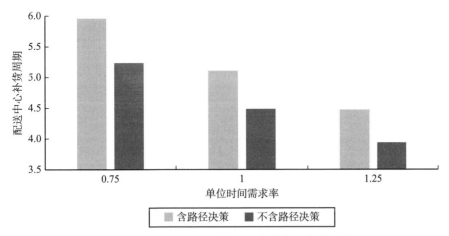

图 8 – 3　需求率对配送中心库存补货周期的影响

8.5.4 运输成本对低碳供应链网络设计优化的影响

表8-7揭示了运输成本对考虑路径-两级库存的供应链网络设计优化决策的影响。表中第一列的系数表示模型中运输成本的权重变化，即输入运输成本＝原始运输成本×权重系数。其余列表示的内容与表8-5相同。与需求率的影响相似，当运输成本固定不变时，零售商的数量与平均补货周期之间呈现出负相关关系。然而，随着运输成本的增加，企业承担的成本负担加剧，这导致零售商的平均补货周期延长，以减少单位时间内的运输频次，进而缓解总运输成本的上升。此外，本章提出的模型在供应链总成本方面仍然优于对标模型。

表8-7　　运输成本对考虑路径-两级库存的供应链网络设计优化决策的影响

权重	零售商数量	零售商平均补货周期[a]	碳税成本[a]	供应链总成本[a]	零售商平均补货周期[b]	碳税成本[b]	供应链总成本[b]
0.75	10	4.82	2382	170794	4.35	1979	188275
	20	4.71	5755	400283	4.27	6271	431408
	30	4.65	7019	571112	4.19	9584	615484
	40	4.57	10650	786809	4.19	11334	837914
1	10	5.22	3374	318591	4.57	4083	355883
	20	5.13	10142	772042	4.50	10447	843988
	30	5.06	11085	1076566	4.45	16697	1158472
	40	5.02	18852	1513088	4.43	17084	1618543
1.25	10	6.08	7122	575827	5.44	9577	627734
	20	5.95	15562	1378407	5.30	16088	1473676
	30	5.82	26758	1955490	5.21	29941	2109436
	40	5.73	43415	2774520	5.15	38229	2934416

注：a代表考虑路径-两级库存的供应链网络设计优化模型的求解结果；b代表对标模型的求解结果。

图 8 - 4 揭示了运输成本对配送中心库存补货周期的影响。无论是否在供应链网络设计中考虑路径优化决策，配送中心的平均库存补货周期都与运输成本正相关。显然，随着单条运输路线上单位运输成本的增加，企业自然倾向于减少单位时间内的运输次数，即降低补货频率，以此策略来缓解运输成本的增长。

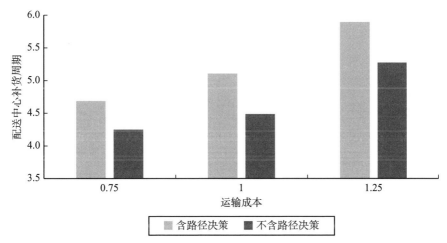

图 8 - 4　运输成本对配送中心库存补货周期的影响

8.5.5　配送中心库存持有成本对低碳供应链网络设计优化的影响

表 8 - 8 揭示了配送中心库存持有成本对考虑路径 - 两级库存的供应链网络设计优化决策的影响。表中第一列的系数表示模型中配送中心库存持有成本的权重变化，即输入配送中心库存持有成本 = 原始配送中心库存持有成本 × 权重系数。其余列表示的内容与表 8 - 5 相同。当配送中心的库存持有成本发生变化时，供应链网络总成本的变化趋势与需求率和运输成本变化时的趋势相一致，但变化幅度相对较小。此外，零售商的平均补货周期也呈现下降趋势。这可能是因为，随着配送中心持有库存成本的增加，企

业倾向于通过增加补货频率来降低库存压力，并将这种策略传递给下游的零售商。

表 8 - 8   配送中心库存持有成本对考虑路径 - 两级库存的供应链
网络设计优化决策的影响

权重	零售商 数量	零售商平均 补货周期[a]	碳税成本[a]	供应链总 成本[a]	零售商平均 补货周期[b]	碳税成本[b]	供应链总 成本[b]
0.75	10	6.01	3244	278076	5.23	4582	294983
	20	5.87	8256	703327	5.12	10155	742039
	30	5.75	10345	991882	5.05	12957	1059751
	40	5.68	18552	1424045	5.02	18131	1495420
1	10	5.22	3374	318591	4.57	4083	355883
	20	5.13	10142	772042	4.50	10447	843988
	30	5.06	11085	1076566	4.45	16697	1158472
	40	5.02	18852	1513088	4.43	17084	1618543
1.25	10	4.94	4753	356138	4.46	5683	380733
	20	4.85	11486	840421	4.40	9398	870092
	30	4.77	15424	1164740	4.33	15840	1217174
	40	4.72	18224	1676608	4.32	27396	1769762

注：a 代表考虑路径 - 两级库存的供应链网络设计优化模型的求解结果；b 代表对标模型的求解结果。

图 8 - 5 揭示了配送中心库存持有成本对配送中心库存补货周期的影响。显然，当配送中心自身库存持有成本上升时，会选择减小补货周期，提高补货频率，从而影响到下游所服务的零售商。

8.5.6　零售商库存持有成本对低碳供应链网络设计优化的影响

表 8 - 9 揭示了零售商库存持有成本对考虑路径 - 两级库存的供应链

网络设计优化决策的影响。表中第一列的系数表示模型中零售商库存持
有成本的权重变化，即输入零售商库存持有成本 = 原始零售商库存持有
成本 × 权重系数。其余列表示的内容与表 8 – 5 相同。零售商库存持有成
本与供应链总成本正相关，与零售商平均补货周期负相关，但其与碳税
成本之间并无明确关系，因为碳税成本可能受到补货周期、库存水平、
运输路径等多种因素影响。

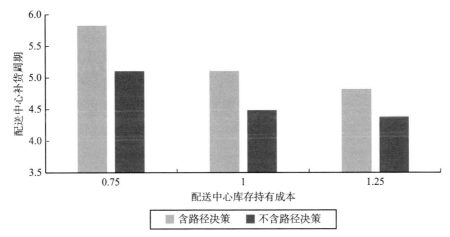

图 8 – 5　配送中心库存持有成本对配送中心库存补货周期的影响

表 8 – 9　　零售商库存持有成本对考虑路径 – 两级库存的供应链
网络设计优化决策的影响

权重	零售商数量	零售商平均补货周期[a]	碳税成本[a]	供应链总成本[a]	零售商平均补货周期[b]	碳税成本[b]	供应链总成本[b]
0.75	10	5.99	2848	280924	5.20	3766	298749
	20	5.85	9622	712949	5.09	8172	750211
	30	5.72	14829	1006711	5.02	10955	1070706
	40	5.66	20778	1444823	4.99	17364	1512784

续表

权重	零售商数量	零售商平均补货周期[a]	碳税成本[a]	供应链总成本[a]	零售商平均补货周期[b]	碳税成本[b]	供应链总成本[b]
1	10	5.22	3374	318591	4.57	4083	355883
	20	5.13	10142	772042	4.50	10447	843988
	30	5.06	11085	1076566	4.45	16697	1158472
	40	5.02	18852	1513088	4.43	17084	1618543
1.25	10	4.92	3636	359774	4.43	6080	386813
	20	4.83	9841	850262	4.37	9021	879113
	30	4.75	13693	1178433	4.30	12206	1229380
	40	4.70	24208	1700816	4.29	28071	1797833

注：a 代表考虑路径－两级库存的供应链网络设计优化模型的求解结果；b 代表对标模型的求解结果。

图 8-6 揭示了零售商库存持有成本对配送中心库存补货周期的影响。当零售商的库存持有成本上升时，会选择减小补货周期，提高补货频率。此时，由于配送中心的补货周期会受零售商影响，也呈现出降低的趋势。

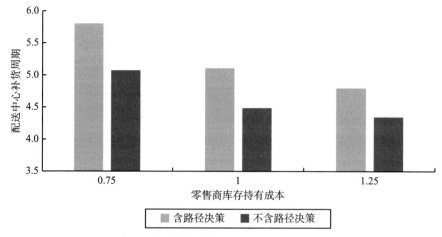

图 8-6　零售商库存持有成本对配送中心库存补货周期的影响

8.6 结论与展望

8.6.1 研究结论

本章对供应链网络设计中的路径优化和库存管理等多项决策展开研究，通过文献综述分析各项决策之间的相互影响，深入理解决策的理论基础，并提出了考虑路径 - 两级库存的供应链网络设计优化模型。其中，针对路径优化和库存管理的联合决策，本章在已有的库存 - 路径问题研究基础上，引入了多级库存补货决策，一方面同时考虑了配送中心和零售商的库存水平，另一方面，能够直接计算出最优补货周期；同时，在考虑路径优化和库存管理联合决策的基础上将路径运输与库存持有过程中产生的碳排放通过碳税成本的形式纳入目标函数进行优化，追求经济效益的同时考虑环境效益。之后，本章分析了所提出模型的数学性质，设计了一种针对小规模问题的分支定价求解算法；针对大规模问题，提出了基于节约算法的启发式方法，并进行了数值实验，结果表明，提出的算法具备良好的求解效率。随后，通过灵敏度分析和模型比较，得到了相应的管理启示。具体如下：

（1）相比采用直运补货策略，将路径优化决策纳入供应链网络设计，可延长配送中心和零售商的补货周期，降低补货频率，减少运输距离。即使在未能保证取得最优解的情况下，也能有效降低供应链网络总成本。因此，路径优化决策是供应链网络设计中的重要一环，在设计供应链网络时，如果忽略了路径决策带来的影响，可能会得到次优解决方案。

（2）配送中心和零售商的平均补货周期与单位时间需求率、配送中心的库存持有成本以及零售商的库存持有成本均呈负相关关系，而与运输成本正相关。这意味着，通过对补货周期的调整，可以改变相应的补货频率，从而对供应链网络的成本和结构产生影响。配送中心和零售商的补货周期的计算、确定和优化是相互依赖的，两者各自的取值都会对另一方造成影响。实验结果也表明，配送中心和零售商的补货周期之间存在传递和反向传递的关系。

（3）在低碳供应链网络设计的优化过程中，碳排放成本的增加对总成本和运营策略产生了显著影响。随着碳税税率的提高，供应链中的路径成本和库存持有成本相应上升，从而推高了整体运营成本。为了减轻碳税增加带来的成本压力，企业可能会选择增加补货频率，以减少库存持有量，进而降低库存成本。因此，在设计供应链网络时，有必要将碳排放和碳税的影响纳入考量范围。这不仅会影响运营决策，还会激励企业在减少碳排放等方面采取积极措施。

8.6.2　研究展望

本章针对路径优化和库存管理的供应链战术和运营决策，探索了各项决策之间的相互关联，构造了同时考虑路径与多级库存的供应链网络设计优化模型，并提出了相应的启发式求解算法。最后，通过数值实验验证了本章模型和算法的有效性，并得出了若干有价值的结论。与此同时，在本章的基础上，仍有值得进一步探讨的方向：

（1）对于考虑路径 – 两级库存的供应链网络设计优化模型，本章尝试采用分支定价框架求解，但提出的方法由于复杂度过高，导致处理大规模问题时求解效率低。未来可以考虑改进模型的建模方法，挖掘更加巧妙的数学结构，实现精确求解。同时，本章的启发式算法还可尝试多种不同思路，进一步提升算法性能和准确度。

（2）由于供应链相关的数据通常是企业的敏感信息，通常难以获得准确详尽的数据集。因此，本章根据以往文献、实践经验以及部分可参考数据，采用随机生成数据的方法，开展灵敏度分析和模型对比等实验。尽管本章的模型和求解算法在该方法卜取得了良好的效果，但其结论仅能作为实际决策的初步依据。在后续研究中，可以采用真实数据集进行验证，得到更加全面和精确的结果，从而给出更具合理性和可靠性的决策依据。

（3）本章在探讨低碳供应链网络设计优化时，仅考虑了碳税的影响，而未涉及其他低碳政策，如碳交易或碳限额等。这些政策同样对供应链网络设计具有重要影响。未来的研究可以进一步分析不同低碳政策对供应链网络设计的影响，这将有助于更全面地理解低碳政策如何塑造供应链的运营和结构。通过这些分析，可以为供应链管理者提供更丰富的策略选择，以适应不断变化的政策环境，并促进供应链的可持续发展。

第9章
总　　结

　　本书首先分析了全球气候变化的严峻现实和研究背景，强调了低碳经济的重要性。接着，以低碳供应链的基本流程为框架，对低碳供应链网络进行了详尽的介绍，并结合相关案例进行阐释。为了全面掌握低碳供应链网络领域的研究动态，本书对现有文献进行了细致的梳理与评述。书中重点探讨了以下几个优化问题：考虑碳税、碳配额、碳交易等政策和市场机制的低碳供应链网络设计，融合信息流、资金流的低碳供应链网络设计优化，以及整合战略、战术和运作三个层面的低碳供应链网络联合决策问题。

　　碳税、碳限额与交易等规则是政府为实现控排目标而采取的政策工具，旨在有效促进企业和全社会减少碳排放，并加速低碳节能技术的推广应用。通过对引入碳税的供应链网络进行研究，我们发现集中多家零售商库存于配送中心统一调度能有效减少资源浪费。数值实验结果显示，碳税对配送中心经济效益有显著影响。较高的碳税率可能导致部分配送中心因成本增加而关闭；然而，一些经济和环保效益较好的配送中心能够适应碳税压力，在较高碳税率下保持运营。考虑碳配额和碳交易的供应链网络优化表明，在碳配额固定的情况下，随着碳交易价格的上升，通过开放更多配送中心可以降低成本。

　　除了分析现有的市场机制外，本书还研究了不同供应链模式下的网络设计问题。技术进步为供应链网络设计带来了新的可能性。区块链技术有助于提升供应链的透明度、可信度和效率。本书构建了考虑区块链技术的低碳供应链网络设计模型，并采用多面体拟阵割平面法进行求解。数值实验结果表明，随着碳税率的提高，企业的生产运营成本逐渐增加。在这种情况下，为了控制总成本，企业可能会减少开设的配送中心数量。同时，企业也更倾向于采用区块链技术来抵消碳税率提高带来的成本增加。在适当范围内，区块链的应用水平提高可以增加供应链网络的总收益，但并非区块链应用水平越高对企业越有利。这些研究结果能有效指导企业在供应链网络中科学合理地部署区块链技术。

供应链是一个包含物流、信息流和资金流的复杂系统。引入资金流，尤其是常见的商业信用，为供应链网络设计提供了更大的优化空间。本书将商业信用和碳排放因素综合纳入考虑市场选择的供应链网络设计模型中，并通过调整市场规模、商业信用期限、需求均值、需求方差、资金机会成本、库存持有成本等参数，分析这些参数对供应链网络设计的影响。研究结果显示，随着市场规模和订货频率的增加，每个顾客的平均利润也随之增加，这展示了规模经济对各项决策的影响。此外，商业信用期限、资金机会成本和库存持有成本的变化，也对企业利润、订货策略和成本结构产生显著影响，进一步显示了将商业信用纳入供应链网络设计的重要性。

供应链战略、战术和运营层面的有机结合是供应链网络设计追求的目标。本书针对供应链网络中库存和路径的联合决策，提出了考虑路径－两级库存的低碳供应链网络设计优化模型，并结合模型的数学性质，提出了基于节约算法的启发式方法。研究结果表明，与直运补货策略相比，将路径优化决策纳入供应链网络设计中，将改变配送中心和零售商的补货周期，降低补货频率，减少运输距离。此外，配送中心和零售商的平均补货周期与单位时间需求率、库存持有成本呈负相关关系，而与运输成本正相关。

综上所述，本书针对不同情境构建了优化模型，设计了求解算法，并进行了算例实验，由浅入深、系统全面地开展低碳供应链网络设计研究，既为相关领域的学者提供了参考，也为政策制定者和企业管理者提供了重要的实践启示。

参考文献

[1] 柏庆国,徐贤浩. 碳限额与交易政策下易变质产品的最优库存策略 [J]. 中国管理科学,2017,25(7):28-37.

[2] 贾涛,徐渝,耿凯平. 部分延期付款下易腐品联合经济订货批量模型 [J]. 运筹与管理,2011,97(4):1-9.

[3] 贾涛,郑毅,常建龙. 两级商业信用下存在顾客预付的易腐品库存模型 [J]. 中国管理科学,2013,21(6):80-87.

[4] 江文辉,王亚娜,李延来,等. 碳限额与交易政策下变质品的联合定价和库存策略 [J]. 计算机集成制造系统,2020,26(7):1951-1964.

[5] 京东. 京东集团环境、社会及治理报告 [EB/OL]. https://ir.jd.com/static-files/e96f9826-7558-4445-bfb0-8630a87eecda0a87eecda,2023.

[6] 黎煜. 带次模特性的仓库选址问题研究 [D]. 北京:北京交通大学,2012.

[7] 林峰,贾涛,朱桂阳. 商业信用额度下易腐品最优订货策略 [J]. 运筹与管理,2018,148(7):28-36.

[8] 刘伟伟,王明征,胡祥培. 考虑碳排放的多产品竞争设施选址问题研究 [J]. 系统工程学报,2022,37(2):275-288.

[9] 罗戈研究. 2022中国低碳供应链&物流创新发展报告 [R]. 2022.

[10] 庞燕,罗华丽,邢立宁,等. 车辆路径优化问题及求解方法研究综述 [J]. 控制理论与应用,2019,36(10):1573-1584.

［11］乔普拉．供应链管理［M］.北京：中国人民大学出版社，2021.

［12］任慧，王东宇．考虑拥堵路况下碳排放的选址-配送集成优化问题［J］.运筹与管理，2019，28（7）：81-90.

［13］邵靖宇．供应链管理下的库存控制问题研究［J］.中国市场，2017（9）：164-168.

［14］唐慧玲，唐恒书，朱兴亮．基于改进蚁群算法的低碳车辆路径问题研究［J］.中国管理科学，2021，29（7）：118-127.

［15］田雨，王道平，郝玫．基于区块链技术的供应链碳信息披露与共享机制［J］.系统工程理论与实践，2024，44（11）：3666-3683.

［16］王非，徐渝，李毅学．离散设施选址问题研究综述［J］.运筹与管理，2006（5）：64-69.

［17］王梦梦，韩晓龙．考虑碳排放的易腐品供应链选址-路径-库存联合优化［J］.上海海事大学学报，2019，40（4）：45-51.

［18］王旻轲．需求、补货提前期以及碳交易价格不确定的供应链网络选址-库存研究［D］.成都：西南财经大学，2022.

［19］吴江，王旻轲，谭涛，等．非平稳需求下考虑碳配额的供应链选址-库存模型与算法研究［J］.中国管理科学，2020，28（3）：162-173.

［20］徐大川，杜东雷，吴晨晨．设施选址问题的近似算法综述［J］.数学进展，2014，43（6）：801-816.

［21］杨珺，卢巍．低碳政策下多容量等级选址与配送问题研究［J］.中国管理科学，2014，22（5）：51-60.

［22］袁勇，王飞跃．区块链技术发展现状与展望［J］.自动化学报，2016，42（4）：481-494.

［23］张杰芳．碳限额与交易政策下闭环供应链生产决策及协调研究［D］.成都：电子科技大学，2018.

［24］中国信息通信研究院．区块链白皮书［R］.2023.

［25］周愉峰，刘思峰，苏加福，等．碳税政策下分销网络选址-路径问题

的鲁棒优化 [J]. 计算机集成制造系统，2021，27（4）：1167 - 1177.

[26] Abdel-Aal M A M, Selim S Z. Risk-averse multi-product selective news-vendor problem with different market entry scenarios under CVaR criterion [J]. Computers & Industrial Engineering, 2017, 103: 250 - 261.

[27] Allaoui H, Guo Y, Choudhary A, et al. Sustainable agro-food supply chain design using two-stage hybrid multi-objective decision-making approach [J]. Computers & Operations Research, 2018, 89: 369 - 384.

[28] Alshamsi A, Diabat A. Large-scale reverse supply chain network design: an accelerated Benders decomposition algorithm [J]. Computers & Industrial Engineering, 2018, 124: 545 - 559.

[29] Archetti C, Boland N, Speranza M G. A matheuristic for the multivehicle inventory routing problem [J]. INFORMS Journal on Computing, 2017, 29 (3): 377 - 387.

[30] Atamtürk A, Narayanan V. Polymatroids and mean-risk minimization in discrete optimization [J]. Operations Research Letters, 2008, 36 (5): 618 - 622.

[31] Awasthi, A, Govindan K. Green supplier development program selection using NGT and VIKOR under fuzzy environment [J]. Computers & Industrial Engineering, 2016, 91: 100 - 108.

[32] Babich V, Hilary G. Distributed ledgers and operations: what operations management researchers should know about blockchain technology [J]. Manufacturing & Service Operations Management, 2020, 22 (2): 223 - 428.

[33] Baghalian A, Rezapour S, Farahani R Z. Robust supply chain network design with service level against disruptions and demand uncertainties: a real-life case [J]. European Journal of Operational Research, 2013, 227 (1): 199 - 215.

[34] Bakal I S, Geunes J, Romeijn H E. Market selection decisions for inventory models with price-sensitive demand [J]. Journal of Global Optimization, 2008, 41 (4): 633 – 657.

[35] Balinski M L. Integer programming: methods, uses, computations [J]. Management Science, 1965, 12 (3): 253 – 313.

[36] Bell W J, Dalberto L M, Fisher M L, et al. Improving the distribution of industrial gases with an on-line computerized routing and scheduling optimizer [J]. Interfaces, 1983, 13 (6): 4 – 23.

[37] Benjaafar S, Li Y, Daskin M. Carbon footprint and the management of supply chains: insights from simple models [J]. IEEE Transactions on Automation Science and Engineering, 2013, 10 (1): 99 – 116.

[38] Benyoucef L, Xie X, Tanonkou G A. Supply chain network design with unreliable suppliers: a Lagrangian relaxation based approach [J]. International Journal of Production Research, 2013, 51 (21): 6435 – 6454.

[39] Biswas D, Hamed J, Ansaripoor A H, et al. Traceability vs. sustainability in supply chains: the implications of blockchain [J]. European Journal of Operational Research, 2023, 305 (1): 128 – 147.

[40] Bonney M, Jaber M Y. Environmentally responsible inventory models: non-classical models for a non-classical era [J]. International Journal of Production Economics, 2011, 133 (1): 43 – 53.

[41] Boudia M, Prins C. A memetic algorithm with dynamic population management for an integrated production-distribution problem [J]. European Journal of Operational Research, 2009, 195 (3): 703 – 715.

[42] Chaabane A, Ramudhin A, Paquet M. Design of sustainable supply chains under the emission trading scheme [J]. International Journal of Production Economics, 2012, 135 (1): 37 – 49.

[43] Chahar K, Taaffe K. Risk averse demand selection with all-or-nothing or-

ders [J]. Omega, 2009, 37 (5): 996 – 1006.

[44] Chang A J, Katehakis M N, et al. Blockchain-empowered newsvendor optimization [J]. International Journal of Production Economics, 2021, 238: 108144.

[45] Chang C T. An EOQ model with deteriorating items under inflation when supplier credits linked to order quantity [J]. International Journal of Production Economics, 2004, 88 (3): 307 – 316.

[46] Chang X, Xia H, Zhu H, et al. Production decisions in a hybrid manufacturing-remanufacturing system with carbon cap and trade mechanism [J]. International Journal of Production Economics, 2015, 162: 160 – 173.

[47] Cheng C, Yang P, Qi M, et al. Modeling a green inventory routing problem with a heterogeneous fleet [J]. Transportation Research Part E: Logistics & Transportation Review, 2017, 97: 97 – 112.

[48] Chen L, Olhager J, Tang O. Manufacturing facility location and sustainability: a literature review and research agenda [J]. International Journal of Production Economics, 2014, 149: 154 – 163.

[49] Chen Q, Li X, Ouyang Y. Joint Inventory-location problem under the risk of probabilistic facilitydisruptions [J]. Transportation Research Part B: Methodological, 2011, 45 (7): 991 – 1003.

[50] Chen X, Benjaafar S, Elomri A. The carbon-constrained EOQ [J]. Operations Research Letters, 2013, 41 (2): 172 – 179.

[51] Chen X, Yang H, Wang X, et al. Optimal carbon tax design for achieving low carbon supply chains [J]. Annals of Operations Research, 2020 (9).

[52] Chitsaz M, Cordeau J F, Jans R. A unified decomposition matheuristic for assembly, production, and inventory routing [J]. INFORMS Journal on

Computing, 2019, 31 (1): 134 – 152.

[53] Choi T M. Blockchain-technology-supported platforms for diamond authentication and certification in luxury supply chains [J]. Transportation Research Part E: Logistics and Transportation Review, 2019, 128: 17 – 29.

[54] Choi T M, Luo S Y. Data quality challenges for sustainable fashion supply chain operations in emerging markets: roles of blockchain, government sponsors and environment taxes [J]. Transportation Research Part E: Logistics and Transportation Review, 2019, 131: 139 – 152.

[55] Choi T M. Supply chain financing using blockchain: impacts on supply chains selling fashionable products [J]. Annals of Operations Research, 2023, 331: 393 – 415.

[56] Clark A J, Scarf H. Optimal policies for a multi-echelon inventory problem [J]. Management Science, 1960, 6 (4): 475 – 490.

[57] Clarke G, Wright J W. Scheduling of vehicles from a central depot to a number of delivery points [J]. Operations Research, 1964, 12: 568 – 581.

[58] Coelho L C, Cordeau J F, Laporte G. Dynamic and stochastic inventory-routing [R]. Technical Report, 2012.

[59] Cui R, Allon G, Bassamboo A, et al. Information sharing in supply chains: an empirical and theoretical valuation [J]. Management Science, 2015, 61 (11): 2803 – 2824.

[60] Cui T, Ouyang Y, Shen Z J M. Reliable facility location design under the risk of disruptions [J]. Operations Research, 2010, 58 (4 – 1): 998 – 1011.

[61] Darestani S A, Hemmati M. Robust optimization of a bi-objective closed-loop supply chain network for perishable goods considering queue system [J]. Computers & Industrial Engineering, 2019, 136: 277 – 292.

[62] Daskin M S, Coullard C R, Shen Z J M. An inventory-location model: formulation, solution algorithmand computational results [J]. Annals of Operations Research, 2002, 110 (1): 83 – 106.

[63] Daskin M S. Network and Discrete Location: Models, Algorithms and Applications [M]. 2nd ed. John Wiley & Sons, Inc., Hoboken, New Jersey, 2013.

[64] Das S K, Pervin M, Roy S K, et al. Multi-objective solid transportation-location problem with variable carbon emission in inventory management: a hybrid approach [J]. Annals of Operations Research, 2023: 1 – 27.

[65] Dehgni E, Pishvaee M S, Jabalameli M S. A hybrid markov process-mathematical programming approach for joint location-inventory problem under supply disruptions [J]. Rairo-Operations Research, 2018, 52 (4 – 5): 1147 – 1173.

[66] Diabat A, Abdallah T, Al-Refaie A, et al. Strategic closed-loop facility location problem with carbon market trading [J]. IEEE Transactions on Engineering Management, 2013, 60 (2): 398 – 408.

[67] Diabat A, Battia O, Nazzal D. An improved lagrangian relaxation based heuristic for a joint location-inventory problem [J]. Computers & Operations Research, 2015, 61: 170 – 178.

[68] Diabat A, Richard J P. An integrated supply chain problem: a nested lagrangian relaxation approach [J]. Annals of Operations Research, 2015, 229 (1): 303 – 323.

[69] Ding J, Chen W, Wang W. Production and carbon emission reduction decisions for remanufacturing firms under carbon tax and take-back legislation [J]. Computers & Industrial Engineering, 2020, 143: 106419.

[70] Ding Y, Jiang Y, Wu L, et al. Two-echelon supply chain network design with trade credit [J]. Computers & Operations Research, 2021, 131:

105270.

[71] Ding Y, Pei Z, Cao C. When two chains meet: optimizing the design of blockchain-enabled supply chain networks [J]. Expert Systems With Applications, 2025, 261: 125481.

[72] Dong L, Qiu Y, Xu F. Blockchain-enabled deep-tier supply chain finance [J]. Manufacturing & Service Operations Management, 2022, 25 (6): 2021 – 2037.

[73] Drezner Z. Facility Location: A Survey of Applications and Methods [M]. Springer Series in Operations Research, 1995.

[74] Dutta P, Choi T M, Somani S, et al. Blockchain technology in supply chain operations: applications, challenges and research opportunities [J]. Transportation Research Part E: Logistics and Transpontition Review, 2020, 142: 102067.

[75] Edmonds J. Matroids and the greedy algorithm [J]. Mathematical Programming, 1971, 1 (1): 127 – 136.

[76] Elhedhli S, Merrick R. Green supply chain network design to reduce carbon emissions [J]. Transportation Research Part D: Transport & Environment, 2012, 17 (5): 370 – 379.

[77] Eppen G. Effects on centralization on expected costs in a multi-location newsboy problem [J]. Management Science, 1979, 25 (5): 498 – 501.

[78] Erlebacher S J, Meller R D. The interaction of location and inventory in designing distribution systems [J]. IIE Transactions, 2000, 32 (2): 155 – 166.

[79] Fahimnia B, Sarkis J, Choudhary A, et al. Tactical supply chain planning under a carbon tax policy scheme: a case study [J]. International Journal of Production Economics, 2015, 164: 206 – 215.

[80] Fan P, Wu Y, Cao B. Considering the traceability awareness of consum-

ers: should the supply chain adopt the blockchain technology? [J]. Annals of Operations Research, 2020, 309 (2): 837 – 860.

[81] Farahani R Z, Rashidi B H, Fahimnia B, et al. Location-inventory problem in supply chains: a modelling review [J]. International Journal of Production Research, 2015, 53 (12): 3769 – 3788.

[82] Fareeduddin M, Hassan A, Syed M N, et al. The impact of carbon policies on closed-loop supply chain network design [J]. Procedia CIRP, 2015, 26: 335 – 340.

[83] Friedman N, Jarrod O. Blockchain as a sustainability-oriented innovation?: opportunities for and resistance to blockchain technology as a driver of sustainability in global food supply chains [J]. Technological Forecasting & Social Change, 2022, 175.

[84] Gao J B, Adjei-Arthur B, Sifah E B, et al. Supply chain equilibrium on a game theory-incentivized blockchain network [J]. Journal of Industrial Information Integration, 2022, 26: 100288.

[85] Geunes J, Shen Z J M, Romeijn H E. Economic ordering decisions with market choice flexibility [J]. Naval Research Logistics, 2004, 51 (1): 117 – 136.

[86] Govindan K, Jafarian A, Khodaverdi R, et al. Two-echelon multiple-vehicle location-routing problem with time windows for optimization of sustainable supply chain network of perishable food [J]. International Journal of Production Economics, 2014, 152: 9 – 28.

[87] Govindan K, Pokharel S, Kumar P S. A hybrid approach using ISM and fuzzy TOPSIS for the selection of reverse logistics provider [J]. Resources, conservation and recycling, 2009, 54 (1): 28 – 36.

[88] Goyal S K. Economic order quantity under conditions of permissible delay in payments [J]. The Journal of the Operational Research Society, 1985, 36

(11): 335 – 338.

[89] Graves S C, Rinnooy Kan A H G, Zipkin P H. Logistics of Production and Inventory [M]. Elsevier, 1993.

[90] Haddadsisakht A, Ryan S M. Closed-loop supply chain network design with multiple transportation modes under stochastic demand and uncertain carbon tax [J]. International Journal of Production Economics, 2018, 195: 118 – 131.

[91] Hua G W, Cheng T C E, Wang S Y. Managing carbon footprints in inventory management [J]. International Journal of Production Economics, 2011, 132 (2): 178 – 185.

[92] Huang Y F. Optimal retailer's ordering policies in the EOQ model under trade credit financing [J]. The Journal of the Operational Research Society, 2003, 54 (9): 1011 – 1015.

[93] IBM. IBM Blockchain Platform: Pricing [R/OL]. https://www.ibm. com/cloud/blockchain-platform/pricing, 2023.

[94] Jabbarzadeh A, Fahimnia B, Rastegar S. Green and resilient design of electricity supply chain networks: a multiobjective robust optimization approach [J]. IEEE Transactions on Engineering Management, 2019, 66 (1): 52 – 72.

[95] Jabbarzadeh A, Fahimnia B, Sabouhi F. Resilient and sustainable supply chain design: sustainability analysis under disruption risks [J]. International Journal of Production Research, 2018, 56 (17): 5945 – 5968.

[96] Jaggi K C, Gupta M, Kausar A, et al. Inventory and credit decisions for deteriorating items with displayed stock dependent demand in two-echelon supply chain using Stackelberg and Nash equilibrium solution [J]. Annals of Operations Research, 2019, 274 (1 – 2): 309 – 329.

[97] Javid A A, Azad N. Incorporating location, routing and inventory decisions

in supply chain network Design [J]. Transportation Research Part E: Logistics and Transportation Review, 2010, 46 (5): 582 - 597.

[98] Jin W, Luo J, Zhang Q. Optimal ordering and financing decisions under advance selling and delayed payment for a capital-constrained supply chain [J]. Journal of the Operational Research Society, 2018, 69 (12): 1978 - 1993.

[99] Keyvanshokooh E, Ryan S M, Kabir E. Hybrid robust and stochastic optimization for closed-loop supply chain network design using accelerated benders decomposition [J]. European Journal of Operational Research, 2016, 249 (1): 76 - 92.

[100] Khalili-Damghani K, Ghasemi P. Uncertaincentralized/decentralized production-distribution planning problem in multi-product supply chains: fuzzy mathematical optimization approaches [J]. Industrial Engineering & Management Systems, 2016, 15 (2): 156 - 172.

[101] Khan M, Hussain M, Saber H M. Information sharing in a sustainable supply chain [J]. International Journal of Production Economics, 2016, 181 (Part A): 208 - 214.

[102] King A A, Lenox M J. Lean and green? An empirical examination of the relationship between lean production and environmental performance [J]. Production and Operations Management, 2001, 10 (3): 244 - 256.

[103] Kong G W, Sampath R, Zhang H. Revenue sharing and information leakage in a supply chain [J]. Management Science, 2013, 59 (3): 556 - 572.

[104] Kshetri N. Blockchain's roles in meeting key supply chain management objectives [J]. International Journal of Information Management, 2018, 39: 80 - 89.

[105] Kuehn A A, Hamburger M J. A heuristic program for locating warehouses

[J]. Management Science, 1963, 9 (4): 643 –666.

[106] Lee K H. Integrating carbon footprint into supply chain management: the case of Hyundai Motor Company (HMC) in the automobile industry [J]. Journal of Cleaner Production, 2011, 19 (11): 1216 –1223.

[107] Li J, Su Q, Ma L. Production and transportation outsourcing decisions in the supply chain under single and multiple carbon policies [J]. Journal of Cleaner Production, 2017, 141: 1109 –1122.

[108] Li J, Wang L, Tan X. Sustainable design and optimization of coal supply chain network under different carbon emission policies [J]. Journal of Cleaner Production, 2020, 250: 119548.

[109] Li K, Li D, Wu D. Carbon transaction-based location-routing-inventory optimization for cold chain logistics [J]. Alexandria Engineering Journal, 2022, 61 (10): 7979 –7986.

[110] Liu A, Zhu Q, Xu L, et al. Sustainable supply chain management for perishable products in emerging markets: an integrated location-inventory-routing model [J]. Transportation Research Part E: Logistics and Transportation Review, 2021, 150: 102319.

[111] Liu Z, Li Z. A blockchain-based framework of cross-border e-commerce supply chain [J]. International Journal of Information Management, 2020, 52: 102059.

[112] Li X, Ouyang Y. A continuum approximation approach to reliable facility location design under correlated probabilistic disruptions [J]. Transportation Research Part B: Methodological, 2010, 44 (4): 535 –548.

[113] Li Y, Shu J, Wang X, et al. Approximation algorithms for integrated distribution network design problems [J]. INFORMS Journal on Computing, 2013, 25 (3): 572 –584.

[114] Li Z, Hai J. Inventory management for one warehouse multi-retailer sys-

tems with carbon emission costs ［J］. Computers & Industrial Engineering, 2019, 130: 565 –574.

［115］ Lohmer J, Lasch R. Blockchain in operations management and manufacturing: potential and barriers ［J］. Computers & Industrial Engineering, 2020, 149: 106789.

［116］ Luo W, Shang K. Technical note: managing inventory for firms with trade credit and deficit penalty ［J］. Operations Research, 2019, 67 (2): 468 –478.

［117］ Maharjan R, Kato H. Resilient supply chain network design: a systematic literatu rereview ［J］. Transport Reviews, 2022, 42 (6): 739 –761.

［118］ Manousakis E, Repoussis P, Zachariadis E. Improved branch-and-cut for the inventory routing problem based on a two-commodity flow formulation ［J］. European Journal of Operational Research, 2021, 290: 870 –885.

［119］ Manupati K V, Tobias S M R, Ramkumar M, et al. A blockchain-based approach for a multi-echelon sustainable supply chain ［J］. International Journal of Production Research, 2020, 58 (7): 2222 –2241.

［120］ McKenzie. How blockchain technology could change our lives ［R/OL］. https: //thecounter. org/blockchain food traceability Walmart ibm/, 2023.

［121］ Melo M T, Nickel S, Saldanha-Da-Gama F. Facility location and supply chain management: a review ［J］. European Journal of Operational Research, 2009, 196 (2): 401 –412.

［122］ Micheli J G, Mantella F. Modelling an environmentally-extended inventoryrouting problem with demand uncertainty and a heterogeneous fleet under carbon control policies ［J］. International Journal of Production Economics, 2018, 204: 316 –327.

［123］ Mirchandani P B, Francis R L. Discrete Location Theory ［M］. Discrete-

Location Theory, 1990.

[124] Mohammadali V, Atour T, Béatrice C. Coordinating corporate social responsibility in a two-level supply chain under bilateral information asymmetry [J]. Journal of Cleaner Production, 2022, 364: 132627.

[125] Mohammed F, Selim S Z, Hassan A, et al. Multi-period planning of closed-loop supply chain with carbon policies under uncertainty [J]. Transportation Research Part D: Transport and Environment, 2017, 51: 146 – 172.

[126] Moreno-Camacho C A, Montoya-Torres J R, Jaegler A. Sustainable supply chain network design: a study of the colombian dairy sector [J]. Annals of Operations Research, 2023, 324 (1 – 2): 573 – 599.

[127] Mukherji A. Climate Change 2023: Synthesis Report [R]. 2023.

[128] Nahmias S. Production and Operations Analysis [M]. McGraw-Hill Education, Boston, 1997.

[129] Pan X, Pan X, Song M, et al. Blockchain technology and enterprise operational capabilities: an empirical test [J]. International Journal of Information Management, 2020, 52: 101946.

[130] Peng P, Snyder L V, Lim A, Liu Z. Reliable logistics networks design with facility disruptions [J]. Transportation Research Part B: Methodological, 2011, 45 (8): 1190 – 1211.

[131] Perboli G, Musso S, Rosano M. Blockchain in logistics and supply chain: a lean approach for designing real-world use cases [J]. IEEE Access, 2018, 6: 62018 – 62028.

[132] Pishvaee M S, Razmi J. Environmental supply chain network design using multi-objective fuzzy mathematical programming [J]. Applied Mathematical Modelling, 2012, 36 (8): 3433 – 3446.

[133] Pishvaee M S, Torabi S A, Razmi J. Credibility-based fuzzy mathematical

programming model for green logistics design under uncertainty [J].
Computers & Industrial Engineering, 2012, 62 (2): 624 – 632.

[134] Qi L, Shen Z J M, Snyder L V. The effect of supply disruptions on supply chain design decisions [J]. Transportation Science, 2010, 44 (2): 274 – 289.

[135] Rabbani M, Sabbaghnia A, Mobini M. A graph theory-based algorithm for a multi-echelon multi-period responsive supply chain network design with lateral-transshipments [J]. Operational Research, 2020, 20 (4): 2497 – 2517.

[136] Rahmati R, Neghabi H, Bashiri M, et al. Stochastic green profit-maximizing hub location problem [J]. Journal of the Operational Research Society, 2024, 75 (1): 99 – 121.

[137] Reddy K N, Kumar A, Sarkis J, et al. Effect of carbon tax on reverse logistics network design [J]. Computers & Industrial Engineering, 2020, 139: 106184.

[138] Rezaee A, Dehghanian F, Fahimnia B, et al. Green supply chain network design with stochastic demand and carbon price [J]. Annals of Operations Research, 2017, 250: 463 – 485.

[139] Ries M J, Glock H C, Schwindl K. The influence of financial conditions on optimal ordering and payment policies under progressive interest schemes [J]. Omega, 2017, 70: 15 – 30.

[140] Romeijn H E, Shu J, Teo C P. Designing two-echelon supply networks [J]. European Journal of Operational Research, 2007, 178 (2): 449 – 462.

[141] Roundy R O. 98% effective integer-ratio lot-sizing for one warehouse multi-retailer systems [J]. Management Science, 1985, 31 (11): 1416 – 1430.

[142] Sarkar B, Saren S, Cardenas-Barron L E. An inventory model with trade-

credit policy and variable deterioration for fixed lifetime products [J]. Annals of Operations Research, 2015, 229 (1): 677-702.

[143] Shen B, Dong C W, Minner Stefan. Combating copycats in the supply chain with permissioned blockchain technology [J]. Production and Operations Management, 2022, 31 (1): 138-154.

[144] Shen Z J M, Collette C, Mark S D. Trade-offs between customer service and cost in integrated supply chain design [J]. Manufacturing &Service Operations Management, 2005, 7 (3): 188-207.

[145] Shen Z J M, Coullard C, Daskin M S. A joint location-inventory model [J]. Transportation Science, 2003, 37 (1): 40-55.

[146] Shen Z J M, Qi L. Incorporating inventory and routing costs in strategic location models [J]. European Journal of Operational Research, 2007, 179 (2): 372-389.

[147] Shirzadi S, Ghezavati V, Tavakkoli-Moghaddam R, Ebrahimnejad S. Developing a green and bipolar fuzzy inventory-routing model in agri-food reverse logistics with postharvest behavior [J]. Environmental Science and Pollution Research, 2021, 28: 41071-41088.

[148] Shu J, Li Z, Huang L. Demand selection decisions for a multi-echelon inventory distribution system [J]. Journal of the Operational Research Society, 2013, 64 (9): 1307-1313.

[149] Shu J, Li Z, Zhong W. A market selection and inventory ordering problem under demand uncertainty [J]. Journal of Industrial and Management Optimization, 2011, 7 (2): 425-434.

[150] Shu J, Ma Q, Li S. Integrated location and two-echelon inventory network design under uncertainty [J]. Annals of Operations Research, 2010, 181 (1): 233-247.

[151] Shu J, Teo C P, Shen Z J M. Stochastic transportation-inventory network

design problem [J]. Operations Research, 2005, 53 (1): 48 –60.

[152] Shu J, Wang G, Zhang K. Logistics distribution network design with two commodity categories [J]. Journal of the Operational Research Society, 2013, 64 (9): 1400 –1408.

[153] Shu J, Wu T, Zhang K. Warehouse location and two-echelon inventory management with concave operating cost [J]. International Journal of Production Research, 2015, 53 (9): 2718 –2729.

[154] Shu T, Wu Q, Chen S, et al. Manufacturers'/remanufacturers' inventory control strategies with capand-trade regulation [J]. Journal of Cleaner Production, 2017, 159: 11 –25.

[155] Soleimani H, Govindan K, Saghafi H, et al. Fuzzy multi-objective sustainable and green closed-loop supply chain network design [J]. Computers & Industrial Engineering, 2017, 109: 191 –203.

[156] Steffen W, Rockström J, Richardson K, et al. Trajectories of the earth system in the Anthropocene [J]. Proceedings of the National Academy of Sciences, 2018, 115 (33): 8252 –8259.

[157] Strinka Z M A, Romeijn H E, Wu J C. Exact and heuristic methods for a class of selective newsvendor problems with normally distributed demands [J]. Omega, 2013, 41 (2): 250 –258.

[158] Sumkin D, Hasija S, Netessine S. Does blockchain facilitate responsible sourcing? An application to the diamond supply chain [R]. Working Paper, 2021, Available at SSRN3802294.

[159] Sundarakani B, de Souza R, Goh M, et al. Modeling carbon footprints across the supply chain [J]. International Journal of Production Economics, 2010, 128 (1): 43 –50.

[160] Taaffe K, Romeijn E, Tirumalasetty D. A selective newsvendor approach to order management [J]. Naval Research Logistics, 55 (2008): 769 –784.

[161] Talaei M, Farhang M B, Pishvaee M S, Bozorgi-Amiri A, Gholamnejad S. A robust fuzzy optimization model for carbon-efficient closed-loop supply chain network design problem: a numerical illustration in electronics industry [J]. Journal of Cleaner Production, 2016, 113: 662 – 673.

[162] Teng J T, Chang C T. Optimal manufacturer's replenishment policies in the EPQ model under two levels of trade credit policy [J]. European Journal of Operational Research, 2009, 195 (2): 358 – 363.

[163] Teo C P, Bertsimas D. Multistage lot sizing via randomized rounding [J]. Operations Research, 2001, 49 (4): 599 – 608.

[164] Teo C P, Shu J. Warehouse-retailer network design problem [J]. Operations Research, 2004, 52 (3): 396 – 408.

[165] Tiwari A, Chang P. A block recombination approach to solve green vehicle routing problem [J]. International Journal of Production Economics, 2015, 164: 379 – 387.

[166] Toptal A, Çetinkaya B. How supply chain coordination affects the environment: a carbon footprint perspective [J]. Annals of Operations Research, 2017, 250 (2): 487 – 519.

[167] Turken N, Carrillo J, Verter V. Facility location and capacity acquisition under carbon tax and emissions limits: to centralize or to decentralize? [J]. International Journal of Production Economics, 2017, 187: 126 – 141.

[168] Urata T, Yamada T, Itsubo N, et al. Global supply chain network design and Asian analysis with material-based carbon emissions and tax [J]. Computers & Industrial Engineering, 2017, 113: 779 792.

[169] Van den Heuvel W, Kundakcioglu O E, Geunes J, et al. Integrated market selection and production planning: complexity and solution approaches [J]. Mathematical Programming, 2012, 134 (2): 395 – 424.

[170] Vapnik V N, Chervonenkis A Y. On the uniform convergence of relative frequencies of events to their probabilities [J]. Theory of Probability & Its Applications, 1971, 16 (2): 264 – 280.

[171] Waltho C, Elhedhli S, Gzara F, Green supply chain network design: a review focused on policy adoption and emission quantification [J]. International Journal of Production Economics, 2018, 208: 305 – 318.

[172] Wang J, Liu J, Wang F, et al. Blockchain technology for port logistics capability: exclusive or sharing [J]. Transportation Research Part B: Methodological, 2021, 149347 – 392.

[173] Wang J, Ren W, Zhang Z, et al. A hybrid multiobjective memetic algorithm for multiobjective periodic vehicle routing problem with time windows [J]. IEEE Transactions on Systems, Man, and Cybernetics: Systems, 2019, 50 (11): 1 – 14.

[174] Wang J, Wan Q, Yu M. Green supply chain network design considering chain-to-chain competition on price and carbon emission [J]. Computers & Industrial Engineering, 2020, 145.

[175] Wang X, Ouyang Y. A continuum approximation approach to competitive facility location design under facility disruptionrisks [J]. Transportation Research Part B: Methodological, 2013, 50: 90 – 103.

[176] World Bank. State and Trends of Carbon Pricing 2023 [R]. 2023.

[177] Xu J, Duan Y. Pricing and greenness investment for green products with government subsidies: when to apply blockchaintechnology? [J]. Electronic Commerce Research and Applications, 2022, 51: 101108.

[178] Xu X, Choi T M. Supply chain operations with online platforms under the cap-and-trade regulation: impacts of using blockchain technology [J]. Transportation Research Part E: Logistics and Transportation Review, 2021, 155: 102491.

[179] Yang A S, Birge R J. Trade credit, risk sharing, and inventory financing portfolios [J]. Management Science, 2017, 64 (8): 3667 – 3689.

[180] You F, Grossmann I E. Integrated multi-echelon supply chain design with inventories under uncertainty: MINLP models, computational strategies [J]. Aiche Journal, 2010, 56 (2): 419 – 440.

[181] Zandkarimkhani S, Nasiri M M, Heydari J. Sustainable open-loop supply chain network design considering location routing problem: a hybrid approach based on FAHP, FTOPSIS, and mathematical programming [J]. International Journal of Logistics Systems and Management, 2020, 36 (1): 92 – 123.

[182] Özceylan E, Paksoy T. Interactive fuzzy programming approaches to the strategic and tactical planning of a closed-loop supply chain under uncertainty [J]. International Journal of Production Research, 2014, 52 (8): 2363 – 2387.

[183] Zhang B, Xu L. Multi-item production planning with carbon cap and trade Mechanism [J]. International Journal of Production Economics, 2013, 144 (1): 118 – 127.

[184] Zhang C, Tian Y, Fan L, et al. Optimal ordering policy for a retailer with consideration of customer credit under two-level trade credit financing [J]. Operational Research, 2019, 21 (4): 2409 – 2432.

[185] Zhang J, Chen J. Coordination of information sharing in a supply chain [J]. International Journal of Production Economics, 2013, 143 (1): 178 – 187.

[186] Zhang S, Chen N, She N, et al. Location optimization of a competitive distribution center for urban cold chain logistics in terms of low-carbon emissions [J]. Computers & Industrial Engineering, 2021, 154: 107120.

[187] Zhang Z, Xue Y, Li J, et al. Supply chain logistics information collabo-

ration strategy based on evolutionary game theory [J]. IEEE Access, 2020, 8: 46102 - 46120.

[188] Zheng K, Zhang Z, Chen Y, et al. Blockchain adoption for information sharing: risk decision-making in spacecraft supply chain [J]. Enterprise Information Systems, 2019, 15 (8): 1070 - 1091.

[189] Zhong Y, Shu J, Xie W, et al. Optimal trade credit and replenishment policies for supply chain network design [J]. Omega, 2017, 8126 - 37.

[190] Zhou M, Dan B, Ma S, et al. Supply chain coordination with information sharing: the informational advantage of GPOs [J]. European Journal of Operational Research, 2017, 256 (3): 785 - 802.

[191] Zhou Y, Zhou D. Determination of the optimal trade credit policy: a supplier Stackelber model [J]. Journal of the Operational Research Society, 2013, 64 (7): 1030 - 1048.

[192] Zipkin P H. Foundations of Inventory Management [M]. McGraw-Hill, New York, 2000.